本书为河北经贸大学出版基金资助项目

QIYE

WEIGUANJINGJI ZHEXUE

企业微观经济哲学

赵玉娟　袁换欣　著

中国社会科学出版社

图书在版编目（CIP）数据

企业微观经济哲学/赵玉娟等著.—北京：中国社
会科学出版社，2012.2
ISBN 978 – 7 – 5161 – 1393 – 6

Ⅰ.①企…　Ⅱ.①赵…　Ⅲ.①企业经济—研究
Ⅳ.①F270

中国版本图书馆 CIP 数据核字（2012）第 216659 号

出 版 人	赵剑英
选题策划	卢小生
责任编辑	卢小生
责任校对	张玉霞
责任印制	李　建

出　　版	中国社会科学出版社
社　　址	北京鼓楼西大街甲 158 号（邮编　100720）
网　　址	http：//www.csspw.cn
	中文域名：中国社科网　　010 – 64070619
发 行 部	010 – 84083635
门 市 部	010 – 84029450
经　　销	新华书店及其他书店

印　　刷	北京市大兴区新魏印刷厂
装　　订	廊坊市广阳区广增装订厂
版　　次	2012 年 2 月第 1 版
印　　次	2012 年 2 月第 1 次印刷

开　　本	710 × 1000　1/16
印　　张	16.5
插　　页	2
字　　数	268 千字
定　　价	38.00 元

序

改革开放以来，我国企业取得了长足发展和辉煌的成就，但也不可否认的存在着许多不足：如在整体素质上，水平偏低，效益不高，活力不强，竞争能力差，难以做大，寿命不长；在经营管理上，重价格轻质量，重经营轻管理，重眼前轻长远，重自身轻消费者，重企业轻社会，重规章轻人性，重利益轻责任；在经营行为上，有些企业道德沦丧，目无法纪，搞假冒伪劣、坑蒙诈骗、欺行霸市、偷税漏税、走私贩运、行贿受贿、浪费资源、破坏环境等，有的甚至达到了触目惊心的程度，极大地扰乱了市场和社会秩序，败坏了企业的名誉。面对这些问题，不能不引起我们理论工作者和企业经营管理者对我国企业的现状的关注和审视，以及对企业问题的原因和企业经营理论的思考、反思和评价。人们不仅要问：企业到底怎么了？是企业的什么地方出了问题？是企业的实践问题还是企业的理论问题？企业的宗旨到底是什么？企业到底应该如何经营？等等，人们困惑，人们需要答案。

《企业微观经济哲学》一书正是适应我国企业这样严峻的形势而写的，全书分为八章，第一章企业微观经济哲学的内涵、内容及研究方法，明确了本学科是一门关于企业实践及企业理论的审视、反思和评价性科学。第二章企业经济活动本质论，对企业及企业经营的本质进行了阐述和重新定位。第三章企业经济活动系统论，对企业效率和效益之源、效率和效益的关系及短期效益、长期效益、经济效益和社会效益的系统性、整体性进行了深刻的剖析。第四章企业经济活动规律论，对企业发展规律理论进行了阐述、补充和完善，指出了企业如何做大、做强的真谛在于企业不停顿的自身积累投入、抓准时机的科学扩张和不断创业、创新、改革的经营理念。第五章企业经济活动矛盾论，对企业基本矛盾进行了令人信服的论证，提出了解决企业矛盾的基本方法。第六章企业经济活动价值论，对企业价值观理论和企业社会责任理论进行了有益的补充和深入的阐释。第七章企业经济活动人本论，对我国现阶段企业的不同管理模式特别是人本管理模式进行了透彻的分析和论述。第八章企业经济活动素质论，作为全书落脚点，强调了我国现阶段企业解决一切问题的关键和企业成熟的标志是企业素质的提高和企业品位的提升。作者在各章都紧密结合我国企业的现状对企业实践中出现的问题进行审视，并且不仅从现实原因层面而且从理论层面进行了深入、深刻的思考、反思和评价，分析合理有力，认识准确到位，见解独到，发人深省，给人启迪，值得一读。

　　本书理论前瞻，内容丰富，论述精湛，文字流畅，不愧是一部角度新颖的好书。可以预料，本书的出版定会对企业经营管理者和立志于企业经营管理的人提供深刻又富有针对性的理论和实践指导，定会给我国企业的健康成长和发展带来积极的影响和产生有力的推动作用。关于本书的价值这里不想多加赘述，其魅力就交由广大读者亲身品味吧。

宋志勋

2011 年 9 月 1 日

目　　录

第一章 企业微观经济哲学的内涵、内容及研究方法

　　企业微观经济哲学的研究是一个新角度、新课题，它以企业微观经济活动作为研究对象，从哲学的高度和深度关注企业经济活动或企业经营管理活动，采用功能性哲学方法、境界性哲学方法、辩证性哲学方法和人文性哲学方法，审视、研究企业理论与实践，核心是对企业微观经济活动和经济关系的理论与实践进行理性的审视和全面的分析，肯定我国企业经营管理的成就，反思和探查企业活动中存在的各种问题及其原因，提出针对企业微观的哲学方法论指导，以期对我国企业经济活动或经营管理活动的效率、效益、质量乃至整体素质发挥积极的影响和提升作用。

第一节　企业微观经济哲学的提出

　　企业微观经济哲学是一个新概念，据我们了解，到目前为止，学术界和理论界还不曾有这个提法。其实，企业微观经济哲学也不是什么新东西，它应归属于经济哲学之列，是经济哲学的应有之义，只是同当前理论界、学术界所关注的层面和热谈的问题有所不同，当前理论界所关注的层面和热谈的问题是宏观经济，而本书所关注的层面和热谈的问题是微观经济。从当今中国经济社会发展的现实情况和需要来看，我们认为，经济哲学有必要分为宏观经济哲学研究和微观经济哲学研究，作为经济哲学同一学科的两个不同门类或层次，以便更好地为我国企业经营管理素质的提升提供哲学反思和哲学理念指导。

　　宏观经济哲学虽然也是以各种经济活动的特殊规律为素材，但其目的是通过概括总结，把特殊规律上升到一般规律，为科学制定经济政策提供一般的原则和方法论指导。宏观经济哲学研究是国家的甚至全球的经济活动、经济关系、经济成就和经济运行中存在的问题，以及国家的甚至全球的经济活动与社会发展、经济活动与人类生存的意义和关系，如经济全球化问题及其对各国经济乃至人类社会发展的影响问题，等等。宏观经济哲学的研究内容包括：经济活动的内涵和本质，经济活动的主体，经济活动的目的和意义，经济活动的历史演变，经济活动的时代特征，经济活动的对象和载体，经济活动的最终价值，经济活动的内在机制和运行规律，经济活动与社会发展、经济活动与自然界、经济活动与资源、经济活动与生态环境、经济活动与现实的人、经济活动与人类生存的关系，等等。宏观经济哲学是从哲学的高度和深度对全球的宏观经济活动、经济关系和经济问题进行研究，以探索社会经济活动的重大理论问题和实践问题，为社会经济的良性运行和社会的发展提供依据和指导，这种研究可以培养具有世界眼光、民族眼光和历史眼光，具有经济头脑、哲学思维和境界的思想家和学者。

　　与宏观经济哲学不同，微观经济哲学研究企业经济实体内部和企业关联体之间的经济关系，研究企业经济实体的经济结构和经济运行规律，研究企业经济实体的经济活动与人的发展、社会的发展的意义和关系。企业微观经济哲学的研究，根源于改革开放中蓬勃发展的中国企业的不成熟，根源于企业经营管理活动中存在的各种问题如企业本质误读、企业价值观混乱等需要深刻反思、更需要根本解决方案的探讨。企业微观经济哲学的提出，就是立足于分析和解决全球化背景下中国企业发展的困境和问题的。企业微观经济哲学研究的目的和意义，在于培养企业管理者观察、分析、认识、评价企业经济活动的能力，在于培养具有民族眼光的、具有历史责任感的、具有哲学思维和境界的、具有经济眼光和经营头脑的企业研究专家或企业家。同时，提供一种微观经济哲学思维，以总结我国企业运行发展中的经验和教训，探求我国企业发展的最佳思路和最佳模式，为我国企业的良性运行和发展提供指导。

第二节　企业微观经济哲学的内涵和性质

为了深刻理解企业微观经济哲学，有必要先从一般意义上对经济哲学有所了解和理解，也就是对经济哲学的内涵和性质有所定位。

经济哲学是这几年国内外哲学界和经济学界研究的一个热门课题。关于什么是经济哲学，经济哲学属于一种什么样的科学，现在还没有一个统一的定论，其实也不一定非要有一个统一的定论。因为，第一，学术问题历来各持己见，不可能统一，不能强求统一。第二，现在世界经济多元化，思想多元化，不是大统一的时代，不统一也有好处，百花齐放，百家争鸣，可以促进理论的研究和发展。

一　企业微观经济哲学的内涵

什么是经济哲学？目前理论界有以下几种观点：

第一，经济哲学是从哲学和经济学的结合中产生出来又高于经济学和哲学的一门新学科，是一门跨学科科学，或是一门综合性科学，是把哲学和经济学两门学科综合在一起。此观点认为，经济哲学的兴起是经济学和哲学相互融合和范式变革的产物。西方经济学和哲学的融合具有优良的传统和悠久的历史。与西方不同，经济哲学在我国发端于哲学界的呼唤，同时也是经济学界的需要。客观世界原本没有任何学科界限的划分，当今人类学科研究的认知水平早已进入新的"辨证综合"的时代，经济学研究需要多一点"综合"的视角。处于世纪之交的中国，面临改革开放、制度转型、走向世界过程中一系列棘手的、复杂的、整体的、深层的问题，迫切需要哲学家和经济学家的携手联盟①。

这个观点很有道理，看到了经济学和哲学结合研究和解决当今社会问题特别是社会经济问题的作用和意义，但将哲学和经济学两个学科平列起来定性不够准确。

第二，经济哲学是哲学和经济学交叉的产物，是一门交叉科学。经济哲学不完全属于哲学，是哲学的分支；也不完全属于经济学，是经济学的

---

① 马广奇：《经济哲学的演绎与发展》，《合肥联合大学学报》2000年第3期，第20页。

分支，经济学与哲学可以从各自不同的角度去揭示社会同一运动对象的本质和规律，因而具有交叉的天然基础。经济哲学旨在通过经济学和哲学的联盟，发挥两门学科的优势，对人类社会面临的重大社会存在和发展问题进行整体性的综合研究。

此观点认为，经济问题和哲学问题是分不开的，马克思主义哲学历史唯物主义把社会最基本的关系看做是经济关系，它主张生产力和生产关系的矛盾运动推动社会向前发展，主张生产力和生产关系的统一构成社会的经济结构，成为全部社会生活的基础，人类通过经济活动推动政治、文化、科学、哲学等活动，促进人类的生存和发展，可见，哲学历史唯物主义的内容离不开经济。同样，经济也离不开哲学，任何社会，任何历史时期都不存在纯粹的经济行为和经济现象。因为经济活动的主体是人，而人是有思想、有意识的，人的行为与人的心理过程密切相联，是受人的思想意识控制和支配的。于是，研究人的经济行为就不能不研究人的世界观、方法论、价值观、思维方式和人所处的地理环境、文化背景、民族心理、消费心理、生活习惯等，而这些都是哲学的内容。可见，研究经济问题离不开哲学，所以，两学科的交叉是必然的发展趋势[①]。

这个观点也很有道理，也看到了经济学和哲学结合的作用和意义，但没有讲出交叉和结合的落脚点在哪里，是哲学还是经济学。如果说是交叉科学，是经济学和哲学的交叉，那么要强调，落脚点不是经济学，而是哲学，经济在前，哲学在后，这也符合语法逻辑。其实，说是经济学和哲学的交叉，倒不如说是经济和哲学的交叉，研究经济的哲学问题或经济的哲学思考。

第三，经济哲学就是马克思主义哲学。此观点认为，马克思是在他的《资本论》中阐述了其哲学思想，或者说用哲学思想分析资本主义的经济现象，所以《资本论》就是一部经济哲学。这一观点认为马克思没有专门的哲学著作，《资本论》就是马克思的哲学[②]。

此观点有合理之处，看到了哲学思想对于分析认识经济问题的作用。

① 陈朝宗：《经济哲学研究的思考》，《福建行政学院福建经济管理干部学院学报》2002 年第 2 期，第 9—10 页。

② 唐正东：《从斯密到马克思——经济哲学方法的历史性诠释》，中国互动出版网。

但讲经济哲学就是马克思的哲学是不合适的，因为经济哲学不能等同于哲学。说《资本论》就是一部经济哲学或说《资本论》就是马克思的哲学也是不合适的，因为《资本论》是一部政治经济学著作，《资本论》揭示的是人类社会经济运行规律，特别是资本主义经济运行规律和资本主义灭亡的经济根源。此观点还讲，要回到马克思，言外之意就是我们离开了马克思，这种观点是不对的。

第四，经济哲学是哲学的现代形式。此观点认为，经济哲学是当代哲学发展的必然趋势和归宿，哲学形态以人们关注的热点问题为中心，从产生开始经历了古希腊（奴隶社会）的本体论哲学形态、欧洲中世纪（封建社会）的神学哲学形态、欧洲近代（资本主义社会）的认识论哲学形态和意志论哲学形态，现在全世界各国经济发展是热门话题，人们关注经济和经济发展，所以，哲学必然地发展为经济哲学形态。

这种观点看到了不同时代人们所关注的问题不同，这一点是可取的，但把经济哲学和哲学相提并论放在同一个层次不可取，哲学是最高层次的知识形态，是一个具有专门的内容、独立的地位和稳定的形态的学科，只是在比较不同历史时代的哲学或把不同历史时代的哲学加以区别时，才把哲学称之为本体论哲学、神学哲学、认识论和意志论哲学。

第五，经济哲学是关于经济与经济问题的哲学思考或者说是对经济部门或经济领域中问题的思考和反思的一门学科。在现实生活中，经济已成为整个社会发展的基础，然而随着经济的发展，社会矛盾也在更深的层次上展开：两极分化、南北问题、黑金政治、恐怖袭击、道德沦丧、生态危机等等，这些矛盾都跟经济问题有着千丝万缕的联系，反映着经济与政治、经济与文化、经济与社会、经济与生活、经济与自然、经济与资源错综复杂的关联，使得经济已成为哲学思考的中心问题。经济哲学作为一门新兴的学科，重点就是要结合经济发展史、经济思想史、经济领域的重大理论问题和实践问题研究经济与人类生存发展的关系，以探索最佳经济发展思路与前提，培养具有世界历史眼光，既懂经济又懂哲学的思想家和实业家，以推进中国特色社会主义改革事业①。

我们比较赞成这种观点，只是有些提法如黑金政治、恐怖袭击有点过

---

① 余源培、孙承叔：《经济哲学》，复旦大学研究生招生网。

头，而且对经济与现实的人的关系没有提出来，只是提到经济与人类生存发展的关系。

第六，经济哲学是关于经济中的哲学问题的学问，是一门应用性哲学，用哲学观点和方法分析经济现象和经济问题，或者说经济现象中的哲学问题，就像管理哲学即管理中的哲学问题，科学哲学即科学中的哲学问题等。

此观点有合理成分：用哲学观点和方法分析经济现象和经济问题。但把经济哲学定位是一门应用哲学，有点降低经济哲学的学科地位，没有指出用哲学观点和方法分析经济现象和经济问题的目的在于揭示经济和社会、经济和人的关系，在于如何更好地更科学地发展经济①。

综合以上观点和吸取上述各种观点的合理成分，关于经济哲学的内涵，我们认为，经济哲学应该是关于人们的经济活动和经济关系及经济理论和经济实践的审视和定位、反思和评价的科学。经济哲学要从哲学的高度和深度对社会中人们的经济活动的目的、意义进行理性的审视和定位、反思和评价，对人们的经济关系进行理性的审视和定位、反思和评价，对社会经济运行发展实践的结果进行理性的审视和定位、反思和评价，其中包括对所取得的成就进行理性的审视、思考、反思和评价，也包括对所产生的问题进行理性的思考、审视、反思和评价，还包括对造成问题的理论进行审视、思考、反思和评价。对人们的经济活动和经济关系及经济理论和经济实践的审视、思考、反思和评价的目的在于把握经济发展的一般规律；把握人们的经济关系，包括经济与人和人类、经济与社会、经济与自然资源环境的关系；规范人们的经济活动行为；肯定人们的经济实践成就并发扬光大，找出人们的经济实践问题并加以纠正，以探求经济发展的最佳路径和最佳模式，这也是本学科研究和存在的意义和价值所在。

二　企业微观经济哲学的性质

关于经济哲学的性质，我们认为，经济哲学既不是交叉科学、跨学科科学和综合性科学，也不是应用哲学，更不是哲学本身或哲学的现代形态，也不能简单地归结为分支哲学或部门哲学，而应属于分支或部门反思、评价性哲学，经济哲学突出了哲学的反思功能，强调对某一事物、某

---

① 　（论文下载网）http：//www. lunwenda. com，2008 年 4 月 16 日，CNKI 社会概念知识元库。

一领域、某一部门或某一问题的审视、思考、反思和评价，以纠正该事物、该领域、该部门发展中的偏差和问题，目的在于探求该事物、该领域、该部门发展的最佳思路和最佳模式。如果从这个意义上说经济哲学是分支哲学或部门哲学是可以的，但必须从两个层面进行定性，一个层面，经济哲学属于分支哲学或部门哲学，哲学的分支，专门研究经济领域或经济部门的哲学问题，就像研究历史、政治、伦理、教育、人生等不同领域或部门的哲学问题，就是历史哲学、政治哲学、伦理哲学、教育哲学、人生哲学一样，关注经济领域或经济部门的哲学问题，就是经济哲学；另一个层面，经济哲学高一个层次，经济哲学高于分支哲学或部门哲学，它不局限于经济领域、经济部门哲学问题本身，是对经济领域、经济部门中经济活动及经济问题的审视和定位、反思和评价这样一种科学。

　　了解了一般意义上的经济哲学，企业微观经济哲学的内涵和研究内容就清晰明确了。企业微观经济哲学就是关于企业经营理论和经营实践的审视和定位、反思和评价的科学。企业微观经济哲学专门研究企业这个微观经济实体的经营活动、经济关系、经营理念和经营实践，包括研究企业的内涵、本质、历史演进、形式、职能、结构、运行规律及运行现状、运行效果和存在的问题；研究企业经营活动的性质、目的、意义、价值观及经营效果和存在的问题；研究我国市场经济中企业与市场、企业与消费者、企业与客户、企业与企业之间、企业与政府、企业与社会发展、企业与自然资源、企业与生态环境、企业与人类生存发展的关系，以及企业处理这些关系的效果和存在的问题；还要研究企业自身各要素之间的相互作用关系；企业中人与企业的关系，包括员工的知识、技能、思想、观念、心理素质及其需要、利益、行为等与企业的关系，这里特别强调企业家与企业的关系，包括企业家的思想、观念、理念、心理、意志、毅力、能力、魄力、魅力、需要、利益、行为与企业的关系，以及企业处理这些关系的效果和存在的问题。总之，企业微观经济哲学要从哲学的高度和深度对企业经济活动、经济关系和经济问题进行理性的审视、定位、反思和评价。审视、定位、反思和评价的目的在于规范企业的经营活动行为，提高企业经营管理水平，更好地发挥企业在我国经济发展中的作用。这也是本学科研究和存在的意义和价值所在。

　　上述企业微观经济哲学内容可以概括为七个方面：企业经济活动本质

论；企业经济活动系统论；企业经济活动规律论；企业经济活动矛盾论；企业经济活动价值论；企业经济活动人本论；企业经济活动素质论。以上七论也是本书的基本内容。

第三节　企业微观经济哲学的研究方法

企业微观经济哲学的研究方法有以下几种方法：

第一，功能性哲学方法。哲学是世界观和方法论的学问，世界观是人们对世界以及人和世界关系的根本观点；方法论是观察、思考问题所遵循的根本方法和原则。科学的哲学具有为人们提供正确世界观和方法论的功能，正确的世界观和方法论是智慧的源泉。

哲学提供的，不是事实知识，不是具体的科学知识，不是技术知识，而是高深层次的理性思维知识。所以哲学，特别是科学的哲学，科学的世界观和方法论，是高深层次的理性思维科学，视野高远和开阔，居高临下，思维深邃而透彻。由此规定了哲学的七方面功能：（1）总括性功能，即全面、整体地把握事物的功能。（2）洞察性功能，即透视事物深层本质和规律的功能。（3）预见性功能，即关注事物的变化趋势，展望未来，着眼发展的功能。（4）反思性功能，即对事物的后果及造成事物后果的思想进行反省的功能。（5）评价性功能，即对事物的现状及造成事物现状的思想进行评判的功能。（6）追问性功能，即对造成事物状况的原因进行寻根问底的功能。（7）批判性功能，即在对事物进行理性反思、评价的基础上，敢于摒弃过时的和糟粕的东西，特别是敢于自我批判和自我否定的功能。微观经济哲学的研究就是要探讨和应用哲学的这些功能，分析企业现象，解决企业问题。

第二，境界性哲学方法。哲学还是高层次的人生境界的科学。人生境界也即思想境界，不同的人其人生境界是不同的，有高低之分。人生境界分为四个层次：物欲层次，知欲层次，道德层次和责任层次。物欲层次：只有物质上的欲望和追求，跟动物比较没有本质的区别；知欲层次：追求知识，尊重规律，以求成功；道德层次：欲望和追求不危害他人和社会，而是有利于他人和社会；责任层次：关爱他人和社会，有崇高的理想、信念、人生理念和奉献精神。科学的哲学是知欲层次、道德层次和责任层次三个层次的统一体现，即真（科学、真理）、善（高尚道德）、美（崇高的理想追求和责任）的统一体现。微观企业哲学就是要用真善美的标准去研究、衡量、评价和规范企业的经营管理活动。

第三，辩证性哲学方法，又称现代关系哲学方法。现代关系哲学是关于事物关系（特别是系统关系）的哲学，现代关系哲学方法就是用联系方法、系统方法、矛盾方法、定性定量方法，研究事物关系的最一般的形式、结构、状态、演变规律和事物关系间质和量的规定性等。就经济关系来说，要研究经济关系的最一般形式、结构、状态、性质、演变规律，及其经济与人，包括人的思想、观念、意志、心理等与经济的关系。我们已经进入关系时代，市场经济本身就是关系经济，在这个时代里，一切事物都必须运用现代关系哲学方法研究才能得到完整、准确的理解，企业微观经济哲学就是要运用现代关系哲学方法去研究、衡量、评价和规范企业的经济关系和经营管理活动。

第四，人文性哲学方法，又称大经济人文视野方法。这涉及经济观问题，经济观分为狭隘的经济观和大经济观，狭隘的经济观指某种经济活动，如工业经济、农业经济及单纯的生产、分配、经营等活动，大经济观指超越工业经济、农业经济、商品经济、市场经济等狭隘经济观的人文经济视野。今天，许多新的经济形式的出现，使人们的经济观发生了变化，出现了更加宽泛的经济概念，人们越来越倾向于把社会的各个方面都理解为经济，或者说把社会的各个方面都同经济联系在一起，例如，把知识、信息、人才、科技、教育、资源、环境、生态、人口、文化等同经济联系在一起，被称为知识经济、信息经济、人才经济、科技经济、教育经济、资源经济、环境经济、生态经济、人口经济、文化经济等，使知识、信息、人才、资源、环境、生态、人口等文化学和社会学的概念，今天似乎都变成了经济学的概念。与此同时，经济也在文化化，"经济中文化的、知识的、信息的、科技的乃至心理的因素将越来越具有重要的、主导的甚至某种决定性的作用，而文化作为日益强大的产业结构已成为整个国民经济的重要的甚至是支柱性的产业"。总之，今天的社会，经济与文化的关系这样地密切。

面对当今经济发展中遇到的种种矛盾、问题和疑问，面对现代经济文化化，文化经济化的发展趋势，传统经济学需要反思，传统经济学过分注重经济生活现象层面的数量分析，强调经济研究的数学模型化和实证分析，而没有从文化的广度和哲学的高度去总结这个经济时代的经济本质、经济规律、经济价值、经济意义，这样，人类经济活动就不可能在全面、系统、正确的经济学理论和经济观的指导下来进行，于是，就必然会出现经济越是发展，经济领域的异化现象（人被经济控制现象）就越是严重，社会生活的矛盾和危机越是尖锐。

从经济学说史的角度说，经济学发展到今天，经历了从简单到复杂、从单一到多样、从定性到定量的发展，经济学的这些发展，一方面推动了经济的发展和社会的进步；另一方面又引发了许多关系到地球和人类生存的重大问题，于是，经济学不得不反身自问：到底经济是什么，经济进步的最终标准是什么？经济的发展与人口、与资源、与环境、与生态、与制度、与科技、与教育、与文化等的关系是什么？未来经济发展的模式怎么样？以及 21 世纪的经济学应该研究些什么？等等。西方经济学家马歇尔在表述经济学的时候曾指出：经济学不仅是一门关于财富的学问，更是一门关于人的学说。马歇尔的经济观是大经济观，这只是就经济学而讲。按照这种理解，经济哲学更必须站在哲学的高度和人文的广度，去研究经济活动本身的问题及经济的价值、经济对社会和人类的意义，去思考重大经济问题。

按照马克思的观点，哲学的实质是人学，是关于人的学问，从人开始，落脚点还是人。体现了最终人文关怀或终极的人文关怀。马克思的整个哲学思想都贯穿了"人"这条红线，关注人生，人的解放，人的自由，人的发展，人的作用和人生境界。可见，马克思的哲学实质是人学，体现了以人为本和人文关怀，涉及社会观、人生观、经济观、价值观、道德观、责任感和思想境界等。所以，企业微观经济哲学要用人文性哲学方法或大经济人文视野方法研究、衡量、评价和规范企业的经济关系和经营管理活动。

要用以上功能性哲学方法、境界性哲学方法、辩证性哲学方法、人文性哲学方法去研究、衡量、评价和规范企业的经济关系和经营管理活动，就要热心关注企业，了解企业，思考企业，关注、了解、思考国内外企业的经营管理活动和经济关系，包括近代企业的经营管理活动和经济关系，现代企业的经营管理活动和经济关系，特别是我国当前企业的经营管理活动和经济关系，其中又分为成功企业的经营管理活动和经济关系和失败企业的经营管理活动和经济关系，对这些企业的经营管理活动和经济关系进行理性的审视、全面的分析、深入的思考、客观的评价，以期提供科学的规范和引导。

第二章 企业经济活动本质论

企业经济活动本质论是关于企业的内涵、本质以及企业经济活动或经营管理活动的性质和职能的审视、定位、思考和评价的理论。本章主要研究企业的内涵、本质和企业经济活动或经营管理活动的性质，也涉及企业的职能，企业在社会中的地位和角色，企业与社会的关系等。准确定位企业经济活动的本质是企业微观经济哲学研究的前提。

第一节 企业的内涵

"企业"这个称谓我们非常熟悉，但企业到底是什么？如何给企业定义和定位？企业的本质是什么？非专业人士未必都能讲得清楚。为了了解企业，首先要了解企业的起源和历史演变。

一 企业的起源和历史演变

（一）企业的起源

企业一词来自英语，源于英语中的"enterprise"，原意为企图冒险从事某项事业。后有日本学者翻译为汉语"企业"，有经营之意，而且具有持续经营的意思，后来引申为经济组织或经营实体，特指应用资本赚取利润的经济组织实体。

企业不是从来就有的，是生产发展的产物，是生产力发展到一定水平的产物，是商品经济和社会分工发展到一定阶段的产物，是生产社会化条件下商品生产与商品交换的产物。

企业起源于资本主义机器大工业时代。企业是从手工作坊发展而来的。在资本主义以前的社会就出现了商品生产和交换，只是规模较小。后来，随着商品生产和交换规模不断扩大，出现了一些家庭手工业作坊，这可以看做是企业的雏形。但在资本主义社会之前，这些手工业作坊并未形成社会的基本经济单位，从严格意义上讲，这些手工业作坊不能称之为企业。因为那时自给自足的自然经济占统治地位，社会生产和消费主要是以家庭为经济单位。尽管有些作坊具有一定生产规模和一定量的劳动者，但生产的产品只是为部落、家族、奴隶主、封建皇室享用，不是为了进行商品交换，不发生经营活动，故也不是企业。只是到了资本主义社会，才产生生产是为了进行专门商品交换的本来意义上的企业，社会生产的基本经济单位才发生根本的变化。

企业的初期形态，主要是由资本所有者雇用许多工人，使用一定的生产手段，在分工协作的基础上从事商品的生产和交换而形成的。由于企业这种组织形式能较好地应用当时社会的科学技术（主要是机器、设备），能显著地提高劳动生产率，能大幅度降低成本，带来高额利润，能集中地大量地生产商品，满足日益增长的社会需求，因而社会生产力有了长足的发展，企业就是在这样一个漫长的演变过程中逐渐成为社会的基本经济单位的。

（二）企业的历史演变

随着社会经济的不断发展，企业也不断完善、规范和成熟。这种完善、规范和成熟经历了一个漫长的过程，从17世纪到现在已有300多年的历史，直到现在还在不断的演变、演进。这种演变和演进可以从不同的角度去看去揭示：

从企业的存在形式去看去揭示：企业经历了一个从家族企业或合伙企业到合作企业，再到社会化企业的过程。开始是一家或一个人创办企业，或者是几家或几个人合伙创办企业，后来是企业间的联合或合作企业，再后来是专业化行业化集团企业，再后来是跨行业、跨地区、跨国企业。

从企业资本的形式去看去揭示：企业经历了一个从独资企业到合资企业，再到股份制企业的过程。开始是一家或几家创办的独资企业，后来是企业间的联合或合作经营的合资企业，再后来是相互兼并或相互参股或社会集资和上市融资经营的股份制企业。

从企业的规模去看去揭示：企业是一个从小型企业到中型企业再到大

型企业的发展过程。开始是小型企业，几个人，十几个人，几十个人，都算小型企业，到上百人、几百人，就达到中型企业，再到上千人，几千人到上万人则是大型企业。具体多少人定位什么企业，各国都有自己的标准，按我国新标准，300 人以下是小型企业，300—2000 人是中型企业，2000 人以上是大型企业。人多人少这是企业的规模，当然，也不能光看人数，资本主义初期看人数还可以，到资本主义中后期，企业技术含量提高，大量使用机械化和自动化装备，只看人数就不行了，使用机械化和自动化装备程度高的企业，工人人数不一定多。怎么来划分企业的规模呢？可以从企业的资产角度来划分，企业拥有多少资产，包括固定资产和现金资金，按企业资产的多少来划分，各国都有自己的标准。按我国新标准，资产在 4000 万元以下是小型企业，4000 万—4 亿元是中型企业，4 亿元以上是大型企业。还有销售额标准，销售额在 3000 万元以下是小型企业，3000 万—3 亿元是中型企业，3 亿元以上是大型企业。

从企业的经营内容看，有个行业问题，开始是工业企业和商业企业，后来发展到金融业、服务业、农业、科技、信息、文化、娱乐行业等。这是一般而言，如果细化，工业企业还划分为重工业、轻工业、制造业和交通业等；商业企业还划分为商场、商贸；金融业还划分为银行、证券公司、信用社等；服务业还划分为餐饮业、物流等；农业还划分为粮农、蔬农、果农等，科技还划分为研究开发和推广等；信息还划分为计算机、通信等；文化还划分为图书、出版等；娱乐还划分为游戏软件、网吧等。再有，企业的经营内容有单一的专业化的，也有多元化即跨行业的。

从企业的法律地位去看去揭示：企业是一个从非法人企业到法人企业的演进过程。企业分为法人企业和非法人企业。并不是所有的企业都是法人，按照我国《民法》的规定，法人必须具备四个条件：第一，它是社会组织；第二，必须有独立的财产；第三，要有独立的法人资格；第四，要能够独立承担法律上的权利和义务，能够独立地进行起诉或应诉。具有法人资格的企业称之为企业法人，或者说叫法人企业。非法人企业是指不具有企业法人资格但有自己的名称、组织机构、经营场所的营业活动单位。非法人企业不具有法人资格，不能独立承担民事责任，不能独立支配和处分所经营管理的财产，但经营单位可以刻制印章、开立往来账户、单独核算、依法纳税，也可以签订商业合同并作为执行人。非法人企业一般指个人独资企业、合伙企业等。

以上是企业的历史演变，是从企业总体讲的，并不是每一个企业都要经历以上所有过程。如有的企业从始至终都是个体资本，都是小型企业，都是专业化经营，等等。市场经济既有大公司的生存空间，也有小公司的生存空间。而且，不管是大公司还是小公司都在激烈的竞争中，都存有扩展、发展的前程和被兼并、倒闭的危险。

我国企业的诞生和演变比较特殊，旧中国是私营企业，新中国成立后收归国有，不叫企业叫工厂、商场等，改革开放后才改为企业。现在，可将企业分为国有企业（也称全民公有制企业）、集体企业（也称集体所有制企业）、私营企业（也称民营企业）、混合所有制企业等。这是我们国家特有的分类方法。他们都有一个从小到大，从不规范到规范的公司化过程。

二　企业的定义

关于什么是企业，没有一个统一的界定，有不同的解释。

（一）西方国家学者的观点

西方国家学者对于什么是企业有不同的解释：

有学者认为，固定且相对稳定的个体经营就称之为企业，即独资企业。

又有学者认为，企业是一种人力和物力的相结合的有组织的经济实体。

还有学者尝试从经济学角度把握企业的概念，依新古典企业理论，把企业组织视为投入和产出之间的生产转换函数，企业是一个生产单位，它设立的目的是为了实现利润的最大化，其功能是把土地、劳动等人力资本和非人力资本等生产要素进行投入并转化为一定的产出。

有的国家的学者如日本学者对企业的界定更为扩大，除了是经营实体外，认为还应包括在政府和地方政府指导下从事以不追求利润为目的的公共财物生产及提供劳务服务的经济实体和民众基于互助合作的经济实体也称作企业，这是广义的企业。

（二）中国学者的观点

中国学者对企业的界说一般仅限于经济组织的含义，也有以下不同定义：

有学者表述为，企业一般是指在社会化大生产条件下，从事生产、贸易、流通、服务、研究开发等经济活动的营利性经济组织。

有学者表述为，企业一般就是指从事生产和流通，给社会提供商品或劳务，为营利而进行自主经营的经济组织。

有学者表述为，企业是指以营利为目的独立从事商品生产经营活动和商业服务活动的经济组织。

有学者表述为，企业一般就是指从事生产、流通或服务等活动，给社会提供商品或服务，为营利而进行自主经营，具有法人资格的经济组织。

有学者表述为，企业是指依法成立并具备一定组织形式，以营利为目的独立从事商品生产经营活动和商业服务活动的经济组织。

近年来，也有学者借鉴新古典理论、法律理论和经济学派理论对企业的分析，认为企业是指各种要素的投入者（人力资本和非人力资本的投入者）为了营利的目的而联合起来的一种具有独立的民事主体地位的契约组织。

综合以上观点，从狭义企业的内涵看，企业首先是一个经济活动概念，而不是政治、行政活动概念；进一步，是一个经营活动概念，而不是其他活动概念；与此相联系，企业是一个经济组织或经济实体，而不是政治组织、政治实体和行政组织、行政实体。企业是指在社会化大生产条件下，从事生产、贸易、流通、服务、研究开发等经济活动的营利性经济组织，或者说是以营利为目的，从事生产、贸易、流通、服务、研究开发等经营活动的经济活动实体，或者说，企业是市场经济条件下，从事生产、贸易、流通、服务、研究开发等经济活动的活动载体。

以上对企业的表述是传统意义上的表述，应该说是科学的、正确的和准确的，是理论界公认的和不可非议的权威的表述。但我们认为，随着时代的发展变化和企业对社会对人类的越来越大的负面影响，及给社会和人类带来的越来越多的问题，如资源、环境、生态、疾病、自然灾害等越来越多的问题，应该对企业的经济活动进行审视、思考和反思，而且还应对传统的企业理论包括企业定义进行审视、思考和反思，应正视和克服企业过分注重自身盈利和利益的极端行为的弊端和缺陷，企业应在正当获取自身盈利和利益的同时，注重研究和解决给社会和人类带来的越来越多的问题，消除企业对社会对人类的越来越大的负面影响。为此，也应当对传统的企业理论和企业定义进行修正和补充，应给传统的企业理论和企业定义补充新的内涵，或者说给企业的定义进行重新定位。

给企业进行重新定义也是大势所趋，在西方国家也有这种态势，1991年诺贝尔经济学奖得主科斯认为，过去经济学家们建造的理论大厦之所以发生倾斜，是因为他们常常忽略对理论赖以存在的基础的考察。西方经济学家也承认，在经济理论研究中企业有被长期忽略的历史，在西方，直到20世纪30年代以前，几乎没有经济学家对企业的起源、本质及成长进行过描述。一直以来，企业被简化为一个假定："利润最大化。"是科斯（R. H. Coase）和钱德勒（Alfred. Chandier, Jr.）等人开创了对企业本身的研究，为此，科斯曾宣称只有他创立的经济分析法学才是真正的经济学。尽管在西方"企业"并没有被列入大多数经济学历史的主题目录和包括在大多数百科全书中，但企业却仍然像市场一样，是经济活动的基本单位。近年来，随着科斯经济学说由旁门左道变为主流经济学，随着"企业即是利润最大化"弊端的日益显露，一场企业定义革命已经在西方悄然开始，以企业理论为核心的新经济理论已成为一种重要的发展趋势。

中国与西方国家的国情不尽相同，我们是社会主义国家，企业的经济活动或经营活动在自身盈利的基础上更应该强调社会价值和社会责任，为此，企业定义应当也必须进行重新定位。

（三）企业定义的重新定位

对企业定义的重新定位，不是完全推翻和否定理论界已有的定义，而是在理论界已有定义的基础上，对企业的定义进行补充或修改，补充或修改之点就是增加一个方面的内容，就是企业对消费者的爱心和社会责任感、使命感。

重新定位的企业定义应该表述为：企业是社会化大生产和市场经济条件下，持续从事生产、贸易、流通、服务、研究开发等经营活动，有固定的经营场所，独立核算，自主经营，自负盈亏，以营利为目的，并对社会和消费者富有爱心、责任感和使命感的经济组织。

定义前边部分同理论界已有的定义大同小异，后边加了"并对社会和消费者富有爱心、责任感和使命感"。这不是简单地改一下，加几个字的问题，是对企业的内涵进行科学全面和更加准确的定位，以便规范和纠正企业只顾追逐自身利益而忘记社会和危害社会的唯利是图的利己行为。

有人说，这样的约束规范已经在职业道德和法律法规条文中存在，没必要修改企业定义。与此相反，我们觉得很有必要修改企业定义，企业对社会对人类的越来越大的负面影响和给社会和人类带来的越来越多的问题为什么长期得不到制止和愈演愈烈，固然有弘扬职业道德和执法不力的原因，但对企业内涵和本质的理解上的问题也不能不是原因之一，如果能对企业的内涵和本质加以补充和重新定位，能更明确地指出企业在获取自身利益的同时要兼顾社会利益和肩负起社会责任，再对企业附之以职业道德和法律法规的约束，企业经济活动的效果和经济运行的效果不是会更好吗？

为了更好地把握企业的定义，主要应把握企业几个方面的特征：

（1）企业是社会分工和社会化大生产的产物，封建社会以前没有。

（2）企业是市场经济的产物，是市场经济的细胞，自然经济条件下没有。

（3）企业是独立的经济组织，独立进行经营活动，自主决策，自负盈亏。

（4）企业是经营性、营利性组织，以营利为其活动宗旨，不是社会福利机构和慈善机构。

（5）企业的经营具有持续性或连续性，不是业余的制作贩卖、一次性的交易活动。

（6）企业有固定的经营场所，不是流动摊贩的非固定、不稳定的经营活动。

（7）企业要文明经营，正当盈利，应遵德守法和奉献社会，不能赚取昧心钱和黑心钱。

第二节　企业的本质

把握了企业的定义，还要进一步把握企业的本质，企业的本质是企业的根本性质，是组成企业基本要素的内在联系，也就是企业的基本规定性。企业的本质问题涉及的是对企业的根本性认识，企业的本质是企业的根本点，是企业的核心。企业的根本点和核心把握不住，或者说把握偏了，就要出问题。比如，认为企业的根本之点就是盈利、赚钱，不择手段的盈利、赚钱，就要出问题。所以，给企业的本质进行科学定位很重要，把握好企业的根本点、核心，是一个很重要的问题。但是，对于企业本质的认识和研究在经济史上起步比较晚，在西方，也是到了 20 世纪 30 年代才开始研究。关于企业的本质，到底是什么？如何给企业的本质定位？有不同观点。

一　西方国家的观点

在西方国家，有六种观点：

第一，价格机制论①。企业本质上是价格机制的替代物，只是从价格出发，只考虑价格关系。

第二，合约选择论。企业本质上是合约选择的一种形式，只是从雇主和劳动者出发，只考虑雇主和劳动者的关系②。

第三，团队生产论③。企业本质上是一种团队生产。只考虑团队合力，实际上以生产力为中心。

第四，光明团队论。企业本质上是追求光明的团队，是追求光明与抵消黑暗的对立统一。企业是团队，是人的组合，本质上就是有机体，就必然有新和陈（光明和黑暗），则必须从外界获取能量维持运作，否则只会导致消亡（极度黑暗）。

第五，双重本质论。企业的本质包括两个方面：一是企业的物质本质即通过产品和服务满足消费者的物质需求的本质。二是企业的精神本质即通过产品和服务满足消费者的精神需要的本质。

第六，利润最大化论。这是多数研究者的观点，企业的本质是营利性和经营性，说得白一点就是赚钱、赚钱、再赚钱，连续持久的赚钱。

二　中国的观点

在中国，对于企业本质的认识和研究起步更晚，我们改革开放（1978 年）以前搞的是计划经济，没有企业。从 1979 年蒋一苇的"企业本位论"的提出，到 1984 年《中共中央关于经济体制改革的决定》的出

① R. H. 科斯：《企业的性质》，商务印书馆 1937 年版。
② 周明月、刘海洋：《企业的本质理论研究综述》，《商场现代化》2010 年 3 月（上旬刊）。
③ 阿尔奇安、德姆塞茨（Alchian and Demsetz）：《生产、信息成本与经济组织》，1972 年版。

台，再到 1992 年社会主义市场经济体制思想的确立，和 1993 年《全民所有制工业企业转换经营机制条例》的发布实施，标志着我国经济理论研究的重心已经转移到企业上来。但是在理论界，对企业本质和发展规律的研究还未引起大多数经济学者的注意，关于企业本质的认识还缺乏理论上的突破，也不统一。

有一种观点认为，企业的本质包含四个方面：一是功能本质，即具有占有、创造和实现财富增值的功能；二是结构本质，即具有生命力的人机结构；三是历史本质，即企业是市场经济的基本单位；四是社会本质，即不同社会制度下的企业，其社会本质是不同的。

多数研究者认为，企业的本质是营利性和经营性的经济组织，说得白一点就是赚钱、赚钱、再赚钱，连续持久的赚钱的经济组织，这延续了西方企业即利润最大化的界定。

按照企业的传统定义，企业的本质应包含两层意思，一是营利性，即根据投入产出进行经济核算，获得超出投入的资金和财物的盈余，企业经营的目的就是追求盈利、赚钱，无利不干。二是经营性，企业活动不是一次性或短期性行为，行为活动是连续性的和持久性的，即持续性的追求盈利、赚钱。这正是马克思所揭露的资本主义社会资本家即资本的本质：唯利是图，贪得无厌。

可见传统的观点，将企业的本质理解为盈利、赚钱，很不全面，而且容易走偏，为营利而盈利，为赚钱而赚钱，钻到钱眼儿里了，这里看不到道德、公平、公正、正义。其实一个企业家做企业，还有一个怎么赚钱，为什么赚钱，赚了钱干什么，会不会赚钱的问题，企业的经营管理中有道义、道德观、价值观、人生观、社会责任等问题，通俗讲，就是经营思想和职业道德问题。我们现在有些企业所有者和经营者不想这个问题，搞不明白，赚昧心钱、黑心钱，连西方的资本家都不如。

世界经营之神松下幸之助，就十分重视和强调经营理念的重要性。他说："我从事企业经营已 60 年了，通过切身体验认识到经营理念的重要性。换句话说，'这个公司是为了什么而存在？应该本着什么目的、用怎样的方法去经营？'""企业经营不能单纯考虑利害关系和企业的发展，其根基还是必须树立正确的经营理念。而且这个经营理念必须深深扎根于正确的人生观、社会观、世界观上。从这里才能产生真正正确的经营理念。

因此，作为经营者，在日常生活中培养自己正确的人生观、社会观和世界观是非常必要的。进一步来说，正确的人生观、社会观和世界观是必须符合真理，也就是符合社会发展规律和自然规律。如果违背它，那就不能说是正确的人生观、社会观和世界观，而由此产生的经营理念，也会欠妥当的。"①

所以，按照企业微观经济哲学的理解，企业的本质除了营利性、经营性之外，还应当包括经营的手段是否是正义的、道义的、道德的和合法的等伦理规范，直白地说，就是正道赚钱，不要像"三鹿"（三聚氰胺奶粉）、"美的"（人造紫砂壶）等企业赚黑心钱。可见，从企业和社会、企业和消费者的关系看，企业家有一个世界观、价值观、道德观、人生观和社会责任问题。企业的本质中还有一个教育人、塑造人的问题，这就是前边讲到的盈利、为什么盈利、盈利后干什么、会不会盈利的问题，这个问题也应是企业本质的应有之义和重要内容。

应正确地理解企业的本质，按照对企业的定义的补充和修改意见，企业本质上是自身盈利和造福社会的经济组织。企业的本质就要抓住企业最主要最实质性的东西：一是经营性、盈利性，自身要发展，这可以理解为利润最大化；二是社会责任，要造福于社会，造福于消费者，这是对利润最大化的补充。这两条才是最主要最实质的东西，反映出企业行为的正义性、道义性、道德性、合法性，一句话，正义性。所以，企业从本质看，是富有爱心和社会责任感的，经营财富和创造财富的，促进社会进步和发展的，这样一种营利性的经济经营组织。简而言之，企业是正义性、营利性的经济经营组织。这样就克服了将企业看做是单纯地追求利润最大化的经济组织的缺陷和弊端。

第三节　企业的职能

企业的职能和企业的本质是不可分离的，企业的职能是企业本质的外在表现。企业的本质是内在的，企业职能是企业本质的外在表现，二者的

---

① 宋志勋：《哲学素养与企业经营管理》，新华出版社 1994 年版，第 9 页。

关系是经营管理活动的内在性质和外在表现的关系。

关于企业的职能也有不同观点，主要是四职能论和三职能论：

四职能论认为，企业的职能有四个：（1）创造产品或服务职能。（2）财务会计职能。（3）管理职能。（4）销售职能。企业首先要开发产品或开发服务，而要开发产品或开发服务，就要动用财务；就要有财务支出，成本核算，产品或服务售后盈利进账；还要进行产品或服务项目的销售，实现企业的利润；为了提高效益和效率，还要进行人员的管理，等等。

三职能论认为，企业的职能有三个：（1）生产职能。（2）管理职能。（3）营销职能。企业首先要生产产品或提供服务；要生产产品或提供服务，就要实施管理：生产管理、成本管理、质量管理、效率管理等；然后要开发市场，赢得客户和消费者，将产品和服务卖出去，实现企业的盈利。

两个方面概括了企业的所有经济活动或经营管理活动。两个方面合在一起就是，企业的职能是企业研究开发、生产和设计优质的、可靠的、信得过的产品与服务项目，向社会和消费者提供优质的、可靠的、信得过的产品与服务，以满足社会和消费者的需要。

以上两种观点都有道理，但又都很分散。企业的职能就一般和总体而言，讲两个或两个方面就可以了：一个方面的职能是研究开发、生产和设计优质的、可靠的、信得过的产品与服务项目；另一个方面的职能是向社会和消费者提供优质的、可靠的、信得过的产品与服务，以满足社会和消费者的需要。两个方面概括了企业的所有经济活动或经营管理活动。两个方面结合在一起就是，企业的职能是企业研究开发、生产和设计优质的、可靠的、信得过的产品与服务项目，向社会和消费者提供优质的、可靠的、信得过的产品与服务，以满足社会和消费者的需要。

企业的前一种职能也可以称作内部研究开发、生产、管理职能；后一种职能也可以称作经营、销售职能。研究开发、生产和管理是对内而言的职能活动，是企业经营、销售活动的基础；而经营、销售是对外而言的职能活动，是企业研究开发、生产和管理活动的继续和延伸。生产出的产品或设计出的服务项目只有提供给社会消费者和客户，即只有通过经营和销售活动，企业才能盈利。通常号称企业的经营和管理是企业运行的两个轮子，就是对企业这两个方面职能的生动形象的比喻。

以上是企业的一般和总体职能，或叫企业的基本职能。具体来讲，由于各个企业的性质不同，其具体职能也不尽相同。由于各个企业的性质不同，它们自身生产和管理的内容和向社会及消费者提供产品与服务的形式也不同，满足社会和消费者需要的方式也不同。其中，生产型企业通过生产活动，改变原材料的形状与性能，为社会和消费者提供所需要的产品。商业企业通过商品实体转移或价值交换，为社会和消费者提供所需的产品和服务。金融企业通过货币的存储、支付、借贷、投资等业务经济活动，为社会和消费者提供资金支持和服务。科技性企业通过技术研究开发、创新、咨询和转让，为社会和客户提供技术需要和服务。文化性企业通过宣传媒体、书报、网络、文艺展演等形式，向社会和消费者提供学习、娱乐的不同需要等服务。

企业的职能作为企业本质的外在表现，从根本上体现着企业本质的要求。我们日常所看到的企业苦练内功和树立企业良好形象，都是企业本质的外在表现。企业苦练内功就是苦练自身经营管理的基本功，提升经营管理基础素质、经营管理的能力、创造力、创新力、工作效率、管理效率，生产过硬产品，开展优质服务，提高产品和服务质量，降低产品成本和服务成本，不断提高自身经济效益；还要不断增大企业的经营规模，优化企业的各种结构，遵循企业发展规律和市场规律，实行科学管理，造就和谐团队，营造企业文化和人文精神，培育职业道德，树立正确的价值观，张扬一切有益于企业发展壮大的思想和理念，规范敬业行为等。这是企业自身盈利和持续增值、发展、壮大的内在基础。企业树立良好形象就要对社会赋予爱心，造福于人和社会。具体表现为：坚持正当竞争，尊重消费者需求和利益；诚实守信，履行社会责任，捐助慈善事业；照章纳税，遵纪守法，节省资源，保护生态环境；张扬一切有益于消费者和社会的思想、理念和行为等。这是造福于社会和人民，赢得社会和人民爱戴和支持，从而促使企业成长、壮大和发展的外部环境条件。这样来理解企业的两个方面职能和两只车轮的作用就可以更加明确并且深入了。

第四节　对中国企业经济活动本质现状和问题的评价

中国企业如果从 1992 年提出社会主义市场经济算起，已经走过了 20 年的成长历程。如果从 1984 年进行企业改革算起，已经走过了 28 年的成长历程。对当前我国企业的经济活动本质状况从总体上进行审视和评价，可以用两句话来概括：多数企业盈利能力和社会责任意识不断提高，不少企业经营管理和履行社会责任方面存在问题。具体来讲，当前我国企业的经济活动本质状况可归纳为四种情况：

一　企业发展的基本态势良好，能积极履行社会责任

这类企业为数不多，大多是那些长期管理着行业发展的领军企业。这类企业的行为符合新界定的企业定义和本质的要求，他们已经走过了原始积累期和经验摸索期，资金实力雄厚，大多采取现代企业制度，企业经营和管理模式比较成熟，通过成本管理、质量管理、目标管理以及人才管理等充分调动企业人财物的功效，企业经济效益好。同时这类企业积极履行社会责任，守法纳税，竞争中注意双赢，乐于救灾助困，关爱企业员工，管理者素质也比较高。这类企业健康发展的同时能造福于社会，其行为是值得称赞和提倡的。

如海尔通过 OEC 管理，把目标体系与激励机制相结合，夯实了海尔发展的基础，使"海尔"不仅成为中国家电第一名牌，而且顺利地通过了 ISO9001 国际质量保证体系认证和美国 UL、德国 GS 等一系列产品安全认证。在履行社会责任方面，海尔长期坚持从事社会公益活动：1993 年海尔制作了 212 集动画片《海尔兄弟》；1994 年海尔开始投资参加希望工程；1998 年海尔投资建成海尔科技馆，现已成为全国青少年科普教育基地；2002 年又开始赞助"中国少年儿童海尔科技奖"、"海尔之星——我是奥运小主人"等活动。2006 年 6 月 16 日，在由中国公益事业联合会、中国爱心工程主办的"中国公益事业十大功勋人物"评选活动中，海尔集团首席执行官张瑞敏荣获"中国公益事业十大功勋人物"称号，海尔集团荣获"中国公益事业十大贡献集体"称号，是唯一一个荣获个人和集体荣誉称号的单位。据不完全统计，至今海尔集团用于社会教育事业、对口支援帮扶、扶贫救灾助残的捐款、捐物等已共计 5 亿多元①。

再如联想，作为极富创新性的国际化科技公司，1996 年开始，联想电脑销量就已位居中国国内市场首位。近几年，联想更是发展迅速，一跃占据世界电脑销售量第二的宝座。联想的社会责任意识体现在关注员工发展方面，就是其著名的"蓄电池"管理，联想不是把人看做蜡烛，燃尽方休，只知充分利用；而是把人看做蓄电池，不断为其充电，并使之与合适的岗位匹配，助其放电，强调人才的二次开发，使其最大限度地发挥自身潜能，体现个人价值。联想的用人育人理念极大地调动了企业员工的积极性和创造性，保障了企业长期发展的活力。

二　企业盈利能力较强，履行社会责任方面较差

这类企业为数众多，其资金和技术实力多处于本行业的中间阶层。这类企业大致分为两种情况：一种属于具有发展前途的中小企业。这些企业经营管理的理念正确，企业管理者把握市场趋势的能力比较强，积极关注消费者需求，内部管理也比较规范。但由于规模小或发展时间短，致使其履行培养员工、扶贫助困、保护环境等方面的社会责任的实力较小，能力较差。另一种属于以"商业精神"指导企业行为、用"利润标尺"衡量企业发展的企业。这些企业把利润最大化作为根本追求，消费者和合作伙伴仅只是其实现目的的手段。这些企业无视员工的利益和感受，漠视社会责任，缺少正义性、道德性和爱心。这类企业的前一种如能健康发展并逐步重视社会责任，有可能升华为符合新界定的企业定义和本质要求的企业；后一种企业行为已经背离了新界定的企业定义和本质的要求，其发展必将遭受重大挫折，甚至倒闭。如三鹿毒奶粉事件、富士康跳楼事件、本田罢工事件、美的紫砂壶造假事件等，就是这类企业行为的写照。

三　企业盈利能力较差，基本不顾及社会责任

这类企业为数也不少，其中以粗放型的、经验管理型的中小企业为主。这类企业资金环节较薄弱，产品技术含量和附加值都低，管理者的经营管理素质也较差，往往存在任人唯亲、专断决策等管理问题，企业文化建设也只做表面文章。企业员工技术素质低，流动性强。所以这类企业发

---

① "关于海尔"，www.haier.com.cn。

展基础不稳，不仅成长慢、寿命短、难以成为规范的大公司，而且一有经济波动，这些企业就岌岌可危。他们仍处在求生存的阶段，对待政府税收尚持能避则避的态度，更别提主动担承社会责任了。这类企业的行为也背离了新界定的企业定义和本质的要求，起码背离了盈利这个最基本的要求。

这类企业中另有一些属于规模较大的公司，其中有些也曾经营得很好，甚至发展成了名牌企业，但由于一开始就缺乏既宏观又长远的品牌战略规划，这些企业做到一定程度后就再难继续发展下去，最终走向倒闭或被外资所收购。"国务院国资委原主任李荣融 14 日在 2010 年天津夏季达沃斯论坛上说，从 2002 年到去年底，大概每年倒闭的国有企业将近 5000 家，其中也包括中央企业。"① 被外资收购的名牌企业也不在少数，像"汇源"被"可口可乐"179.2 亿港元全部"喝下"，"大宝"被"强生"23 亿元吞并，"苏泊尔"被"法国 SEB"2.17 亿欧元全盘收购，"南孚电池"被收购纳入美国吉利旗下，"中华牙膏"被联合利华强势控股，而"乐凯胶卷"、"扬子冰箱"等被收购后销声匿迹，等等。这些企业都是走到一半的路上就惨痛地失去了自己的品牌积累，其社会责任自然也难以为继。

四　企业谈不上经营，是投机，危害消费者和社会

这类企业是少数。这类企业的管理者没有素质或说谈不上素质，他们的行为不光是背离了新界定的企业定义和本质的要求，而是一种违法犯罪行为，实际上是为牟利方便而注册企业，而后在企业的名义下违法谋取暴利，或者靠投机取巧谋取暴利。这类企业必须予以严惩和取缔。

需要指出的是，企业经营管理者对企业的内涵、本质的正确认识与企业运营的成效、企业的兴衰及社会经济的发展、社会的安定关系重大，而当前我国企业界关于企业的认识和观念参差不齐，有相当多的企业家和业内人士仍旧固守传统的企业观念而不想改变，或囿于既得利益的短视无视现代企业本质的客观要求，这是很危险的。观念决定行为，如果这些人不尽快转变认识，我国企业的经济活动和经营行为就很难提升到正义性、道德性、合法性的经营和盈利的轨道上来，如此发展下去，中国企业的整体

---

①　何宗渝、孟华：《李荣融：每年近 5000 家国企倒闭》，《中国证券报》2010 年 9 月 15 日。

发展水平将难以提高，面对成熟市场企业的竞争将困难重重，更别谈企业管理与发展有新的超越了。

总之，企业经济活动本质论要求我们要深刻认识和准确把握企业的含义、特征、本质、职能和现状，深入地、认真地分析和反省当前我国企业在经营思想和经营管理活动中存在的问题和不足，这对于我国企业的成长发展具有重要的实践意义。

案例

从"丰田召回"再看企业的本质①

在信息化时代，速度也决定着企业的成败。快可以让企业先发制人，以快取胜。所谓快鱼吃慢鱼，速度快的企业往往能够先分得市场利润的一杯羹，但快也可以使得企业欲速则不达，让企业失去平衡，甚至物极必反，导致"快就是慢"。

2008年，当全世界的汽车老大——通用汽车饱受金融危机的困扰时，日本丰田汽车公司果断抓住机遇，迅速发展，在全球汽车销量上排到了第一。然而，最近的"召回门事件"对于曾经被视为汽车制造业"标尺"的日本丰田形成了较大冲击。

日本全球汽车市场研究公司的分析师福田正弘说："丰田超速扩张，人力资源与生产能力都跟不上需求，出问题是早晚的事儿。"大众汽车合资厂的一位高级管理人员表示："轿车、小车、SUV共用同一种零部件是丰田在全球降低成本的杀手锏之一，大量的车型采用同一部件，令汽车厂的上游供应商数量也有所增加，不同的供应商的产品品质往往不能达到同一水平。"

据外电报道，在此次召回事件中，同一零部件，仅CTS供应的油门踏板出现了问题。尽管目前尚无法确定召回将给丰田全年盈利带来的影响，然而此次召回事件涉及范围广、数量大，召回事件不仅动摇了丰田的全球"老大"地位，更是伤害了其"安全、可靠"的形象。

---

① 北京仁达方略管理咨询公司：王吉鹏。

究其原因，是丰田近年来在全球的大举高速扩张为质量危机埋下了隐患。丰田在高速扩张的过程中成功抓住了成本控制和效益的核心，但却在一定程度上忽视了质量、设计和监控的底线。

丰田以快速扩张的方式占取更大的市场份额，达到盈利的目的，但在快速发展的过程中更要遵循企业发展的规律，量力而为，稳扎稳打。如果一味地追求速度而忽视了更为重要的平衡与稳健，"快公司"反倒会因刹车不及时而翻车，结果还不如"慢公司"发展得好。

——资料来源：www. chinahrd. net/manage/info/107952

以上分析只讲到过分快速扩张为质量危机埋下了隐患，还有待于探求更深层的原因：背离了企业的本质，把消费者和社会责任置于金钱之下，只是在口头上讲"安全第一"，"顾客至上"。也难怪，他们是资本主义制度下的企业。

评析：本案例探讨了"丰田召回"的重要原因——企业不断高速扩张为产品质量危机埋下了隐患。其更深层的原因还有待探求：丰田背离了企业的本质，把消费者和社会责任置于金钱之下，只是在口头上讲"安全第一"，"顾客至上"，没有将其真正落实到企业各项活动中，给消费者带来了极大的生命危险，也给丰田的品牌形象带来了恶劣的影响。

这使我们回想起 2008 年中国的"奶业危机"，同样是利益驱使下，同样是为了抢占市场高速发展生产，同样置消费者（生命）安全于不顾。采取的手段是添加有毒的"三聚氰胺"，来弥补因奶源不足、奶稀释后蛋白质含量不达标的缺陷。"三聚氰胺"事件最终导致了中国奶业的地震，严重地打击了消费者对国产奶及其制品的信心，使中国奶业迄今为止也没能缓上气来。

希望企业经营管理者永远记住这个痛！科学定位企业本质，经营企业创造财富盈利的同时，认真履行社会责任，促进社会的进步。

现在，丰田老总丰田章男到处道歉以挽回信誉、声誉，第一站是美国国会，第二站是中国北京，然后是欧洲等国家。不知道他能不能认识到这一点。

第三章　企业经济活动系统论

企业经济活动系统论是关于企业经济活动要素或经营管理要素的系统性、整体性、结构性及企业经营管理效率和效益的审视、思考、反思和评价的理论，核心是探讨企业经济活动或企业经营管理活动的效率和效益之源泉。企业经济活动或经营管理活动的效率和效益与企业系统思想密切相关，与企业系统的有机整体性、关联协调性，特别是结构合理优化、功能非加和性密切相关。所以，要提高和保障企业经济活动或经营管理活动的效率和效益，就要具备企业系统思想，掌握企业系统组织和规划的方法论。

第一节　关于系统理论

一　系统思想的产生

系统思想源远流长，系统一词，来源于古希腊语，是由部分构成整体的意思。但作为一门科学的系统论，人们公认是美籍奥地利人、理论生物学家 L. V. 贝塔朗菲（Bertalanffy，Ludwig Von）创立的。他在 1925 年发表"抗体系统论"观念，提出了系统论的思想。1937 年提出了一般系统论原理，奠定了这门科学的理论基础。但是他的论文《关于一般系统论》，到 1945 年才公开发表，他的理论到 1948 年在美国再次讲授"一般系统论"时，才得到学术界的重视。确立这门科学学术地位的是 1968 年贝塔朗菲发表的专著：《一般系统理论基础、发展和应用》（*General System Theory, Foundations, Development and Applications*），该书被公认为是这门学科的代表作。系统论是研究系统的一般模式、结构和规律的学问，它研究各种系统的共同特征，用数学方法定量地描述其功能，寻求并确立适用于一切系统的原理、原则和数学模型，是具有逻辑和数学性质的一门新兴的科学。

二　系统的定义

今天理论界从各种角度研究系统，对系统下的定义也不统一。认为"系统是诸元素及其顺常行为的给定集合"；认为"系统是有组织的和被组织化的全体"；认为"系统是有联系的物质和过程的集合"；认为"系统是许多要素保持有机的秩序，向同一目的行动的东西"，等等。

多数的观点把系统定义为：由若干相互联系、相互制约、相互作用的要素所构成的具有特定结构和特定功能的时刻与外界进行交流的有机整体。在这个定义中包括了系统、要素、结构和功能四个概念，表明了要素与要素、要素与系统、系统与环境三方面的关系。

三　系统的基本特征

系统的基本特征表现为以下几个方面：

（1）有机整体性。整体性是系统论的核心思想，贝塔朗菲强调，任何系统都是一个有机的整体，它不是各个要素毫无关系的偶然堆积、机械组合和简单相加，而是由各种要素所组成的不可分割的整体。从两方面理解：一方面，整体离不开要素，由要素构成。系统中各要素不是孤立地存在着，每个要素在系统中都处于一定的位置上，起着特定的作用。要素之间相互关联，构成了一个相互依赖、相互制约、相互作用的有机整体。另一方面，要素离不开整体，是整体中的要素，如果将要素从系统整体中割离出来，它将失去要素的作用。正像人手在人体中它是劳动的器官，一旦将手从人体中砍下来，那时它将仅仅是一堆死肉。

（2）相关性。指构成系统的各个要素之间以及各个要素和整体之间的相互关联性。这种相关性表现为：某一要素的变化会引起其他要素的变化；要素的变化也会引起整体的变化，特别是关键要素的变化，会引起整体的性质的变化；整体的变化也会影响到各个要素的变化。

（3）结构性和层次性。系统中各要素的组合不是杂乱无章的，而是按照一定顺序、次序排列的，顺序、次序的排列形式即结构，不同的顺序、次序的排列就形成不同的结构。系统结构还是分层次的，大系统中有小系统，小系统中有更小的系统，或说母系统中有子系统，子系统中有次子系统。

（4）动态性和有序性。系统不是静态的，而是动态的系统，经常处在运动变化之中，这种运动变化是一个从不协调到协调、从一种平衡过渡到另一种平衡、从无序到有序的过程。系统内部也有层次和结构，系统要素之间的关联和作用都是有序进行的。

（5）开放性。凡系统都不是封闭的，而是开放的，系统及其各要素每时每刻都在同外界环境进行着物质、能量、信息的传递和交换。

（6）功能性和功能非加和性。功能性是讲任何系统都有自己的特定功能。如学校的功能是教书育人，企业的功能是创造产品和服务以满足社会需要。功能非加和性是讲系统整体功能不等于各要素功能相加之和，整体功能可以大于各部分功能之和，也可以小于各部分功能之和。贝塔朗菲强调，系统的整体功能是各要素在孤立状态下所没有的新质。他用亚里士多德的"整体大于部分之和"的名言来说明系统整体功能的非加和性，认为整体功能不能简单等于各要素功能的迭加之和，系统整体的功能取决于系统各要素功能发挥的质量、程度和协调一致，反对那种认为要素性能好，整体性能一定好，以要素局部说明整体的机械论的观点。

四　系统的普遍性和多样性

按照系统论观点看，系统是普遍存在的，系统是事物的存在方式，在系统论看来，世界上任何事物都是一个系统，大至浩渺的宇宙，小至微观的粒子，都是作为系统而存在的。人与自然构成系统，经济、政治、文化构成系统，企业是一个系统，学校是一个系统，家庭是一个系统，每个人身心都是一个小宇宙，一颗种子、一群蜜蜂也都各成系统……整个世界就是系统的集合体。系统论是辩证法普遍联系原理的生动描述和再现。

系统又是多种多样的，可以根据不同的原则和情况来划分系统的类型。按人类干预的情况可划分为自然系统、人工系统；按学科领域可分成自然系统、社会系统和思维系统；按范围划分则有宏观系统、微观系统；按与环境的关系划分就有内部系统、开放系统；按状态划分就有平衡系统、非平衡系统、近平衡系统、远平衡系统等等。

五　系统思维方法是人类思维方式的革命

系统论的基本思想方法，就是把所研究和处理的对象，当做一个系统，分析系统的结构和功能，研究系统、要素和环境三者的相互关系和变

动的规律性，从而优化系统的结构和功能，以控制和促进事物的变化和
发展。

系统论的出现，使人类的思维方式发生了深刻的变化。它的产生和发
展标志着人类的科学思维由主要以"实物为中心"逐渐过渡到以"系统
为中心"，是科学思维的一个划时代突破。以往研究问题，一般是把事物
分解成若干部分，抽象出最简单的因素来，然后再以部分的性质去说明复
杂事物。这是笛卡儿所奠定的理论基础的分析方法。这种方法的着眼点在
局部或要素，遵循的是单项因果决定论。虽然这是几百年来在特定范围内
行之有效、人们最熟悉的思维方法，但是它不能如实地说明事物的整体
性，不能反映事物之间的联系和相互作用，它只适应认识较为简单的事
物，而不适合于对复杂问题的研究。在现代科学的整体化和高度综合化发
展的趋势下，在人类面临许多规模巨大、关系复杂、参数众多的复杂问题
面前，就显得无能为力了。系统分析方法为现代复杂问题的分析提供了有
效的思维方式。所以可以说，系统论为人类的认识和思维开拓了新思路，
促进着各门科学的发展。

六　系统论思想的任务和目的

系统论思想的任务和目的不仅在于认识系统的特点和规律，更重要地
还在于利用这些特点和规律去控制、管理、改造甚至创造一个新系统，也
就是说，研究系统的任务和目的，在于统辖、改善和协调各要素的关系，
调整和优化系统结构，使系统的存在与发展达到最优化目标，使它合乎人
们的目的需要，来更好地为人们服务。

第二节　企业管理系统优化与企业效益评价

将系统论理论和方法引入企业经营管理和对企业经营管理分析、评价
中来，对提高企业经营管理水平和研究、认识企业都具有重要的作用。

一　企业系统的内涵

按照系统论的观点，企业是一个由各种要素构成的复杂的经济系统，
说得具体一点，企业是一个由相互联系、相互制约、相互作用的人、财、
物、产、供、销、技术、信息等要素所组成的具有特定结构和制造商品、

提供服务功能的时刻与市场消费者进行交换的有机整体。

在这个企业系统定义中也包括了系统、要素、结构、环境、功能五个范畴，系统即企业，要素即人、财、物、产、供、销、技术、信息等，结构即企业结构，环境即市场，功能即制造商品、提供服务。

在这个企业系统定义中也表明了五方面的关系：（1）要素与要素的关系即人、财、物、产、供、销、技术、信息等之间的关系；（2）要素与系统的关系即人、财、物、产、供、销、技术、信息等要素与企业部分和整体的关系；（3）要素与结构的关系即人、财、物、产、供、销、技术、信息等要素不同的排列组合形成不同的企业结构的关系；（4）系统与环境的关系即企业与市场的关系；（5）系统与功能的关系即企业与所提供的产品和服务的关系。

总之，企业是一个由人、财、物、产、供、销、技术、信息等要素所组成的具有特定结构和制造商品、提供服务功能的时刻与市场消费者进行交换的经济系统。这是了解企业的第一步。

进一步就要了解企业人、财、物、产、供、销、技术、信息等各要素的内涵、存在方式和功能、效率、效能，也叫功效，这是审视、思考、反思和评价企业的基础和前提。

（一）企业人、财、物、产、供、销、技术、信息的内涵

企业人、财、物、产、供、销、技术、信息是企业要素的简称，号称八大要素，这些要素具有丰富的内涵和内容：（1）"人"即员工，包括高层管理者，各级管理人员、技术人员和一线员工；（2）"财"即财务，包括资金、利润、成本、各种款项和费用、账目、分配等；（3）"物"即固定实物资产，包括厂房、机器、设备等；（4）"产"即生产，包括产品、服务等；（5）"供"即供应，包括原料、材料、供应商等；（6）"销"即销售，包括市场、客户、消费者等；（7）"技术"，包括科研开发、专利、工艺流程水平、生产和管理现代化手段等；（8）"信息"，即音信、消息，包括企业内部的生产、管理、科研等活动的音信、消息和企业外部市场、营销、新产品、新技术、竞争对手、合作伙伴、国家政策等音信、消息。

（二）企业人、财、物、产、供、销、技术、信息的存在方式

企业是由人、财、物、产、供、销、技术、信息等要素所组成的有机整体，这个有机整体具有层次性和结构性，其层次性和结构性是根据各要

素的性质、功能进行排列和组合的，其排列和组合的分布状况就形成了企业的不同层次、不同部门、不同科室、不同环节的组织结构。不同层次：如总公司、分公司、总厂、分厂、总部、分部、车间、班组等，不同部门：如管理者部门、管理部门、生产部门、供销部门、研究开发部门、公关部门、广告宣传部门等。不同科室是部门的下一层次：如办公室、人事科、劳资科、采购科、营销科等。不同环节：如市场调查、产品研究开发、产品生产、产品销售、售后服务等。组织结构是企业系统的整体结构，就要素而讲，还有资本结构、技术结构、产品结构、人员结构、设备结构、市场结构、客户结构等。可见，企业人、财、物、产、供、销、技术、信息等要素是以企业组织结构的形式而存在的，它们的排列、组合形成了企业组织结构，它们分布和渗透于企业组织结构中。

企业组织结构是指企业全体员工为实现企业生产、经营、管理目标而进行的分工协作，在职务范围、责任、权力方面所形成的结构体系，企业组织结构在企业生存、发展中占有重要地位和起着核心作用，它就相当于一个企业的"骨架"，支撑着企业的躯干不断地壮大和成长。如果就一个人来说，态度决定行为，那么对企业来说，结构决定行为。符合企业自身的合理的优化结构，能有力促使企业中各管理部门职能作用的有效发挥，能有力促使经营管理目的的实现和绩效的提高，从某种意义上可以说，能决定和影响整个企业经济活动的功能、效率和效益。企业的生存和发展在某种程度上来说，取决于企业组织结构的优化或提升，经常性地分析梳理这些结构，是掌控企业的基本管理手段。

二　企业系统管理与企业效率、效益评价

（一）整体性管理与企业效率、效益评价

企业作为一个系统，也具有整体性，是由企业人、财、物、产、供、销、技术、信息等要素所组成的有机整体，这个有机整体就是生产、经营、管理的有机整体。有机整体强调的是不可分割性，整体离不开要素，要素离不开整体，一方面，企业整体是由企业各个要素构成的整体，要素构成整体，离开要素就没有企业整体，缺少哪一个要素，企业也无法进行正常的运转；另一方面，企业要素是企业整体中的要素，要素依附整体，离开企业整体，要素也就失去了其性质、功能和存在的意义。在企业这个系统中，人、财、物、产、供、销、技术、信息各个要素同企业整体是相互联系、相互依赖的不可分割的关系。

企业系统有机整体性特征要求我们树立整体观念，在进行企业经营管理的过程中，对于任何一个企业要素都不能离开企业整体去考虑，企业要素间的联系和作用也不能脱离整体的协调去研究。所以，不论是高层人员、中层人员，还是基层人员，都应树立整体观念。当然，也不要把整体观念绝对化，因为整体是部分的整体，整体观念要求要正确处理整体和部分或局部和全局的关系。身居高层的领导，要目观整体和全局，又要兼顾各个部分或局部的利益。身居中、基层的领导，要胸怀全局，要从企业整体来考虑自身的利害得失，在自身局部同企业整体之间发生矛盾时，要服从企业整体利益。

坚持部分服从整体或局部服从全局还有一个近期利益和长远利益的关系问题，近期利益是部分和局部，长远利益是整体和全局，在近期利益和长远利益发生矛盾时，近期利益应当服从长远利益，这样，才能充分发挥出企业的整体功能和效率，才能求得最佳的企业整体效益。

目前，企业应克服上下级不协调，上级重全局而轻视局部利益和下级争局部利益而不顾大局的偏好，应走出谋求近期利益而缺乏长远发展的短期行为。

追求企业最佳整体效益是企业经济经营活动的目标和核心问题，企业最佳整体效益需要靠企业整体功能和效率的充分发挥，但从更深的层面看，企业最佳整体效益也离不开市场消费者的支撑和支持，因为企业整体效益由企业经济效益和企业社会效益两个层面构成：企业经济效益是指企业经营效果和企业利润的总和，就是经营成果的好坏，企业经营者首先必须确保企业经济效益的最佳状态。企业的社会效益是社会效果和社会利益的总称，是指企业经济活动给社会创造的收入即向国家和社会纳税，从而对社会发展所起推动作用及推动程度；还指企业通过诚实守信、热心服务的经营作风在社会上产生的影响及所获得的信誉、荣誉等，这种社会效益会给企业带来购买力和推动力。

有的学者认为社会效益还应当包括对社会公益事业的支持与赞助，吸收残疾人员或社会待业人员就业。有的学者把"安全生产"、"安全工程"也看做是社会效益.一个企业的安全生产程度越高，它的知名度、口碑就越好。企业职工有安全感，就会激发职工的爱企情结，社会效益要体现在职工、人民生活安定，生活环境质量这些方面。

从系统论的观点看，一个企业的整体效益必须从以上两个层面来衡量、考察，不能只从一个层面进行衡量和考察。一个整体效益好的企业，必须是经济效益和社会效益都好，而不能只是一个层面，经济效益层面或社会效益层面，更不能只是经济效益层面，盈利辉煌，一天赚几百万，一年赚几百个亿。一个企业的经济效益很好，但是造成环境污染、生态破坏、资源破坏、食品中毒致残等，没有社会效益，社会效益很差，就不能说企业效益好。而且经济效益有很大的空子可钻，一些利润大户是靠偷税、漏税、投机取巧，甚至欺骗、讹诈获取的，应受到法律的制裁。

所以，一个企业的效益必须从整体效益看，必须兼顾企业和社会，必须是经济效益和社会效益都好才是企业的效益好。

按照这个标准，可以把企业的效益状况分为三类：第一类是经济效益和社会效益都好的企业，既追求利润，又造福于社会；第二类是经济效益好而社会效益不好的企业，只追求利润，不造福于社会，甚至坑害消费者和损害社会；第三类是经济效益和社会效益都不好的企业，即处于亏损和倒闭的企业。目前，企业应走出重经济效益轻社会效益的误区。

（二）协调性管理与企业效率、效益评价

企业中各个要素之间以及各要素与企业整体之间具有相互关联性。

首先，企业中各个要素、各个部门、各个环节之间是相互制约、相互影响、相互作用的。这种相互制约、相互影响、相互作用的关系表现为"牵一发而动全身"，一个要素、部门、环节的变化会引起其他要素、部门、环节的连锁反应。如职工技能不高会影响到产品的质量和销售，进而影响到企业的利润、企业的生产和职工的利益等；又如销售不畅会影响到资金的周转，进而影响到进料、生产计划的完成、企业的利润和职工的利益等。

所以，在企业经营管理中必须学会相互关联地考察问题，要考虑到某一要素的改变会引起其他要素的改变；要善于经常地对企业内部诸因素的相互制约、相互影响和相互作用进行分析，全面把握企业的运行状况，防止顾此失彼，以保证企业的健康发展。

其次，企业中各要素、各部门、各环节与企业整体之间是相互制约、相互影响、相互作用的。一方面，企业各要素、部门、环节的变化也会引起企业整体的变化，各要素作用发挥得好，各部门、各环节协调得好，企业整体效益就好；反之就差；特别是关键要素的变化，如领导要素、产品、市场要素的变化，会引起企业整体的性质的变化、困境或破产倒闭。另外，企业整体的变化也会影响到企业各要素、部门、环节的变化，企业整体素质高，企业各要素的作用就会发挥得更好，企业各部门、环节的工作会更出色；企业整体素质差，企业各要素、部门、环节就会一盘散沙。

所以，要自觉地调整企业各要素、各部门、各环节之间的利害关系，自觉地调整企业中各要素、各部门、各环节与企业整体之间的关系，使各要素、各部门、各环节和谐相处，相互支持；使各要素、各部门、各环节与企业整体和谐统一，步调一致，这样才能使企业整体系统达到最优化的结果。

总之，要树立有机关联的观点和相互协调的观点，应克服各自为政、顾此失彼倾向和行为。

（三）功能优化管理与企业效率、效益评价

企业功能优化管理就是使企业整体功能大于企业各要素的功能之和的管理，就是通过提高企业各要素的功能、效率、效能以提高企业运行的效率，提高企业运行的效率的目的在于提高企业的效益。

企业运行的效率取决于企业各要素的功能、效率、效能与企业功能效益的关系，其表现为：企业人、财、物、产、供、销、技术、信息等各要素的功效即功能、效率、效能影响和决定企业的功能效益，企业的功能效益取决于企业各要素功能、效率、效能的充分发挥和协调一致。

先看企业的功能，企业的功能也就是前边所讲到的企业的职能，可以从具体和一般两个角度看，企业的具体功能由行业和企业的性质来定，生产什么产品和提供什么服务，不同企业功能不同。从企业的一般功能看，就是多出质量高和物美价廉的商品以满足广大消费者的需要，同时获取最大的商品利润，也为国家创造更多的物质财富。每个企业都具有这个功能，这是一层意思。

还有一层意思，就是企业功能发挥的效果，即企业经营活动的效率和效益，企业功能发挥的效果如何？即企业经营活动的效率和效益如何？效率高还是低？效益好还是差？收益大还是小？不同的企业是不同的，有的企业功能发挥得很好，效率高，效益好，收益大；而有的企业功能发挥得不好，效益差，收益小，甚至连年亏损，为什么呢？这涉及企业各要素功能的发挥程度、质量和相互关系，也就是说，企业运行的功效即企业功能的大小和好差取决于企业各要素功能的高质量的充分发挥和相互之间的协调一致。企业的整体功效决不能简单地等于企业各要素功效的迭加之和。

当企业中各要素充分地高质量地发挥其功能作用即效率、效能高，并相互协调一致时，企业的整体功效就会大大超过企业各要素功效相加之和；反之，当企业中各要素没有充分发挥其功能作用或有的要素没有充分发挥其功能作用，效率、效能低，并且各个部分不协调一致时，企业的整体功效就会小于企业各要素功效相加之和。这里，关键点是两个：一个是企业各要素功效的高质量的充分发挥；另一个是企业各要素的协调一致。

这就是功能非加和性，功能非加和性强调的是各要素功效高质量的充分发挥和各要素的协调一致，具体表现为企业各层次、各部门、各科室、各环节功效的高质量的充分发挥和相互之间的协调一致。从企业经营管理的最高水平和最高标准来审视和评价企业，企业经营管理者所向往和所追求的企业的最佳状态就是企业的高效益和超效益，这就要靠企业各要素功效高质量的充分发挥和各要素的协调一致，舍此没有别的办法。但是，理论上道理上好懂，实际上做到这一点并不容易，说不容易，是因为有好多的企业做不到这一点。

从我国企业的现实情况看，企业各要素的功效即功能、效率、效能状况与企业功能效益状况有四种情况：

第一，企业中各要素能充分地高质量地发挥其功能作用即效率、效能高，并相互之间协调一致，这类企业的功能效益就好。

第二，企业中各要素能充分地高质量地发挥其功能作用即效率、效能高，但相互之间不协调一致，这类企业的功能效益就不好。各要素不协调，即便是要素功能发挥得好，整体功效也未必好。如生产能力大，但销售功能小；或倒过来，销售功能大，但生产能力小，其功效或整体效益都不会好。

第三，企业中各要素不能充分地高质量地发挥其功能作用即效率、效能低，相互之间也不协调一致，这就谈不上企业的功能效益。

第四，企业中各要素相互之间协调一致，但不能充分地高质量地发挥其功能作用即效率、效能低，这类企业的功能效益也不会好。这类企业为数不多，但确实有，只注重关系，但内耗问题没有解决，所以，企业的功能效益也不会好。

（四）组织结构优化管理与企业效率、效益评价

合理优化的组织结构是企业效率、效益的组织保证。要搞清组织结构的合理优化，先要了解企业组织结构的形式，从历史和现实看，企业组织结构有：直线型组织结构、职能型组织结构、直线职能型组织结构、矩阵型组织结构、事业部制组织结构和模拟分权制结构六种形式。

（1）直线型组织结构：是一种最早也是最简单的组织形式。它的特点是企业各级行政单位从上到下实行垂直管理，下属部门只接受一个上级的指令，各级主管负责人对所属单位的一切问题负责。厂部不另设职能机构（可设职能人员协助主管人工作），一切管理职能基本上都由行政主管自己执行。如图 3 - 1 所示。

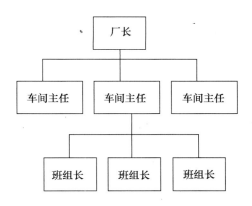

图 3 - 1　直线型组织结构简图

直线型组织结构的优点是：结构比较简单，责任分明，命令统一。其缺点是：它要求行政负责人通晓多种知识和技能，亲自处理各种业务。这在业务比较复杂、企业规模比较大的情况下，把所有管理职能都集中到最高主管一人身上，显然是难以胜任的。因此，直线型组织结构只适用于规模较小，生产技术比较简单的企业，对生产技术和经营管理比较复杂的企业并不适宜。

（2）职能型组织结构：是各级行政单位除主管负责人外，还相应地设立一些职能机构。如在厂长下面设立职能机构和人员，协助厂长从事职能管理工作。这种结构要求行政主管把相应的管理职责和权力交给相关的职能机构，各职能机构就有权在自己业务范围内向下级行政单位发号施令。因此，下级行政负责人除了接受上级行政主管人指挥外，还必须接受上级各职能机构的管理。如图 3-2 所示。

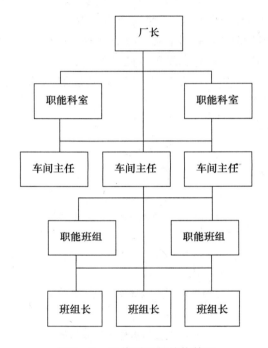

图 3-2 职能型组织结构简图

职能型组织结构的优点是：能适应现代化工业企业生产技术比较复杂，管理工作比较精细的特点；能充分发挥职能机构的专业管理作用，减轻直线管理者人员的工作负担。但缺点也很明显：它妨碍了必要的集中管理和统一指挥，形成了多头管理；不利于建立和健全各级行政负责人和职能科室的责任制，在中间管理层往往会出现"有功大家抢、有过大家推"的现象。另外，在上级行政管理者和职能机构的指导和命令发生矛盾时，下级就无所适从，影响工作的正常进行，容易造成纪律松弛，生产管理秩序混乱。由于这种组织结构形式的明显的缺陷，现代企业一般都不采用职能制。

（3）直线职能型组织结构：是在直线制和职能制的基础上，取长补短，吸取这两种形式的优点而建立起来的。这种组织结构形式是把企业管理机构和人员分为两类：一类是直线管理者机构和人员，按命令统一原则对各级组织行使指挥权；另一类是职能机构和人员，按专业化原则，从事组织的各项职能管理工作。直线管理者机构和人员在自己的职责范围内有一定的决定权和对所属下级的指挥权，并对自己部门的工作负全部责任。而职能机构和人员，则是直线指挥人员的参谋，不能对直接部门发号施令，只能进行业务指导。如图3－3所示。

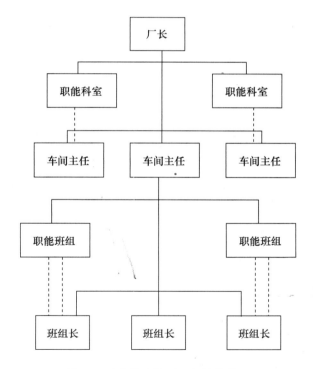

图3－3　直线职能型组织结构简图

直线职能制组织结构的特点是：以整个企业作为投资中心，总经理对企业的收入、成本、投资全面负责，下面的各部门、工厂、车间均为成本中心，只对各自的责任成本负责。这种结构权力较集中，下属部门自主权较小。在纵向组织结构下，企业预算自上而下逐级分解为各成本中心的责任预算，各成本中心的责任人对其责任区域内发生的责任成本负责，基本成本中心定期将成本发生情况向上一级成本中心汇报，上级成本中心汇总下属成本中心情况后逐级上报，直至最高层次的投资中心。投资中心定期向预算管理委员会汇报情况。

直线职能制组织结构的优点是：既保证了企业管理体系的集中统一，又可以在各级行政负责人的管理下，充分发挥各专业管理机构的作用。其缺点是：职能部门之间的协作和配合性较差，职能部门的许多工作要直接向上层管理者报告请示才能处理，这一方面加重了上层管理者的工作负担；另一方面也造成办事效率低。为了克服这些缺点，可以设立各种综合委员会，或建立各种会议制度，以协调各方面的工作，起到沟通作用，帮助高层管理者出谋划策。

（4）矩阵型组织结构：既有按职能划分的垂直管理者系统的结构，又有按项目划分的横向管理者系统的结构。矩阵制组织是为了改进直线职能制横向联系差，缺乏弹性的缺点而形成的一种组织形式。它的特点表现在围绕某项专门任务成立跨职能部门的专门机构上，例如组成一个专门的产品（项目）小组去从事新产品开发工作，在研究、设计、试验、制造各个不同阶段，由有关部门派人参加，力图做到条块结合，以协调有关部门的活动，保证任务的完成。这种组织结构形式是固定的，人员却是变动的，需要谁，谁就来，任务完成后就可以离开。项目小组和负责人也是临时组织和委任的。任务完成后就解散，有关人员回原单位工作。因此，这种组织结构非常适用于横向协作和攻关项目。如图 3-4 所示。

矩阵型组织结构的优点是灵活，适应性强，集思广益，有利于把组织垂直联系与横向联系更好地组合起来，加强各职能部门之间的协作。缺点是小组是临时性的，稳定性较差；小组成员要接受双重管理者，当两个意见不一致时，就会使他们的工作无所适从。

矩阵结构适用于一些重大攻关项目。企业可用来完成涉及面广的、临时性的、复杂的重大工程项目或管理改革任务。特别适用于以开发与实验

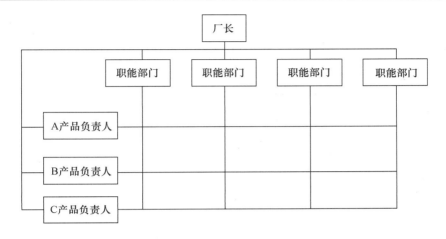

图 3 - 4　矩阵型组织结构简图

为主的单位，例如科学研究，尤其是应用性研究单位等。

（5）事业部制组织结构：事业部制是分级管理、分级核算、自负盈亏的一种形式，即一个公司按地区或按产品类别分成若干个事业部，从产品的设计，原料采购，成本核算，产品制造，一直到产品销售，均由事业部及所属工厂负责，实行单独核算，独立经营，公司总部只保留人事决策，预算控制和监督大权，并通过利润等指标对事业部进行控制。

事业部制组织结构又区分为产品事业部制和区域事业部制两种：

产品事业部制按照产品组织业务活动，在经营多种产品的大型企业中将生产某一产品有关的活动，完全置于同一产品部门内，再在产品部门内细分职能部门，进行生产该产品的工作。如图 3 - 5 所示。

区域事业部制对于在地理上分散的企业来说，按地区划分部门是一种比较普遍的方法。其原则是把某个地区或区域内的业务工作集中起来，委派一位经理来主管其事。按地区划分部门，特别适用于规模大的公司，尤其是跨国公司。如图 3 - 6 所示。

事业部制的好处是：总公司管理者可以摆脱日常事务，集中精力考虑全局问题；事业部实行独立核算，更能发挥经营管理的积极性，更利于组织专业化生产和实现企业的内部协作；各事业部之间有比较，有竞争，这

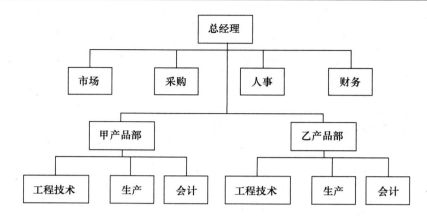

图 3 - 5　产品事业部制结构简图（1）

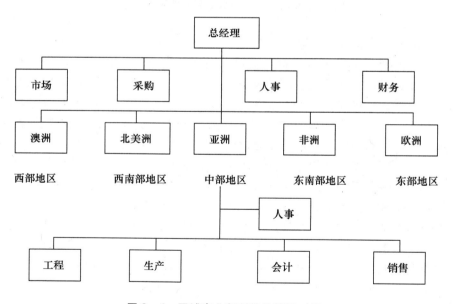

图 3 - 6　区域事业部制结构简图（2）

种比较和竞争有利于企业的发展；事业部内部的供、产、销之间容易协调，不像在直线职能制下需要高层管理部门过问；事业部经理要从事业部整体来考虑问题，这有利于培养和训练管理人才。其缺点是：公司与事业部的职能机构重叠，管理人员浪费；事业部实行独立核算，各事业部只考虑自身的利益，影响事业部之间的协作，一些业务联系与沟通往往也被经济关系所替代。

（6）模拟分权制组织结构：这是一种介于直线职能制和事业部制之间的结构形式。有许多大型企业，如连续生产的钢铁、化工企业由于产品品种或生产工艺过程所限，难以分解成几个独立的事业部，又由于企业的规模庞大，以致高层管理者感到采用其他组织形态都不容易管理，这时就出现了模拟分权组织结构形式。所谓模拟，就是要模拟事业部制的独立经营，单独核算，而不是真正的事业部，实际上是一个个"生产单位"。这些生产单位有自己的职能机构，享有尽可能大的自主权，负有"模拟性"的盈亏责任，目的是要调动他们的生产经营积极性，达到改善企业生产经营管理的目的。但是，各生产单位由于生产上的连续性，很难将它们截然分开，就以连续生产的石油化工为例，甲单位生产出来的"产品"直接就成为乙生产单位的原料，这当中无需停顿和中转。因此，它们之间的经济核算，只能依据企业内部的价格，而不是市场价格，也就是说，这些生产单位没有自己独立的外部市场，这也是与事业部的差别所在。如图3－7所示。

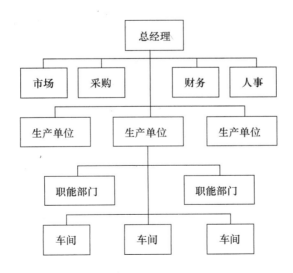

图 3－7　模拟分权制组织结构简图

　　模拟分权制的优点除了调动各生产单位的积极性外，就是解决企业规模过大不易管理的问题。高层管理人员将部分权力分给生产单位，减少了自己的行政事务，从而把精力集中到战略问题上来。其缺点是，不易为模拟的生产单位明确任务，造成考核上的困难；各生产单位管理者不易了解企业的全貌，在信息沟通和决策权力方面也存在着明显的缺陷。

　　以上是企业组织结构的六种模式，对它们的评价不能绝对化，六种结构模式都不是十全十美的，各有千秋。在长期的实践中，人们摸索出了"横六纵五"的规律，即幅度不超过六个单位，层次不超过五级。幅度过大、层次过多，就会影响管理效率。有了合适的组织结构，企业中的各个机构、各个部门、各个层次，以致每个人才能发挥有效的作用。企业要根据自身的具体条件，选用适宜的结构模式，扬其长而避其短，才能取得良好效果。

　　目前，我国企业组织结构主要有三种形式：

　　第一，直线职能型组织结构。大部分企业属于这种形式，这种形式既保证了企业管理的集中统一，又可充分发挥各专业管理机构的作用；但职能部门之间的协作和配合性较差，凡事报告请示才能处理，造成办事效率低下。

　　第二，事业部型组织结构。少部分企业属于这种形式，是分级管理、分级核算、自负盈亏的组织形式。领导可摆脱日常事务，集中考虑全局问题；事业部实行独立核算，更能发挥其积极性，更利于组织专业化生产和实现其内部协作；事业部之间有竞争有利于企业的发展；有利于培养和训练部级管理人才。但公司与事业部职能机构重叠，人员浪费；事业部独立核算，争利益，影响协作，业务联系被经济关系替代。

　　第三，直线型组织结构。采用这种形式的是少部分企业，其实行垂直领导，下属部门只接受一个上级的指令，各级主管负责人对所属单位的一切问题负责。结构简单，责任分明，命令统一。但负责人要通晓多种知识和技能，亲自处理各种业务，有难度。除非是高素质的企业领导和员工。

　　企业组织结构的搭建不是随意的，其设计应当遵循八项原则：

　　（1）任务目标原则。组织结构设计要服从每一项工作的任务和目标，尤其是价值链上的目标，体现一切设计为目标服务的宗旨。

　　（2）分工协作原则。一家现代企业无论设置多少个部门，每一个部门都不可能承担企业所有的工作。企业部门之间应该是分工协作的关系，也就是说，企业中有管财务的，有管人力资源的，有做后勤保障的，还有主导业务流程中各个环节的部门。因此，把握好分工协作原则对于现代企业来说至关重要。

（3）统一指挥原则。设置的部门或单位有责任，就应该使其拥有相应的权力。如果没有对等的权力，根本无法完成相应的职责。所以无论公司怎么设计，都要服从统一指挥的原则，要在公司的总体发展战略指导下工作。公司所有部门要按照董事会的方针进行工作，在总经理和总裁的统一指挥下工作。

（4）合理管理幅度原则。每一个部门、每一位领导人都要有合理的管理幅度。管理幅度太大，无暇顾及；管理幅度太小，可能没有完全发挥作用。所以在组织结构设计的时候，要制定合理恰当的管理幅度。

（5）责权对等原则。责和权应该对等。

（6）集权和分权原则。在整个组织结构设计的时候，权力的集中与分散应该适度。集权和分权控制在合适的水平上，既不影响工作效率，又不影响积极性。

（7）执行部门与监督部门分设原则。例如财务部负责日常财务管理、成本核算，审计部专门监督财务部。执行部门和监督部门分设，也就是通常所说的不能既当裁判员又当运动员。

（8）协调有效原则。组织方案的设计应遵循协调有效的原则，而不应在执行组织设计方案之后，部门之间无法相互监督控制。

如何合理选择企业组织结构？决定合理的组织结构的原则主要有两个：

一个是企业的规模。规模小，少层次，少部门；规模大，多层次，多部门。

另一个是企业领导和员工的素质。素质高，少层次，少部门，因为，管理工作基础好，管理达到标准化、科学化与规范化，一个人可以处理好多事情；素质低，多层次，多部门，因为管理工作基础差，许多问题的处理不易标准化、科学化与规范化，一个人没有能力处理好多事情，需要分工细一些，知识能力专一些。

目前企业组织结构存在的问题有：

（1）有些企业太集权，"人治"多于"法治"，管理靠主观印象和直觉判断，制度建设滞后，层次部门少，而且职能虚设，影响下属积极性。属于这种情况的一般是小型企业，特别是小型私营民营企业。

（2）有些企业又太分散，层次部门多，且功能职责界定不明确，导致职责、权力不对称，企业最高领导难以了解下属各部门各单位的真实业绩。

（3）部门设置臃肿，人员福利庞大，而真正能干事的人不多，管理费用居高不下。

以上问题是企业组织管理结构研究和实施优化中必须加以解决的问题，企业组织管理结构是否合理优化及合理优化的程度决定和影响企业的整体功效，即整体功能整体效率和整体效益。企业组织管理结构在企业生存、发展中占有重要地位和起着核心作用，它就相当于一个企业的"骨架"，支撑着企业的躯干不断地壮大和成长。符合企业自身的、合理的、优化的结构，能有力促使经营管理目的的实现和绩效的提高，能有力促使企业中各管理部门职能作用的有效发挥。企业的生存和发展在某种程度上来说，取决于企业组织结构的优化或提升。

第三节　企业资本要素系统优化及企业效益评价

一　企业人、财、物、产、供、销、技术、信息等要素的资本转换

企业系统中人、财、物、产、供、销、技术、信息等要素从经营的层面看，就形成了各种资本要素："人"是由企业领导者、管理人员、技术人员和工人所形成的人力资本要素、知识资本要素、能力资本要素和技能资本要素；"财"是由企业原始资金投入和利润转化而来的追加资金投入所形成的货币资本要素；"物"是由企业厂房、机器、设备等固定实物资产所形成的实物资本要素；"产"是由企业产品和服务所形成的实物资本要素和由品牌、商标等所形成的品牌资本、商标资本无形资本要素；"供"是由企业供应商提供的原料、半成品、材料、机器、设备等所形成的实物资本要素；"销"是由企业客户和消费者购买商品，造就市场，回笼货币所形成的货币资本要素；"技术"是由企业科技研究开发成果、新技术产品、生产工艺、生产和管理现代化手段等所形成的技术资本、专利

资本等无形资本要素；"信息"是由企业内部生产、管理、科研等活动的内容、过程、成果、问题的音信和企业外部市场、营销、新产品、新技术、竞争对手、合作伙伴活动的内容、过程、成果、问题的音信及国家政策发布的音信，包括信息内容的传递、交换、储存、整理、筛选和采用所形成的信息资本、资讯资本等无形资本要素。

二　企业资本要素功能的发挥和企业价值的增值转换及其评价

（一）资本要素的分类

企业是由人力资本、货币资本、实物资本等有形资本和知识资本、能力资本、技能资本、品牌资本、商标资本、技术资本、专利资本、信息资本、资讯资本等无形资本要素所构成的资本系统。

上述这些资本按照马克思的剩余价值理论可以分为两类资本即可变资本和不变资本，可变资本包括人力资本、知识资本、能力资本、技能资本、技术资本；不变资本包括货币资本、实物资本、品牌资本、商标资本、专利资本、信息资本、资讯资本。

上述这些资本按照一般经济学理论分为固定资本和流动资本。固定资本包括厂房、机器、设备等实物资本，品牌资本、商标资本、专利资本、技术资本、信息资本、资讯资本等无形资本等。流动资本包括人力资本、知识资本、能力资本、技能资本，购买原材料的货币资本等。

资本的两种划分是相互交叉的，如图 3 - 8 所示。

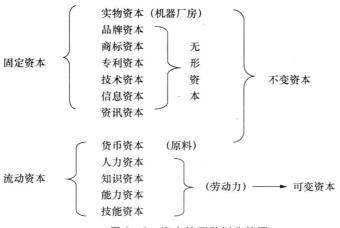

图 3 - 8　资本的两种划分简图

（二）企业各资本要素的价值增值和转换

按照企业的内涵、本质和职能，企业的各种资本要素都要进行经营，都要获取利润，都要实现价值增值即盈利，但按照马克思的理论，两种资本获取利润和实现价值增值即盈利的方式是不同的。人力资本、知识资本、能力资本、技能资本、技术资本等可变资本是通过企业领导者、管理人员、技术人员和工人的工作或劳动，特别是管理人员、技术人员和工人的工作或劳动创造出产品而实现的，是一种创造价值和价值增值过程，在资本主义企业和私有制企业叫剩余价值生产过程。货币资本、实物资本、品牌资本、商标资本、专利资本、信息资本、资讯资本等不变资本则是通过企业资金、厂房、机器、设备、原料、材料的消耗和品牌、商标、生产工艺、技术、专利、信息、资讯的使用等一次或多次转化到产品中去而实现的，是一种将资金、厂房、机器、设备、原料、材料、品牌、商标、生产工艺、技术、专利、信息、资讯通过企业领导者、管理人员、技术人员和工人的劳动物化到产品和服务中实现价值转换的过程。货币资本、实物资本、品牌资本、商标资本、专利资本、信息资本、资讯资本本身不创造价值或实现价值增值，但通过企业领导者、管理人员、技术人员和工人的劳动物化到产品和服务中实现价值转换却是不可缺少的，因为只有把人力资本、知识资本、能力资本、技能资本、技术资本等可变资本同货币资本、实物资本、品牌资本、商标资本、专利资本、信息资本、资讯资本等不变资本结合和协调起来，企业才能获取利润，实现价值增值和盈利。西方经济学认为企业所有资本都能自然增值是不科学的，企业经营管理者必须明确这个道理，让企业的可变资本和不变资本或企业的各个资本要素都运作和协调起来共同完成价值增值和价值转换，才能实现企业各种资本的盈利和增值效益，也才能体现出企业的价值和意义。如图 3 - 9 所示。

（三）企业各资本要素功能作用的充分发挥和企业经济效益的最大化及其评价

如何最大限度实现企业各资本要素的价值增值和转换？最大限度实现企业各资本要素的价值增值和转换就是实现效率效益最大化，就要做到人尽其才、其能、其力，财尽其效，物尽其用。人尽其才、其能、其力就是充分发挥企业领导者、管理人员、技术人员和工人的才能、技能和工作积极性、主动性，提高工作效率，不埋没，不阻碍；财尽其效就是充分发挥

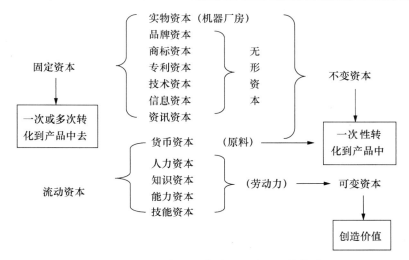

图 3 - 9 企业各资本要素的价值增值和转换简图

企业资金的效能和效用，不停滞，不闲置，不浪费；物尽其用就是充分发挥企业厂房、机器、设备、品牌、商标、原料、材料、生产工艺、技术、专利、信息、资讯的作用和效用，不闲置，不搁置，不浪费。从管理的角度讲，企业实施的职工激励管理、财务审计管理、产品成本管理以及增收、节支、截流、挖潜等措施，都是促使和保证企业各种资本实现增值和价值转换的方法和手段。如图 3 - 10 所示。

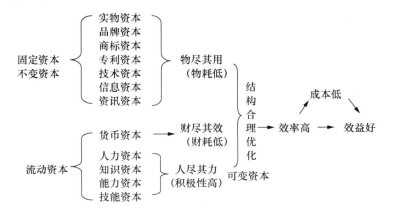

图 3 - 10 人尽其才、其能、其力，财尽其效，物尽其用简图

从管理的角度讲，企业实施的职工激励管理、财务审计管理、产品成本管理以及增收、节支、截流、挖潜等措施，都是促使和保证企业各种资本实现增值和价值转换的方法和手段，也是企业管理的对内职能，即苦练内功把自身搞好，这是企业经济效益的源泉。

从我国企业的现状看，其经济效益呈两极分化状态：一极是经济效益好的企业；另一极是经济效益差的企业。

三　企业经济效益的最大化、持久性与企业资本结构优化及其评价

企业整体结构的状况取决于企业各资本要素结构的优劣，所以，优化企业各资本要素结构对于优化企业整体结构和提升企业的效率和效益具有关键作用。

企业资本结构包括货币资本结构即资金结构、人力资本结构即人员结构、技术资本结构即技术结构、设备资本结构即设备结构、产品资本结构即产品结构、市场资本结构即市场结构等。

1. 货币资本结构优化及其效益评价

货币资本结构即资金结构，也是理论界通常所讲的资本结构。资本结构是指企业各种资本的价值构成及其比例关系。资本结构分为广义和狭义理解，广义的资本结构是指企业全部资本价值的构成及其比例关系，是一个包括融资结构、投资结构和利润结构等涵盖公司整体资本运作结构的范畴。

融资结构是指自筹资金、贷款、吸引外资和发行股票等。自筹资金包括职工平均债券和职工不均等债券；贷款包括向国内外银行和金融机构贷款；吸引外资包括外商直接投资和合资；发行股票包括职工均股、职工不均股、社会股和外商股等。投资结构是指各种产品和项目的投资、经营活动及比例关系。比如家电、手机、房地产、炒股等投资、经营活动及各占的比例关系。利润结构是指各种产品和项目经营活动所获取利润各占的比例关系。比如家电、手机、房地产、炒股等经营活动所获取利润各占的比例关系。

狭义的资本结构是指企业各种长期资本价值的构成及其比例关系，尤其是指自有资本与债权资本的构成及其比例关系，有时讲权益资本与债权资本的构成及其比例关系，有时讲股权资本与债权资本的构成及其比例关系，这个关系应当是企业家关注的重点，为什么说应当是，因为西方企业

家很关注，西方企业真正受市场机制制约，其资本结构比较合理；我国企业家不大关注，因为我国市场机制还不完善，市场机制制约还不到位，特别是国有企业还存在非市场化选择问题，其资本结构不合理，但随着市场机制的日益完善和成熟，我国企业家必须关注这个问题。

自有资本、权益资本和股权资本都是指投资者投入的资本金、运营积累的资本和通过接受投资、发行股票或内部融资形成的企业长期拥有和自主支配的资本。只是角度不同。自有资本是从投资者依法注册、运营积累企业拥有和自由支配的角度讲的，所以叫自有资本。权益资本是从保持经营盈利和股票盈利，体现出资者权益角度讲的，所以叫权益资本；股权资本是从企业接受投资、发行股票或内部融资后股东拥有股利占有权的角度讲的，所以叫股权资本。

债权资本是企业依法向银行或金融机构借贷或贷款或者购买债券而取得，并依约而用按期偿还本息的资本。公司以负债方式借入并到期偿还，债权资本包括短期借款和长期借款，这里主要讲长期借款。

自有资本或权益资本或股权资本，区别于债权资本。不用像贷款那样还本付息，只是必须定期向股东分红派息。二者相比，自有资本或权益资本或股权资本可以保证企业持续稳定的经营，但其融资成本比较高；而债权资本融资成本比较低，但具有风险性。

这里说一下负债经营，负债经营就是利用债务资本来满足企业所需资金的部分需要而进行的经营。

负债经营的好处：（1）是融资速度快，成本低。（2）有"财务杠杆效应"，即在企业的资本收益率高于负债筹资利率时，权益资本收益率能在资本收益率增加时获得更大程度的增加。（3）具有"抵税作用"，即负债利息在所得税前扣除，故可产生节税作用，且利息费用越高，节税额越大。（4）负债经营还可以降低企业的资金成本，即企业的负债经营要求定期支付利息并到期还本。对投资者来说投资风险较小，因而要求的投资报偿亦低。（5）负债经营还可以减轻通货膨胀的损失，在通货膨胀环境中，货币贬值物价上涨，而企业负债的偿还仍然以账面价值为标准而不考虑通货膨胀的因素。这样，企业实际偿还款项的真实价值低于其所借入款项的真实价值，使企业获得货币贬值的好处，长期债务比例越大，对企业越有利。（6）负债经营还有利于企业控制权的保持，在企业筹集资金时，如果以发行股票等方式筹集权益资本，势必带来股权的分散，影响到现有股东对于企业的控制权。而负债筹资在增加企业资金来源的同时不影响到企业控制权，有利于保持现有股东对于企业的控制。所以，负债经营是可以的，负债经营广为中外企业所采用。

负债经营也会给企业带来风险和问题：（1）收益的不确定性。负债经营要想获益的一个重要前提就是：企业的税前利润必须大于负债的成本费用。由于市场因素的多变性，在一个需求变幻不定，竞争日益激烈的市场，企业稍有疏忽就有可能造成产品积压，实际利润下降，使得企业不能按预期的时间或数量收回投入的资金，造成收益的不确定。（2）"财务杠杆效应"对权益资本收益率的影响。当企业面临经济发展的低潮，或者其他原因带来的经营困境时，由于固定额度的利息负担，在企业资本收益率下降时，权益资本的收益率会以更快的速度下降。（3）无力偿付债务的风险。对于负债筹资，企业负有到期偿还本金的法定责任。如果企业权益资本收益大幅下降，会使企业面临无力偿债的风险。这样不仅导致企业资金紧张，而且影响企业信誉，甚至还可能使企业因资不抵债而破产。（4）再筹资风险。由于负债经营使企业负债比率增大，对债权人的债权保证程度降低，这在很大程度上限制了以后增加负债筹资能力，使未来筹资成本增加，筹资难度加大。（5）负债经营能降低自有资金利润率。若企业息税前资金利润率低于借入资金利息率，这时，使用借入资金获得的利润还不够支付利息，还需要动用自有资金的一部分利润来支付利息，从而使自有资金利润率降低。

负债经营在目前市场经济下是不可避免的，企业要发展，经济要增长就得有投入，在企业自有资本短缺的情况下，举债投入无可非议，关键是怎样才能在企业发展和控制负债风险之间寻求一条最佳途径。这就要研究最优资本结构，使企业始终保持最优资本结构状态。

关于企业最优资本结构，企业界和理论界有不同观点：

（1）最优资本结构是指能使企业的加权平均资本成本最低且企业价值最大，并能最大限度地调动各利益相关者的积极性的资本结构。

（2）最优资本结构是指在一定条件下使企业加权平均资本成本最低，企业价值最大的资本结构。

（3）最优资本结构是使企业以最低的加权平均资本成本和最小的融

资风险获得最大投资收益，从而实现企业市场价值最大化的一种资本结构。

（4）最佳资本结构是指在一定时期内，在一定条件下，使企业综合资本成本最低，同时实现企业价值最大的资本结构。

（5）最优资本结构是指企业总资本成本最低，实现企业价值和收益最大化的资本结构。

上述观点基本意思相同，其核心都是讲企业资本成本最低、最小，而获取的利润价值最大、最高。而表述方式有差异，第（4）、（5）通俗，第（1）、（2）、（3）专业术语，用了一个加权平均资本成本概念。

通俗简单地理解，最佳资本结构就是能使企业资本成本最低且企业价值最大的资本结构。价值最大即收益最大、利润最大、盈利最大、效益最好。资本成本最低即人力、物力、财力等耗费最低。

企业资本成本，也叫企业总资本成本、企业综合资本成本、企业总成本、企业加权平均资本成本。加权平均资本成本是指企业以各种长期资本包括普通股、优先股、债券及所有长期债务等在企业全部资本中所占的比重为权数，乘以各种长期资本成本，然后相加计算出来的资本总成本。

加权平均资本成本的计算方法为：把各种资本成本乘以其占总资本的比重得出一个数目，然后将得出的各个数目加起来。

例如：某企业共有资金 100 万元，其中债券（Wb）30 万元，优先股（Wp）10 万元，普通股（Ws）40 万元，留存收益（We）20 万元，各种资金的成本分别为：6%、12%、15.5% 和 15%。试计算该企业加权平均资金成本。

计算各种资金所占的比重：

债券（Wb）＝ 30 ÷ 100 × 100% ＝ 30%

优先股（Wp）＝ 10 ÷ 100 × 100% ＝ 10%

普通股（Ws）＝ 40 ÷ 100 × 100% ＝ 40%

留存收益（We）＝ 20 ÷ 100 × 100% ＝ 20%

计算加权平均资本成本：

K_w ＝ 30% × 6% ＋ 10% × 12% ＋ 40% × 15.5% ＋ 20% × 15% ＝ 12.2%

如果提高债务资本，加权平均资本成本就会降低：

K_w ＝ 50% × 6% ＋ 10% × 12% ＋ 20% × 15.5% ＋ 20% × 15% ＝ 10.3%

　　企业应如何合理负债经营？在一般情况下，负债成本必须低于投资项目预期回报额，否则，经营无利可图。因此，要明确最大限度地提高经济效益是负债经营的总原则，合适的负债成本是负债经营的前提条件。还要正确把握负债的量与度，掌握最佳负债规模。（1）把握好资产负债率。资产负债率是以企业的全部负债与全部资产相比的比率，根据一般的经验，这个比率不能超过 1∶1。（2）把握好流动比率。流动比率是以企业的流动资产与流动负债相对比的比率，是衡量某一时点企业偿付即将到期债务的能力，流动比率保持在 2∶1 左右为好。（3）把握好速动比率。速动比率＝（流动资产－存货）/流动负债，它是衡量企业在某一时点上运用随时可变现资产偿付到期债务的能力，原则上应保持在 1∶1 的比例上。

　　总之，负债经营是市场经济发展过程中货币信用关系广泛渗透的必然结果。企业运用负债机制承担经营风险责任，充分利用财务杠杆效应，争取最大利润。同时，严格、科学地遵循财务原理，把握负债经营的"尺度"。

　　西方企业界流行一句谚语："一个企业没有利润是痛苦的，而没有支付能力是致命的。"我国国有企业负债经营如何？

　　当前我国企业资本结构的现状差别很大，不同类型的企业资本结构的现状不尽相同，总体情况是：少数好，多数不合理，有相当一部分极不合理。有一份分析我国国有企业资本结构的材料，认为我国国有企业资本结构的现状是企业的资产负债率过高，具体表现为"三高"和"三低"，即外源性融资比例高，内源性融资比例低；间接性融资比例高，直接性融资比例低；债务性融资比例高，资本性融资比例低。

　　融资活动是企业创建、扩张、调整资本结构过程中不可缺少的财务活动。按照资金来源渠道，融资可以分为内源性融资和外源性融资、直接性融资和间接性融资、资本性融资和债务性融资。

　　先看内源性融资和外源性融资。外源性融资即从企业外部获得的资金，包括股票、债券、租赁、银行借款、商业信用等融资方式。

　　外源性融资的特征：（1）具有外生性。外源性融资不是通过企业内部生成，需要通过股票、证券、租赁、银行、信用等金融中介进行融资，因而具有外生性。（2）融资成本高。外源性融资需要支付利息、股利和融资费用，因而成本高。（3）稀释产权控制权。外源性融资因向银行贷款、发行债券和股票而使银行和债权人、股东对企业产权进行控制。（4）融资速度快但风险大。通过股票、证券、租赁、银行、信用等金融中介进行融资，可以立即见效；但会产生到期还本付息或支付股利的压力，如果经营不善，给企业带来破产的危险。

内源性融资即从企业内部获得的资金，包括折旧和留存收益两种方式，是将本企业的留存收益及折旧等转化为投资的过程，其实质是通过减少企业的现金流出挖掘内部资金潜力，提高内部资金使用效率。

内源性融资的特征：（1）具有内生性。内源性融资是企业原始资本积累和剩余价值资本化过程，不需要其他金融中介，因而具有内生性。内源性融资取得的资金是企业产权所有者的自有资本，是企业进行经营的基础，也是企业进行外源性融资的保证。（2）融资成本较低。相对于外源性融资，内源性融资不需要支付利息或股利，不会减少企业的现金流量，也不需支付任何融资费用，因而融资成本相对较低。（3）具有产权控制权。通过内源性融资方式融资，既可以避免因向银行贷款或向债权人发行债券而使银行和债权人对企业进行控制，又可避免因对外股权融资而使原股东对企业控制权稀释，保证增加原股东的剩余索取权，使原股东享有更多的实际利益。（4）有利于企业降低财务风险。财务风险是指企业由于举债而给企业财务成果带来的不确定性。企业进行内源性融资，不存在偿付风险，不会产生到期还本付息或支付股利的压力。

按照优序融资理论，企业融资应首选内源性融资方式，如果忽视内源性融资，企业将难以在激烈的市场竞争中生存发展，这在西方发达国家已经得到了普遍验证。20世纪70—90年代中后期，发达国家企业内部融资占全部融资总额的比例都在不断地上升，德国由53.2%上升到65.5%，英国由58.4%上升到68.3%，美国由61.5%上升到82.8%。即使在实行主银行制的日本，这一比例由29.7%上升到49.3%。反观我国，大多数企业以外部融资为主，内源性融资在企业融资总额中的比重一般在30%以下徘徊，甚至有少数企业完全依赖外部融资，这种状况将严重影响企业的可持续发展。

现在是外源性融资比例高，内源性比例低。原因是外源性融资来得快，内源性融资比较慢，此外，还有别的原因：

（1）国有资本的产权界定不清晰。由于国有商业银行与国有企业的产权均属国家，银企之间不存在真正意义上的债权债务关系，不必担心因不能按时偿债而对自身的信誉与生存发展的威胁，因而没有还款的内在压力和自我约束能力，本应成为硬约束的银行债务在我国却变成了软预算约束。同样由于国有资本的产权界定不清晰，融资成本本应很高的股权融资却因其约束较少且实际成本低廉而成为我国上市公司最为偏好的融资方式。因此，我国企业在融资结构安排上，内源性融资较少也就顺理成章了。

（2）缺乏有效的激励约束机制。我国上市公司存在委托—代理关系不明确和所有者虚位问题，没有真正建立起股东会、董事会、监事会和经营者之间相互制衡的治理结构，经营者只拥有剩余控制权而没有剩余索取权，容易使经营者作出逆向选择，在融资方式上倾向于选择外源性融资，企业仍缺乏寻求内源性资金的热情。

（3）长期低折旧率政策的影响。我国对固定资产折旧方法的选用有着严格规定，除某些科技含量较高、技术进步较快的行业可采用加速折旧方法外，一般都必须采用平均年限法。而且，我国企业固定资产折旧年限较长，如 1978—1995 年，我国国有企业固定资产平均折旧率在 5% 左右，这意味着固定资产使用年限长达近 20 年。这使得我国企业折旧计提严重不足，内源性融资能力有限。

再看直接融资和间接融资。直接融资是指不通过银行作为中介的融通资金的方式。资金融入单位与资金融出单位双方通过直接协议后进行货币资金的转移。直接融资的工具：主要有商业票据和直接借贷凭证、股票、债券。这种资金供给者与资金需求者通过融资市场或证券市场进行。直接融资能最大限度地吸收社会游资。

间接融资是指通过银行和金融机构等中介融通资金的方式。拥有闲置货币资金者通过存款或购买有价证券的形式，将闲置资金提供给银行、信托、保险等金融机构，然后再由这些金融机构以贷款、贴现或购买融资单位发行的有价证券，把资金提供给融资单位。间接融资的基本特点是资金融通必须通过金融中介机构来进行，它由金融机构筹集资金和运用资金两个环节构成，拥有闲置货币资金者通过存款或购买有价证券的形式，将闲置资金提供给银行、信托、保险等金融机构，是筹集资金；银行、信托、保险等金融机构以贷款、贴现或购买融资单位发行的有价证券，把资金提供给融资单位是运用资金。

现在是间接性融资比例高，直接性融资比例低。原因是间接性融资快速、省事、成本低，直接性融资和间接性融资相比慢一些，成本高，还有一点就是缺乏证券融资人才。

再看债务性融资和资本性融资。债务性融资是指企业向银行和金融机构贷款或向个人和机构投资者出售债券、票据而获得资本的融资方式，这样，银行和金融机构、个人和机构投资者成为企业的债权人，并获得该企业还本付息的承诺。债务融资的特点：（1）短期性：筹集的资金使用权不是长期的，需到期偿还，具有时间期限。（2）可逆性：企业负有到期还本付息的义务，所融的资金本利从企业又流向银行、金融机构和个人、机构投资者。（3）负担性：企业采用债务融资方式获取资金，需支付债务利息，从而形成企业的固定负担。（4）流通性：债券可以在流通市场上自由转让。

资本性融资是一种证券性融资。股票通常又被称为资本证券，证券性融资被称为资本性融资，由证券融资活动所形成的市场也被称为资本市场。通过股票筹集的资金一般不是被用于短期商业性或营业性周转的，或者说不是为解决流动性不足问题的，而是被用于购置固定资产等长期性投资的，是被作为资本使用的。资本性融资的特点：（1）长期性：资本性融资筹措的资金具有永久性，无到期日，不需归还。（2）不可逆性：企业采用资本性融资勿须还本。（3）无负担性：资本性融资没有固定的股利负担，股利的支付与否和支付多少视公司的经营需要而定。

现在是债务性融资比例高，资本性融资比例低。原因是债务性融资快速、省事、成本低，资本性融资和债务性融资相比慢一些，成本高，也有缺乏证券融资人才的问题。

通过以上分析可以看到，外源性融资比例高，内源性融资比例低；间接性融资比例高，直接性融资比例低；债务性融资比例高，资本性融资比例低的关系问题，即"三高三低"的关系问题，无非是自有资本和债务资本的关系问题。是从三个角度讲的，融资的内外源角度、直接间接角度和贷款股票角度，里边有重合的地方。内源性融资单纯，就指固定资产折旧和企业内部提留和积累；外源性融资复杂一些，包括发行股票、证券，属于自有资本，也包括贷款，属于债务资本。直接性融资是不通过银行中介的直接借贷凭证、股票、债券，也复杂，既有自有资本，也有债务资本；间接性融资简单，就是通过银行的借贷性融资。债务性融资不用说了，资本性融资即股票、证券性融资，属于自有资本。可见，"三高三低"的关系问题，是从三个角度讲了自有资本和债务资本的关系问题。所以，"三高三低"的关系问题从自有资本和债务资本的关系的角度看，就是自有资本融资低，债务资本融资高，也就是轻自有资本融资，重债务资本融资。所以，我国大部分国有企业资本结构呈现不合理状况，有相当部分企业处于负债经营，资不抵债状况。

国有企业资本结构不合理，究其原因，主要有：

（1）在现有的企业经营机制下，企业尚未真正树立市场竞争的意识，技术更新和产品创新不力，产品质量也不能满足市场的需要，致使企业缺乏市场竞争力，资金不能及时回收，由此加重了负债经营的恶性循环。

（2）企业自身的积累机制严重弱化，不可能通过其自身积累机制或企业集团内部资本市场筹集到可用于企业持续发展和进行新的投资项目的资金。企业的资金来源是借入资金，形成了沉重的债务包袱。

（3）政府行政干预在经济生活中仍然起着很大的作用，造成国有企业经营者在投资筹资决策过程中总有依赖银行贷款的思想。

（4）我国各专业银行并不是真正意义上的商业银行，国有银行和国有企业同属于国家所有，缺乏债务约束力，造成严重的债务拖欠。同时银行利率单一，不能随企业财务状况和资本结构的变化而变化，使企业意识不到企业所应承担的债务风险。另外，各银行从自身利益出发对一些资不抵债的企业，宁可挂账和拖欠，也不愿让企业破产，甚至于为了让这些企业维持下云，继续追加贷款，使企业不良债务不断上升，资本结构严重恶化。

再看我国民营企业，我国民营企业的资本结构现状，根据我国民营企业资产规模相对较小、负债能力有限等特点，我们从广义资本结构即企业各种资本的构成及其比例关系来分析。

由于金融机构借贷、资本市场发育不全以及民间借贷成本较高、风险较大等原因，目前我国民营企业的资本结构仍然处于以自有资金和留存收益为主的状态，负债极为有限。

根据我国第二次私营企业抽样调查及数据分析资料，1994 年我国私营企业资金来源情况如表 3 - 1 所示：

表 3 - 1　　　　　　　1994 年我国私营企业资金来源情况

单位:%

资金来源	金融信贷	民间借贷	企业积累	亲朋筹集	其他
基本建设	15. 6	5. 6	71. 1	7. 3	0. 4
固定资产投资	9. 8	3. 7	80. 7	5. 7	0. 2
日常流动资金	31. 7	8. 2	49	10. 5	0. 6

资料来源:《中国私营经济年鉴》，中华工商联合出版社 1996 年版。

从表 3 - 1 中可以看出，我国民营企业经营中最主要的资金来源是企业的自身积累，特别是在企业的基本建设（71.1%）和固定资产投资（80.7%）方面。在企业的流动资金方面，企业积累也占 49%，银行信贷占有一定的比例（31.7%），但这是平均值，具体来讲，就是规模较大、效益较好、经营风险较小、与银行关系较硬的民营企业才可以得到银行的贷款，大多数规模较小、效益不稳定的民营企业被排除于银行信贷的大门之外。

实际上，即使是那些规模较大、效益较好的民营企业，在接受银行信贷的政策上也很难享有与国有企业同等的待遇。根据我们对 2002 年我国部分家族控股上市公司的统计，在这些家族企业的资本结构中，自有资金和股权融资仍然占据了较大比例，债权融资的比例偏低，其平均资产负债率仅为 27%，明显低于同期的国有上市公司。而在其负债总额中，短期流动负债又占据了相当大的比重。如表 3 - 2 所示。

表 3 - 2　　　　我国部分家族控股上市公司 2002 年年度资产负债表

单位:%

公司名称	2002 年资产负债率	2002 年流动负债占负债总额的比例
天通股份（600330）	26. 82	100
健康元（600380）	20. 27	94. 40

续表

公司名称	2002 年资产负债率	2002 年流动负债占负债总额的比例
康美药业（600518）	37.86	79
用友软件（600588）	14.67	98.90
广东榕泰（600589）	21.40	94.40
新希望（000876）	40.98	83.30
平均值	27	91.70

资料来源：根据中国上市公司资讯网有关数据整理。

资产负债率，是指负债总额与资产总额的比率。这个指标表明企业资产中有多少是债务，同时也可以用来检查企业的财务状况是否稳定。由于站的角度不同，对这个指标的理解也不尽相同。

资产负债率 = 负债总额 ÷ 资产总额 × 100%

从财务学的角度来说，一般认为我国理想化的资产负债率是 40% 左右。上市公司略微偏高些，但上市公司资产负债率一般也不超过 50%。其实，不同的人应该有不同的标准。企业的经营者对资产负债率强调的是负债要适度，因为负债率太高，风险就很大；负债率低，又显得太保守。债权人强调资产负债率要低，债权人总希望把钱借给那些负债率比较低的企业，因为如果某一个企业负债率比较低，钱收回的可能性就会大一些。投资人通常不会轻易地表态，通过计算，如果投资收益率大于借款利息率，那么投资人就不怕负债率高，因为负债率越高赚钱就越多；如果投资收益率比借款利息率还低，等于说投资人赚的钱被更多的利息吃掉，在这种情况下就不应要求企业的经营者保持比较高的资产负债率，而应保持一个比较低的资产负债率。

其实，不同的国家，资产负债率也有不同的标准。如中国人传统上认为，理想化的资产负债率在 40% 左右，这只是一个常规的数字，很难深究其得来的原因，就像说一个人的血压为 80—120 毫米汞柱是正常的，70—110 毫米汞柱也是正常的一样，只是一个常规的检查。欧美国家认为理想化的资产负债率是 60% 左右，东南亚认为可以达到 80%。

什么是流动负债：流动负债：是指将在 1 年（含 1 年）或者超过 1 年的一个营业周期内偿还的债务，包括短期借款、应付账款、应交税金和一年内到期的长期借款等。除具有负债的基本特征外，流动负债还具有以下特点：偿还期短；举借目的是为了满足经营周转资金的需要；负债的数额相对较小；一般以企业的流动资金来偿付。

我国民营企业这种不合理的资本结构，不仅不能使民营企业取得财务杠杆利益，反而会导致企业缺乏社会化的监督机制，制约企业广泛筹集资金用于企业再发展，使企业错失良机。这种状况十分不利于国内民营企业的健康成长，致使民营企业在激烈的市场竞争中处于劣势地位。

2. 技术资本结构优化及其效益评价

技术资本结构即技术结构是指生产技术手段的组合情况，以及各种不同水平的生产技术手段各占的比重，包括现代技术和一般技术的构成，机械化、半机械化、手工操作各占的比重，以及劳动者的技术装备程度等，是不同类型的技术之间质的组合和量的比例关系。合理的技术结构，有利于企业的技术进步，有利于充分利用各种资源，有利于取得尽可能好的经济效益。

技术结构可以用不同技术水平的生产力在全部企业生产中所占的比重来表示。技术结构的状况反映一个企业的生产力和科学技术水平的发展程度。

技术结构按技术的形态分为两类：第一，物质形态技术，又称为物化技术，指企业生产过程中，物质形态的劳动手段的总和。第二，智能形态技术，又称为智能化技术，是指劳动者的知识和技能。二者之间的关系是相辅相成的，在开发物质化技术时，使物质化技术与智能化技术得到合理匹配。

技术结构按技术产生的时间分为两类：一是传统技术，指古老的传统技术和某个领域内习惯沿用的常规技术。二是现代技术，指新兴技术和尖端技术。两类技术的关系表现为：（1）能够完成另一方无法完成的生产和加工任务。（2）现代技术与传统技术相互补充。（3）现代技术与传统技术相互渗透、结合产生新的综合技术。（4）传统技术仍然有其存在的价值和依据，全盘否定是不利于技术开发的。（5）在充分考虑技术开发的需要与可能、技术与经济的条件下，正确处理现代技术与传统技术的取舍和结合的关系。

我国企业技术结构状况：多种多样，有单一的传统技术；有单一的现代技术；有传统技术和现代技术的结合，以其中一个为主。传统企业应保留传统技术，引进现代技术；现代企业应借用传统技术。当今，我国企业在技术结构上存在着重视现代技术轻视传统技术和重视国外技术轻视国内技术的不良倾向，以致造成传统技术绝代和流失的恶果，这是应当予以纠正的。企业传统技术和现代技术的结合，提升传统技术，用现代技术改造传统技术，弥补克服传统技术的不足是技术发展的一种趋势。

　　3. 产品资本结构优化及其效益评价

　　产品资本结构即产品结构是指多种产品系列比例关系和单一产品自身的内部构造、外部包装及售后服务等成本比例关系。分为多种产品系列结构（见图 3 - 11）、单一产品自身构造（见图 3 - 12）、单一产品档次结构（如生产服装，高、中、低等比例关系三档）、单一产品品种结构（如生产洗衣机，各型号、样式、花色等等比例关系）和单一产品自身成本结构（见图 3 - 13）。

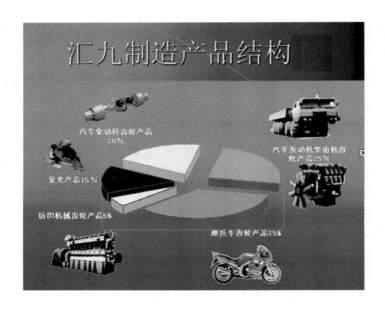

图 3 - 11　多种产品系列结构

皇家阿里斯顿热水器结构

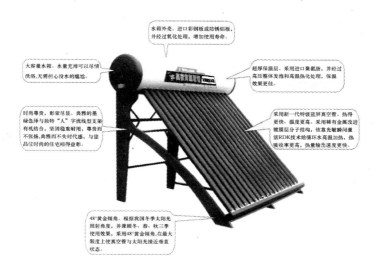

图 3 - 12　单一产品自身构造

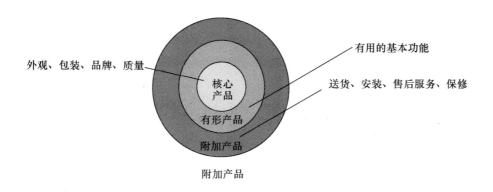

图 3 - 13　单一产品自身成本结构

　　产品是企业的生命，是企业不断获取经济效益的基本前提。企业生产什么产品，产品结构是否合理，直接关系到企业能否盈利和生存。现在，许多企业连年亏损，原因是多方面的，然而，产品不适销对路和产品结构单一不能适应市场和用户的需求，不能不是一个很重要的原因。根据事物结构变化引起事物质变的原理，企业在现有生产能力和资金、技术等条件上，不需去进行追加投入，只要根据市场和用户的需要调整一下产品的品种和结构，就会引起预想不到的效果，有可能彻底改变企业生产不景气的根本状况。石家庄市软家具厂为进一步提高市场竞争力，根据市场需求，积极调整、优化产品结构，他们通过调查，果断停止了亏损、积压、滞销的日用棕刷、沙发和泡沫三个品种，充实了适销对路的席梦思床垫、工业刷、油漆刷等品种，并从场地、设施、人员等方面进一步加强，保证了这些产品的生产需求；同时，这个厂又根据市场需求，新开发了按摩床垫、磁疗床垫、高回弹面料床垫和短棕白毛油漆刷四个新品种，投放市场深受顾客欢迎，从而大大增加了企业的盈利。可见，不断调整和优化企业产品结构，是直接提高企业经济效益的重要方法。

必须重视产品的层次结构的重要性。市场竞争和企业竞争核心是产品的竞争，竞争有四层次：单一产品竞争，组合产品竞争，产业链竞争，产业群竞争。企业要想在竞争中处于主动地位，必须在产品的层次上下工夫。

目前，我国企业在产品结构上存在的问题。在产品结构上存在着单一化、品种老化、重形式轻质量、重广告轻实效、重仿造轻品牌等守旧、信誉和自主创新问题，这是危及企业生存和发展的肌瘤，必须引起足够的重视。

4. 人员资本结构优化及其效益评价

人员资本结构即人员结构指职工的数量、质量、年龄、性别、分工、素质等构成。包括企业管理层结构、职工年龄结构、性别结构、知识结构、能力结构、技术结构等。

企业管理层结构包括年龄、性别、知识、能力、技术、性格结构等。年龄结构要求老中青三结合，有一个新老交替问题；性别结构一般要求不大，特殊企业有特殊要求。知识、能力、技术、性格结构从个体讲要不断更新、调整和优化，从管理层成员配备整体讲，其知识、能力、技术、性格结构要求合理、互补、优化。员工年龄结构也有一个老中青问题，要更新换代，还有一个传帮带问题。性别结构要适当。关于知识结构、能力结构和技术结构，每一个员工个体都要不断更新、调整和优化；对于技术人员来讲，还有一个高级、中级、初级人员的配备问题，比例要适当，有科研开发动脑能力强的，有技术革新动手能力强的，都集中在高、中两级，初级人员短缺不行，当然也不能相反，初级人员多而高、中两级人员少。

现在，我国企业管理层结构、员工年龄结构、性别结构、知识结构、能力结构、技术结构都不同程度的存在比例失调问题，管理层结构存有全能多，专才少问题；员工年龄结构存有年轻化趋势，老中青、传帮带的好传统基本上没有了；性别结构有重男轻女的现象；知识结构存有专业知识不足的缺陷；能力结构中理论能力强，动手能力差，感情能力强，理智能力差，心理、意志、毅力薄弱；技术结构表现为模仿应用力强，创新力差。这些问题的解决需要一个长期的过程。

5. 设备资本结构优化及其效益评价

设备资本结构即设备结构主要是指生产、科研、服务等设备的配备数量、层次、技术含量和水平等构成，一般指自动化设备、机械化设备、手工操作设备的分布和比例关系。设备结构要同职工的素质知识、技术、能力相匹配，职工的素质知识、技术、能力高，设备层次、技术含量和水平低，使用和操作就成问题，改革开放过程中，有许多企业引进先进设备和职工的素质知识、技术、能力不配套，职工的素质知识、技术、能力低，设备层次、技术含量水平高。这个问题必须加以解决。

6. 市场资本结构优化及其效益评价

市场资本结构即市场结构包括不同类别，有国内市场（沿海、内地）与国外市场（欧美、东南亚、非洲等）之别；有城镇市场（大、中、小；市、县、镇）与农村市场（发达、发展、落后）之别。消费者也有许多类别：如不同的群体（儿童、青年、中年、老年），如不同民族。客户也分各种类别：批发、代销、包销、零售、直销等。现在市场结构存在的问题主要是国内大，国外小；城市大，农村小；儿童、青年多，中年、老年少；批发、代销、包销多，零售、直销少。这些都是必须重视、研究和解决的问题。以系统性思维优化市场结构还包括全方位多角度开发市场。如摩托罗拉"不仅从总的方面预见新市场，创意新产品，而且从横的方面开发新市场，推销新产品，形成了纵横交错、经纬互补的整体市场竞争思路。"①

除此之外，还要加强企业的供应链管理。传统的管理模式由于未能形成有效供应链，生产系统响应产品变化的能力差，不能满足多品种小批量的新生产要求，难以适应个性化需求日益明显的新市场特征。供应链管理可以降低供应链总成本、降低供应链上的库存水平、增强信息共享水平、改善相互之间的交流、保持战略伙伴相互之间操作的一贯性，产生更大的竞争优势，进而实现供应链节点企业的财务状况、质量、产量、交货、用户满意度以及业绩的改善和提高。

总之，企业整体组织结构及要素结构在企业生存中占有重要地位，经常性地分析梳理和优化这些结构，是掌控企业和增强企业的实力和竞争力的基本管理手段。

综上所述，企业是一个进行经营管理的复杂的经济活动系统，对这样一种复杂的系统如何进行组织和管理，是摆在我们面前有待于进一步研究的大问题。研究企业系统的任务和目的，按照系统论思想是要利用企业系统特点和规律去控制、调整和不断优化企业系统结构，使企业系统结构达到最优化，以促使企业系统的良性发展。

案例
"云南白药"的系统性变革战略

1999 年前的云南白药，虽仍保持较为稳定的增长速度，但已是危机四伏，市场呈日渐萎缩之势，内部管理趋于保守传统，研究缺乏创意，市场竞争越演越烈，不变革必然走向衰亡。1999 年年底，云南白药集团开始了系统的变革措施：

一　变革销售方式——云南白药集团医药电子商务有限公司成立

销售一向是制约云南白药公司发展的"瓶颈"，要提升企业竞争力，销售是突破口。1999 年 12 月，公司投资 3000 万元组建云南白药集团医

① ［美］基辛格：《管理者品格的力量》，中国国际广播出版社 2003 年版，第 416 页。

药电子商务有限公司，彻底改变传统被动应付的销售方式，采用全新的"内部创业机制"运作模式。树立全员营销的经营理念，在全国设立15个分公司，通过全国公开竞聘，吸引了一大批精英加盟。所谓"内部创业机制"是激励机制与约束机制的有机统一，即超额利润分成和末尾淘汰相互制衡，给营销精英营造了一个充分展示个人才华、不断赶超的平台，为企业造就出一支极具市场攻坚力的营销团队。电子商务公司2000年完成销售收入25000万元，净利润4900万元，与1999年同比增长50%和45%，2001年完成销售收入34000万元，净利润7514万元，与2000年同比增长36%和53%。两年中，已有15名分公司经理享受了超额利润分成，同时，也有6名分公司经理被淘汰。目前，销售队伍已得到发展壮大，营销网络覆盖全国及相关国外市场。

　　二　变革产品研究开发机制——推行"首席科学家制"的研究开发模式，建立社会化开放式的科研开发体系

　　研究开发是关系公司长远发展的核心战略之一。2000年9月，云南白药集团将国家级博士后科研工作站、技术中心和研究所三者有机整合，成立云南白药集团天然药物研究所。研究开发体系采用目前国际超前的"首席科学家制"的管理运作模式，把研究开发人员个人收益与研究成果紧密挂钩，分配采取"成果共享"方式，对具有重大贡献的首席科学家和项目组成员予以重奖。采用阶段性成果奖励、子项目成果奖励、项目及时终止规避风险奖励、项目开支节约条件下完成奖励等，最大限度地调动了科研人员的积极性和工作热情，把公司新产品研究开发推向了高潮。

　　为充分利用社会资源，研究院变封闭为开放，与中国中医中药研究所、北京大学医学部、浙江大学等高等级科研院所结成紧密合作伙伴，发包项目达20余个，使长期困扰和阻碍市场拓展的一些产品技术问题得以解决。

　　三　面向供应链的成本核算制度——云南白药集团股份有限公司成功实施ERP系统

　　2001年5月，云南白药集团在内部业务流程重组和组织架构调整的基础上，广泛采用计算机和网络通信技术最新成就，面向供应链管理的信息系统集成——ERP系统，将制造中心及各生产车间分成8个核算单元，每个核算单元进行成本核算，绩效一目了然。先进的财务、物流管理杜绝

了过去生产过程的随意性，生产成本核算更加精确，管理更加高效规范，整个生产过程处于有序、透明、可控状态。

四　采用国际流行的虚拟企业运作模式成立云南白药（上海）药业有限公司

2001 年 3 月，云南白药集团投资 500 万元注册资金，选择上海组建云南白药透皮技术有限公司，主要经营云南白药创可贴和云南白药膏。

该项目采取虚拟运作方式，产品委托加工生产，充分利用了社会资源，把重点放在培育产品、培育品牌、培育市场、建设和完善队伍上。如果采用传统项目运作方式，产品至少需两年才能面世，总投资需 1.8 亿元。但采取虚拟企业运作模式仅用 3 个月时间就上市销售，当月实现销售收入 400 万元，利润 180 万元。

五　集团内部组织结构调整与薪酬制度改革同步完成

2001 年 5 月与清华大学合作，成功地进行了薪酬制度改革，建立了"以效率优先、兼顾公平"为原则，以薪点为基础的岗位技能工资制，具体包括建立以薪点为基础的岗位技能工资制、为稀缺人才建立工资特区和企业核心团队长期激励机制。通过多种形式的培训、宣传和教育活动，使广大员工的世界观、价值观和思维方式发生了重大改变，绝大多数员工清醒地认识到"吸引人才、引进人才、培育人才、使用人才、留住人才、以人为本"才是公司快速发展的希望所在。

六　品牌（名牌）战略——"云南白药"荣获"中国"驰名商标

2000 年 8 月 21 日，"云南白药"商标成功注册，使云南白药这一百年产品正式从法律上具有独占性。2002 年 1 月，云南白药系列产品（云南白药牌和云丰牌）通过原产地标记认证，这标志着云南白药集团股份有限公司的产品与 WTO 的 TRIPS－P 的《原产地规则》正式接轨。2002 年 2 月 8 日，"云南白药"被国家工商行政管理总局商标局认定为"中国驰名商标"，成为云南省第三件中国驰名商标，也是云南省医药行业的唯一一件中国驰名商标。"云南白药"被认定为"中国驰名商标"后，将进一步扩大"云南白药"注册商标在国内的保护范围，同时与《商标国际注册马德里协定》相连，使其保护范围向国外拓展。2003 年 9 月，云南白药集团股份有限公司的"云南白药"、"云丰"注册商标被认定为首批

"云南省著名商标",使"云南白药"的品牌价值得到进一步提升。2003
年10月,云南白药系列产品(云南白药、云南白药胶囊、云南白药气雾
剂、云南白药膏、云南白药创可贴)和宫血宁胶囊被认定为"云南省名
牌产品",为云南白药集团股份有限公司申报"中国名牌产品"奠定了良
好的基础,也使"云南白药"注册商标的无形资产的价值得到进一步提
高。云南白药、云南白药胶囊连续三届被评为国家金质奖产品、中国中药
名牌产品,并被列为20年期国家一级中药保护品种。云南白药膏、云南
白药酊、宫血宁胶囊、热毒清片、附片液、三七冠心宁胶囊、利胆止痛
片、三七冠心宁片被列为国家二级中药保护品种。

七 生产制度创新

多年来,云南白药集团制造中心的管理机制单一、陈旧,各部门的成
本、市场竞争意识较为薄弱,没有以营销为核心进行生产活动。为了全面
提升云南白药生产制造领域的核心竞争力,使生产制造中心在柔性生产、
品质保证、成本、服务和快速反应等方面更具竞争优势,变被动生产为主
动生产,真正形成柔性生产、敏捷制造。2003年年初,"订单制"模式正
式引入云南白药生产制造中心,即生产上模拟市场化运作,不再按指令性
计划,而是全部根据市场需求进行生产管理,真正以市场为导向、以顾客
为中心,在满足顾客需求和利益的基础上获取企业利润,使生产和销售之
间建立起新型的产销关系。据初步测算仅2003年2月份,生产制造成本
就下降了2.67%。"订单制"的实施,实现了生产制度的创新。

八 构建"一个核心、四个经济增长点"战略布局

"一个核心"指云南白药集团股份有限公司本部,包含电子商务公
司、上海药业公司、三家地州(大理、丽江、文山)子公司、国际商务公
司。"四个经济增长点"指原生品牌药材产业化;研究开发产业化进
程;建立、健全市场服务体系;云南白药的国际市场拓展。

云南白药集团以科技创新为载体,大力推进产业规模的壮大和产业结
构的延伸,积极营造大规模、大工业、大市场,不断拓宽投资领域,培育
企业新的经济增长点,使企业各项经济指标得到了跨越式的提升。

——摘自旷锦云、杨桂红《名牌企业战略管理研究》,《经济问题探索》2004年
第12期,第49—50页。

评析：

云南白药集团为适应市场的变化，实施了系统性的变革战略。以变革销售方式为突破口，对产品研究开发机制、成本核算制度、企业运作模式、企业组织结构、企业生产制度和企业发展战略进行了全方位、联动性的变革和创新。通过变革，不仅提升了企业活动各个环节的效率和水平，而且使企业活动各环节间关系更协调统一，相互促进，从而大大提高了企业系统的整体功能和效益。

第四章　企业经济活动规律论

　　企业经济活动规律论是关于企业运行、成长、发展的理论和现实的审视、思考、反思和评价的理论，研究企业的运行、成长、发展及其存在的问题，涉及企业系统的动态性、开放性、运动变化的时空性、运动变化的规律性或运行成长规律性。

　　企业是一个动态的经济系统，是一个开放的经济系统，是一个在一定的时间和空间条件下的运动变化的经济系统，企业的运动变化是多种多样的，但不是杂乱无章的，是有规律可循的。企业的运动变化有上升的：盈利、壮大，这叫成长、发展；企业的运动变化也有下滑的：亏损、破产、倒闭，这叫衰败。审视、思考和研究企业系统的动态性、开放性、运动变化的时空性、运动变化的规律性，对认识和把握企业运行成长的规律和促进企业发展具有重要意义。

第一节　企业系统的一般动态性变化

一　企业的运动、变化和发展

　　从哲学观点来看，所有事物都处在运动、变化、发展之中。运动、变化、发展是三个密切联系又相互区别的范畴，它们都是对事物的动态性的描述，一般不加区别。如果精确考察，它们的内涵和外延都是各不相同的，运动是事物的根本属性，指变动不居的状态，外延最大而内涵最少；变化讲运动的两种基本状态：量变和质变，外延小一点，而内涵多一些；发展指新事物产生旧事物灭亡，指新陈代谢、积极向上的前进上升的质变，外延最小而内涵最多。三者的关系是从一般到具体，从表层到深层。

企业同其他事物一样是运动、变化、发展的动态系统，企业系统中人、财、物、产、供、销、技术、信息等各个要素处在不停地运动、变化、发展之中，从而企业整体不断运动、变化、发展，进而企业经营管理水平不断由低到高；运动、变化、发展。

第一，人。人是企业的主体，从员工个体看，都是一个个活生生的人，他们的各个方面都是在不断发生变化的，如员工的技术、能力、思想、心理、情感等总是处在运动、变化的动态之中，技术、能力、思想觉悟不断提高，能促进生产效率的提高；反之，就会影响生产效率。同时，员工的心理、情感也对生产有较大影响，心情舒畅时，生产积极性就高；反之，生产积极性就低。所以，企业管理人员一个很重要的任务，就是提高工人的技术技能，启发工人的思想觉悟，畅通工人的情绪、感情，使工人的精神面貌时刻处于良好状态。从员工总体看，企业员工总是处在新老交替、内外交换的动态之中，老员工要退休，新员工要入职，老管理者要离任，新管理者要接班。技术人员、员工的调进调出也是经常的，这就会使企业人员的整体状况经常发生变化。

第二，财。资金是企业的重要组成部分，没有资金企业就难以运转，而资金也是处在不断运动、变化之中的。从使用看，资金的使用方向、投资项目、投资比重是变化不定的。比如，投资方向，有时是扩建新厂房，有时是改造老厂房。投资项目，有时是产品开发，有时是设备更新。投资比重，有时重点是技术改造，有时重点是扩大生产。

第三，物。机器、设备、厂房、动力、原材料是企业的骨骼系统，这个骨骼系统也处在不停的运动、变化之中，从机器、设备、厂房来看，它们虽是固定资产，但也处于一个使用、损坏、修理、报废、淘汰、更新的过程之中，而且随着现代化发展和企业力量的增强，还要不断引进一些国外的先进机器设备。

第四，产。生产是企业的主要任务。生产是一个动态的系统，从原料开始，经过各个工序的加工，变为产品，然后，检验、包装。整个过程是一个川流不息的流水作业过程。

第五，供。原料供给是企业生产的前提，没有原料，再好的员工和机器设备也不能生产出产品，而原料在市场经济大潮中，是经常变动的，时而丰富，时而紧缺，从而引起价格的上下波动，在用户多，企业资金短缺的情况下，原料就难以充足供给，以至影响企业的生产。

第六，销。现代企业活动中，销售决定着生产，产品销售是维持企业生产和实现企业利润的关键环节。在市场经济条件下，产品销售情况受市场供求关系的制约而体现为经常的变化。当供大于求时，产品就会时常发生滞销；当供小于求时，产品销售就更容易顺利实现。

第七，技术。现代企业竞争主要依靠技术创新，我国转变经济发展模式也主要靠技术创新，节能环保实现可持续发展更是需要技术创新，所以技术总是处于不断研究、开发、创新、更新的过程中。

第八，信息。现代科学技术在经济活动中的广泛应用，经济活动的全球化趋势，电子营销模式的创新，都使信息管理成为现代企业活动中越来越重要的环节，信息的不断搜集、使用、更新和扩展成为了企业活动中最活跃的一个方面。

综上所述，企业的整体和各要素处于不停的运动、变化、发展中，这种变动既可能使企业内部要素不断升级，使企业整体效能提高从而发展得越来越好；也可能向相反的方向变动，那就是企业效能降低甚至导致企业破产和倒闭。所以，企业管理者要树立运动变化发展的观念，要随时掌握这些运动、变化、发展的情况，认真分析、研究企业运动、变化、发展的实际，并制定相应的应变措施，这对企业的发展极为重要。

二　把握企业的运动、变化和发展，实行企业动态性经营管理

所谓企业动态性经营管理，就是根据企业内部和外部客观条件的变化，及时调整企业经营管理中不适应企业运行的思想、方法、手段，采取新的有效的经营管理思想、方法和手段，以保持企业运行的最佳效应的管理。

企业动态性经营管理的实质性内容，是不断求得企业与外部环境和市场变化的一致性，永葆企业的应变力和活力。企业动态性经营管理的内容是多方面的：决策、计划、产品、人才、经营、生产、质量，等等，这些方面动态管理的内容、形式、方法、手段各不相同，但都是为了一个共同的目的，即适应市场环境，提高企业自身的活力和效益，在市场竞争中求生存、求发展。正是从这个意义上讲，企业动态管理的实质性内容是一切以适应外部环境和市场变化为准则，不断求得企业与外部环境和市场变化的一致性。不管是哪个方面的动态管理，都必须体现这一实质性内容，都必须坚持企业管理与外部环境和市场要求相一致的原则，否则，企业管理就不会取得成功，企业就将在市场经济的大涛大浪中被淘汰。因此，在当今市场经济大潮中，精心研究如何使企业去适应市场的变化、发展，求得企业生产、经营与外部市场环境的一致性，永葆企业的应变力和活力，是所有企业管理者面临的重要课题和艰巨任务。"我们不可能让时间和空间暂停，无法阻止变化的发生。我们所需要的是与那些能适应变化的东西保持联系"，并随之升级和不断完善①。

企业实施动态性经营管理，主要要做好以下几个方面的工作：

1. 坚持对计划的动态管理

企业要坚持对计划的动态管理，就是既要制订计划，又不能僵死地看待和执行计划，要求计划同实际情况运动变化的一致性。

制订计划需要考虑实际的变化，变化影响计划。正因为企业是发展变化的，我们才要预测事物发展的趋势，并制订出相应的计划以实现预定的目标。因为计划离不开变化，因而我们在制订计划时必须坚持发展变化的观点，实行动态计划管理。企业内部和企业外部环境特别是市场环境的变化是客观存在，不以人的意志为转移。而计划是我们根据收集到的信息，加上自己的预测和判断主观确定的。因此，只有在制定计划时充分考虑到各种因素的运动和变化，才能使计划更符合客观实际。同时做计划还要有弹性，以扩大它的适应性，如果一旦发现计划和现实之间有较大差距，就要及时修改计划，使计划不断达到同客观实际的一致性，不断得到完善。

执行计划时也需要考虑实际情况的变化，不能不顾客观实际情况，"一条道上走到黑"。俗话说：计划赶不上变化，这说明了客观事物的发展变化对各种计划的巨大影响；要学会随机应变，根据具体情况采取相应的对策，为实现计划的总体目标而努力。在这方面我们已经有了许多成功的方法，如滚动计划就是其中的一种。当我们执行完一段计划时，要及时检查计划的完成情况，分析周围事物的变化情况，找出计划和实际情况存

① ［美］罗伯特·A.沃森、本·布朗：《美国最有效的组织》，辽宁教育出版社2003年版，第32页。

在的不一致或出入。在充分研究分析前一段计划执行情况的基础上，再制订下一步的计划。这样就可以使计划和实际情况的差距缩小，使计划更加符合实际。如果实际情况变化了，计划不做适当的调整，仍按原计划办事，就会使企业遭受损失。如果情况向好的方向发生了变化，就要抓住机会，提前完成计划，给企业带来更多的效益。当然，执行计划过程中根据实际情况的变化采取灵活多样的应变措施，并不等于计划可以朝令夕改，随意变动、否定原来的目标。要处理好计划的灵活性和权威性的关系，要有信心、有勇气克服执行计划时遇到的困难，千方百计去实现既定的正确、可行的目标。计划适应变化还必须是积极的，企业可以通过对内外事物施加影响，促使它们向有利于实施计划的方向转化。

现在有些企业存在的问题是，计划僵化，反应不迅速，调整不及时，导致经营失误和失败。

2. 坚持对产品的动态管理

坚持产品动态管理，主要是坚持产品动态开发和超前开发。

首先，要坚持产品动态开发。企业产品开发应适应消费者的心理和市场需求的变化，而消费者的喜好及市场需求又总是处于不断地运动、变化、发展之中，所以，企业产品开发应是一个连续不断的动态过程。这就要求企业管理者树立产品动态开发观念，克服"一种产品卖到底"和"几十年一贯制"的老化、僵化思想，并要及时把握市场时机，做好产品开发的时间选择，选好研制、开发的起始时间及产品投放市场的时间，争时间，抢速度，尽量缩短开发周期，尽快地将产品投入市场，以不失时机地满足消费者的需要。

其次，还要坚持产品超前开发。这就要求企业管理者要树立产品超前意识，因为产品从构思、设计、研制到试制、生产要有一个时间过程，如果产品开发只跟随市场进行或与市场同步进行，当开发出新产品并投入市场后，市场需求就有可能已发生新的变化，就会贻误时机，造成经济损失。所以，企业管理者要对市场进行超前预见和分析，进行产品超前和连续开发，坚持边生产、边开发、边研制、边构思四代产品同时并存的运行机制，当开发出第一代产品后，紧接着就要开发第二代、第三代、第四代等产品，要使几代产品在时间上连续，在空间上并存，相互交替地处在不同阶段上。不能等前一代产品进入衰退期后才进行第二代产品的开发和研制，那样就没有新的产品来接替，就会使企业陷入困境。

所以，企业要克服产品几十年不变的做法，只有进行产品的超前和连续开发，才能使企业在时间上始终有高销售收入，高效益的产品，在空间上用高效益产品弥补低效益产品，从而使企业获得最佳经济效益，保持旺盛的生命力。

当前企业存在的问题：产品老化，花色品种少，开发慢，跟着西方国家走，模仿、仿制、照搬。应学习西方国家企业的创新精神，坚持产品淘汰意识、创新意识，根据市场需求动态开发；根据市场的不同需求，开发系列产品；根据市场的潜在需求，超前开发；根据我们国家的特点，开发有民族特色、自己特色的产品。

3. 坚持对人才的动态管理

企业人才动态管理是指企业在人才管理中，运用激励的管理方法，激发人才工作动力，焕发人才活力，促使人才合理流动、优化组合，以便更好地发挥人才作用。

讲到人才动态管理，都免不了提到"鲶鱼效应"，讲的是挪威人爱吃沙丁鱼，挪威人在海上捕得沙丁鱼后，如果能让它活着抵港，卖价就会比死鱼高好几倍。但是，由于沙丁鱼生性懒惰，不爱运动，返航的路途又很长，因此捕捞到的沙丁鱼往往一到码头就死了，即使有些活的，也是奄奄一息。只有一位渔民的沙丁鱼总是活的，而且很生猛，所以他赚的钱也比别人的多。该渔民严守成功秘密，直到他死后，人们才打开他的鱼槽，发现只不过是多了一条鲶鱼。原来当鲶鱼装入鱼槽后，由于环境陌生，就会四处游动，而沙丁鱼发现这一异己分子后，也会紧张起来，加速游动，如此一来，沙丁鱼便活着回到港口。

这就是所谓的"鲶鱼效应"，运用这一效应，通过个体的"中途介入"，对群体起到竞争作用，它符合人才管理的运行机制。目前，一些机关单位实行的公开招考和竞争上岗，就是很好的典型。这种方法能够使人产生危机感从而更好地工作。同样的，大部分失败的公司，事先都有一些征兆显示已经出了问题，然而即使有少数管理者已略微察觉这些现象，也不太留意。如：企业的气氛沉闷，缺乏压力，管理层安闲舒适，员工充满惰性，一些真正具有能力和潜力的人员则得不到充分发挥才能的机会，他们或者离开公司，或者被无谓地浪费掉，企业慢慢地失去生机。

作为公司的最高领导层，如何去改变这一状况，比较流行的做法是，从外部引进鲶鱼——空降兵，这在短期内确实能起到一定的效果，但若长期从外部引进高职位人才会使得内部员工失去晋升的机会，导致员工的忠诚度降低，流动率升高，"治一经，损一经"，不利于公司稳定发展。从经验来看，发挥内部"鲶鱼效应"，即在企业内部实行绩效管理系统、构建竞争性团队、发现并提升潜在明星很见效。

一是推行绩效管理，绩效管理是传递压力的有效手段，是用机制创造"鲶鱼效应"，让员工紧张起来。一个企业动力机制的有效性，关键在于员工的薪酬、晋升和淘汰机制的建立与绩效管理系统挂钩的紧密程度。事实上，科学有效的绩效管理系统提供的结果能够为员工薪酬调整、晋升和淘汰提供准确、客观、公正的依据，真正起到"奖龙头，斩蛇尾"的效果，创造压力的机制和氛围。

除此之外，推行绩效管理的作用和意义还在于：第一，使个人、团队业务和公司的目标密切结合，通过目标和责任的分解，将公司业务的压力传递到每一位员工。第二，通过每一层级的主管与下属关于绩效目标设定和绩效考核结果的沟通和确认，提高管理沟通的质量，让员工对需要完成工作目标做出承诺，并主动付出努力。第三，绩效管理过程是主管不断帮助下属明晰其工作，辅导下属完成工作达成目标的过程，作为主管必须明确要达到的结果和需要的具体领导行为，因此，绩效考核在主管考核下属的同时，也是在考核主管本身，不仅让下属动起来，也让各级主管行动起来。第四，推行考核本身就是企业希望改变现状，通过改革谋求发展的风向标，员工很快就能认识到一切的改变正在发生，从而产生紧迫感。

通过考核，在工作要求和个人能力、兴趣和工作重点之间发展最佳的契合点；同时，增强管理人员、团队和个人在实现持续进步方面的共同责任，牵引员工的成长。

二是在组织中构建竞争型团队，其是在结构设计中有意识地制造建设性的冲突，通过对企业资源的内部争夺制造鲶鱼队伍。一家发展迅速的小型软件公司的创业者说："公司要得到发展，就必须保证没有人在这里感到安闲舒适。"公司支持所有的团队互相竞争内部资源和外部市场资源，通过设置内部群体之间的有序竞争，激发了员工在外部市场中面对的经费压力、人力资源压力、发展压力。其结果是使得公司的员工始终处于充满活力的战斗状态。

三是寻找组织中的潜在明星并加以重用，通过发现和提升潜在的鲶鱼型的人才激活员工队伍。在用人方面也一样，只要在组织中找到并提升能干的人才，谁都会紧张，有了压力，自然会拼搏进取，由此一来，整个团队就会生机勃勃。这里的首要问题是如何识别企业内部的潜在明星，潜在明星具有以下标准：高度的欲望和工作热情，不满现状和敢于挑战，善于解决问题和勇于担负责任，具有雄心壮志和超常的工作能力。

这样的潜在明星员工，在一个气氛不良，机制不完善，正在步入慢性死亡的公司中，往往是受到打击和排挤的对象。但是，如果最高管理层真正希望改变现状，创建一种活跃、良好、具有凝聚力和建设性冲突的组织氛围，就有必要去挖掘和提升类似的鲶鱼型员工，这不仅给沙丁鱼型员工传递压力和紧迫感，同时，更是增强所有员工信心的重要途径。

目前企业在人才管理方面存在着两方面的问题：一是机制问题，二是观念问题。用人机制和观念不合时宜。

在国有企业表现为机制和观念老化、僵化，没有引进竞聘、竞争、流动机制，把人才竞争视为"出风头"，把人才流动视为"不安心工作"，致使企业暮气惰性，平衡沉闷，缺乏活力。

在私营和民营企业表现为机制和观念对人才的放纵和压制，有的企业把强人之才视为"镇企之宝"，把企业业绩归功于少数人才，放纵企业人才我行我素，伤了员工的心；有的企业把强人之才视为"危险人物"，担心人才夺权篡位，加以防范，伤了人才的心，致使企业人心浮动，各思己事。

企业管理者应正视上述人才机制问题，克服人才管理偏见。学习符合时代时宜的人才机制和观念。在这方面，海尔的经验可以借鉴。

海尔的人才机制是"赛马不相马"，人才观念是"人人是人才"。海尔认为，现在缺的不是人才，而是出人才的机制。管理者的责任就是要通过搭建"赛马场"为每个员工营造创新的空间，使每个员工成为自主经营的 SBU（Strategical Business Unit 的缩写，即战略的事业的单位、单元），如果不仅每个事业部而且每个人都是一个 SBU，那么集团总的战略就会落实到每一个员工，而每一个员工的战略创新又会保证集团战略的实现。

赛马机制，具体而言，包含三条原则：一是公平竞争，任人唯贤；二是职适其能，人尽其才；三是合理流动，动态管理。在用工制度上，实行一套优秀员工、合格员工、试用员工"三工并存，动态转换"的机制。在干部制度上，海尔对中层干部分类考核，每一位干部的职位都不是固定的，届满轮换。海尔人力资源开发和管理的要义是，充分发挥每个人的潜在能力，让每个人每天都能感到来自企业内部和市场的竞争压力，又能够将压力转换成竞争的动力。

海尔认为，"人人是人才"，所有员工都是海尔不可缺少的一分子，都为海尔做出了一定贡献，每一位海尔人都应该而且能够成为人才，为企业和社会创造更大的价值，但人才和贡献不是平列的，张瑞敏首席执行官对何为企业人才进行了分析，他提出企业人才由高到低大致分为三类：人材、人才和人财。人材——这类人想干，也具备一些基本素质，但需要雕琢，企业要有投入，其本人也有要成材的愿望。人才——这类人能够迅速融入工作，能够立刻上手。人财——这类人通过其努力能为企业带来巨大财富。

对海尔来说，好用的人就是"人才"。"人才"的雏形，应该是"人材"。这是"人才"的毛坯，是"原材料"，需要企业花费时间去雕琢。但在如今堪称"生死时速"的激烈的市场竞争中，我们没有这个时间。"人才"的发展是"人财"。"人才"是好用的，但是好用的人不等于就能为企业带来财富；作为最起码的素质，"人才"认同企业文化，但有了企业文化不一定立刻就能为企业创造价值。光有企业文化还不行，还要能为企业创造财富，这样的人方能成为"人财"。无论是经过雕琢、可用的"人材"，还是立刻就能上手的、好用的"人才"都不是我们的最终目的；我们要寻求的是能为企业创造财富和价值的"人财"！只有"人财"才是顶尖级人才！来了就可以为企业创造财富、创造价值！我们企业要想兴旺发达，就要充分发现、使用"人财"。

海尔还认为，人才是一个动态的概念，现在市场竞争非常激烈，今天是人才，明天就未必还是人才，海尔人应该不断自我超越，不断提高自身素质。如何不断提高自身素质，做永远的人才？一定要有自己的理想、自己的目标！如果没有坚定的目标，在提高自身素质、自我挑战的过程中就会彷徨、动摇。每个海尔人都有自己的梦想，而这个梦想一定要和海尔创造世界名牌的大目标结合起来。

海尔的人才机制和人才观念就是海尔持续、快速发展的秘诀,我们应当从中得到可贵的启示,尽快转变企业人才机制、人才观念老化、僵化和对人才的放纵、压制状况。

借鉴海尔和国内外成功企业的做法,企业人才动态管理有以下几种形式和方法:第一,人尽其才,竞争上岗。按岗位要求选拔适用人员,实行竞聘上岗,有利于激发员工的工作动力和活力。第二,轮换交流,展示才华。同一个岗位可能有许多人胜任,适时地进行岗位交流和轮换,有利于展示不同员工的才华,进而激励员工的工作激情。第三,有升有降,优化调整。企业管理者应及时调整那些落伍者,提拔和重用那些冒尖的德才兼备的人才。第四,有任有免,焕发朝气。对于不称职的干部及时更换,及时启用新人,有利于焕发工作的朝气。第五,有进有出,合理流动。人才合理流动是社会化大生产的必然要求,也是企业管理者和企业各方面人才的愿望。人才合理流动有利于克服人才浪费和人才奇缺的矛盾。人才合理流动有利于人才更好地成长。

4. 坚持动态经营

经营管理是一个永不停息的运动、变化、发展的动态过程。所谓动态经营,是指企业经营战略和策略要不断调整和变革,以适应不断发展变化的市场需要。这是企业经营环境和经营条件动态变化的客观要求,是经营战略获得成功的重要保证。在现实世界里,变是绝对的,人们的生活方式在变,消费者对商品的需求在变,市场环境在变,企业的条件也在变。所以,企业管理者在经营活动中,要时刻注视着企业内外环境和条件的变化情况,并根据这些变化情况制定相应的战略和策略。

如安徽省阜阳地区的太和酒厂,就是靠动态的经营战略和策略崛起的。随着人们生活方式的变化,对酒的需求也发生了变化,人们不但要求质量高,而且要求品种多,尤其喜欢低度酒。根据这种市场变化的新趋势,该酒厂修定了自己的经营战略,即从生产 60°白酒为主,转向生产低度白酒为主。他们还积极开发了 20 多个低度酒新品种,利用当地盛产樱桃的优势,开发了“樱桃酒”,深受顾客欢迎。

坚持动态经营,还有一个动态理财问题,理财是一个经营概念,通俗说就是企业如何实现从融资到投资,再到利润目标的全部计划和行动。这是一个决策、计划、实施的过程，这个过程是一个复杂的动态过程。

坚持动态经营，并不否定经营战略的稳定性。任何经营战略，不管是长期战略还是阶段性战略，都具有稳定性特点，都不能朝三暮四，今天看这个好，试一试；明天看那个好，搞一搞，结果什么也搞不成，搞不好。但战略的稳定性是相对的，是动态中的稳定，它不能排斥在企业动态经营之外，而应存在于动态经营之中。

目前，企业在动态经营上也存在不少问题，主要有产品或服务滞后，不能及时适应消费者的需求；与此相联系还有深层的，经营理念陈旧僵化，缺少新观念和新点子。有一种现象不知大家关注了没有，为什么西方国家外来的产品或服务总是领先我国和在市场上独占鳌头，然后立即出现一阵风似的仿制和模仿？值得深思。

5. 坚持组织结构动态性选择

近几年来，企业界提出了组织结构扁平化、网络化和虚拟化的概念，扁平化、网络化和虚拟化不是一种结构模式，是相对于多层结构模式或高层结构模式而言的，也称森林结构，像大森林一样。前边讲到的六种结构模式中除了矩阵型组织结构外都是多层结构模式，区别只在于层数多一点还是层数少一点，但都属于多层结构。

扁平化结构是指未来的企业组织将不再是以纵向的垂直专业化分工所形成的金字塔式的组织结构形式，而是通过建立以顾客需求为导向的横向价值流小组和工作团队，把传统的企业员工之间的纵向关系在企业信息网络平台基础上变成了纵横交错的平等关系，从而消除了纵向各部门之间的障碍和壁垒，企业把任务委托给基层的价值流小组和工作团队，同时把权力也下放到面向顾客的基层工作团队。这样就减少了企业的中间管理层，形成了扁平化的组织结构。

扁平化的企业组织对内有利于加强横向协调，消除企业内部纵向部门间的障碍和壁垒，调动和发挥基层员工的积极性。对外有利于企业更接近市场，使企业的产品能更好地满足消费者的需求，使企业更具弹性和灵活性，提高企业对外部市场变化的适应能力。

与扁平化概念相联系的还有网络化和虚拟化概念，网络化指的是未来的企业组织结构形式淡化了严格的等级制度的观念，企业内部的纵向分工不断减少，而横向分工和协作不断增加，企业组织结构变成了一个相对平等和自主，富于创新的小型经营单元或个人组成的网络型组织。虚拟化则是指未来的企业组织结构形式不再是一个以产权关系为基础，以资产为联系纽带，以权威为基本运作机制的由各种岗位和部门组成的实实在在的企业实体，而是以计算机和信息网络为基础和支撑，以分工合作关系为联系纽带，结合权威控制与市场等价交换原则的运作机制的一个动态企业联合体。

扁平化、网络化和虚拟化是用来描述未来企业组织结构形式的，相对于过去传统的多层、高层企业组织结构形式所表现出来的特征，描述的角度不同，扁平化则是从运行机制和组织结构形式的角度来描述未来的企业组织；网络化是从成员之间的相互关系角度来描述未来的企业组织；虚拟化是从分工与合作方式的角度来描述未来的企业组织。企业组织扁平化、网络化和虚拟化是企业未来发展的趋势，特别是现代大型企业。

企业组织扁平化、网络化和虚拟化发展趋势是市场环境变化和要求的结果。传统的企业通过大批量的生产为消费者提供了价廉、质优和性能可靠的产品，这种产品的生产周期长，产品的品种单一。但是今天这一切发生了变化：首先，消费者的需求发生了变化。消费者不但希望能买到价廉质优的产品，更希望能消费到时尚、新潮、个性化的产品。消费者不希望买到的是统一的、标准化的产品，而是希望能有多种选择，能展示自己的个性和自我。这就是消费者需求变化的多样化与不确定性。其次，竞争环境发生了变化。原来企业竞争优势是通过取得规模经济的效益来取得的，结果使得市场被少数几个巨型生产商所垄断。但由于企业生产成本的不断提高，再加上人们期望不断地提高生活质量，而使得企业的工资成本不断的提高，这就往往把企业大批量生产而取得的规模经济效益带来的竞争优势抵消了。在这种情况下，企业就要重新考虑如何才能取得竞争优势。因此，许多企业通过缩短新产品的开发时间，减少产品的生产周期，根据顾客的订单进行个性化生产而不是根据市场的预测进行批量化生产。消费者能够在不增加价格支出的同时，获得更广泛的选择。这种满足顾客多样化、个性化选择的能力就形成了企业新的竞争能力和竞争优势。以上这些变化必然要求企业的生产组织方式发生变化，要求企业的组织结构形式相应地变化。以前的生产组织方式是市场需求预测确定生产计划＋大批量生产＋标准化制造。相应的企业组织结构形式就是强调职能分工的垂直式组织结构形式。而适应消费者需求和竞争环境变化的企业生产组织方式应是顾客提出个性化的需求订单＋成批生产＋灵捷化制造。相应的企业组织结构形式则是扁平化、网络化和虚拟化的组织结构形式。

在企业实践中究竟采取多层结构还是扁平结构，要看企业的具体情况，还要了解采用多层和扁平这两种结构的条件。

采用多层结构的条件是：企业人员素质（包括管理者和员工的素质）不很高，管理工作基础差，许多问题的处理不易标准化、科学化与规范化，生产的机械化、自动化水平不高。如果企业的具体条件与此相反，企业人员素质很高，管理工作基础好，管理达到标准化、科学化与规范化，生产的机械化、自动化水平高，则采用扁平结构形式比较适宜。

一个企业发展到什么程度，采取什么组织结构模式，这个问题属于企业组织结构的调整与创新问题，企业要根据自身和外部环境的变化情况，创造适宜的结构模式，以适应企业的生存和发展①。

总之，企业应树立动态观念，坚持动态性经营管理，提高应变能力，做到快速反应和应变，这个问题解决得好，企业就兴旺发达；相反，企业就会遭受困境。在这个问题上并不是所有企业都解决得好，有相当部分企业观念老化，没有解决或解决得不好。

第二节 企业活动的时空性和多样性

一 企业活动的时空性及企业时空管理

企业同其他事物一样，是一个在时间、空间中不断运动、变化、发展的动态系统。研究企业活动的时空特征，并根据企业时空的当代变革积极开拓企业活动的时空范围，对提高企业管理效益具有重要的意义。

所谓时间，是指物质运动的顺序性、间隔性和持续性。顺序性即事物出现的先后顺序，如，生产环节的先后顺序，产品开发的先后顺序，攻占市场的先后顺序，处理问题的先后顺序，经营管理环节的先后顺序等；间隔性即两个事件所间隔过程的长短，比如，新旧产品交替所间隔过程的长

---

① 刘月霞、赵玉娟：《现代企业管理哲学》，中国社会科学出版社2009年版，第197页。

短，两次决策所间隔过程的长短，两轮谈判所间隔过程的长短，两次生产或营销战役所间隔时间的长短，企业两个发展阶段所间隔过程的长短等；持续性即事物从产生到衰亡所持续的过程的长短，如，一个产品从产生到衰亡所持续的过程的长短，一个市场从产生到衰亡所持续的过程的长短，一种管理体制从产生到衰亡所持续的过程的长短，一种营销方式从产生到衰亡所持续的过程的长短，一种设备从产生到衰亡所持续的过程的长短，一个计划或一项任务从产生到完成所持续的过程的长短等。时间的特点是一维性，即只有过去、现在、未来一个方向，以及用一个数字就可以度量出来。时间一去不复返、不可逆转，这说明时间的重要和宝贵。企业的运动、变化、发展离不开时间，企业经营管理必须讲究时效性。所以，企业管理者要树立时间观念，要珍惜时间，时间就是生命，时间就是金钱，时间就是效率，时间就是速度。企业管理者不仅要珍惜时间，还要善于争取时间和有效地利用、安排时间，以加快企业发展的步伐。

目前在这一点上，中国的企业是有差距的，主要表现为企业活动的间隔性安排不紧凑，反映出中国企业与发达国家企业相比，市场反应还是慢，理论成果转化慢，管理也不成熟，导致企业时效性低。还表现为企业活动的持续性差，从企业规划到企业活动过程，都还缺乏长远发展的理念和可持续发展的能力，导致企业寿命短。

加强企业的时间管理，以提高企业的时间效率及发展的可持续性，就要在中国企业发展速度和长远规划上做文章，并把二者有机地结合起来。既要确立企业长远发展的规划和目标，确立名牌发展战略，确立企业可持续发展战略。又要以此为指导不断完善企业活动的机制，使企业各方面创新的速度和效率不断得以提高，把企业做大做强，提升企业可持续发展的能力。能力提高了，才会为企业可持续发展打好基础。

所谓空间，是指物质运动的伸张性或广延性。具体包括两层含义：其一，是指物质运动的体积和规模；其二，是指物质运动的空间位置关系。企业的生产、经营活动也离不开空间：发展规模、协作关系、市场空间等。一个企业，现有的空间总是有限的，但是可以充分利用空间和无限开发空间。就充分利用空间来说，每个企业的占地面积总是有限的，但可以向立体发展，现在国外有许多企业因地皮昂贵占地面积并不大，但企业的规模很大，原因就是建造立体车间，向立体化发展。另外，在现有的场地内，也可以通过合理布局来节省空间，这就等于扩大了现有空间。从尽量开发空间的角度讲，首先是开发厂外空间，这是一种外延式的空间开发。可以进行企业间的协作，这等于把你的车间搬到了外厂；可以向外地、国外投资办企业，这等于把工厂搬到了外地和国外。其次就是开发市场空间，扩大本地区、国内和国际市场的范围。这是一种内涵式的空间开发。还有就是要树立消费者即市场的观念，把消费者家庭、消费者活动场所都开发成为市场空间。这也是一种内涵式的空间开发。开发空间是无限的。

　　现在在企业活动空间方面存在的问题是：重外延式空间开发，内涵式空间开发和利用的意识不强，能力也不高。随着全球化进程的发展，市场空间的地域和国家界限越来越模糊，企业市场的共有性质一方面为企业扩大活动拓展出更加广阔的空间，另一方面必然带来市场空间竞争的加剧。这就要求企业管理者必须树立空间观念，必须尽快更新传统的空间观念，在企业活动空间问题上多做文章，以增加企业的效益。

　　首先，充分挖掘潜存的一般产品、服务、市场空间的潜力。消费的个性化和消费水平的上升对企业的产品和服务提出了越来越高的要求，企业间的竞争也主要表现在产品和服务的优劣比较上。企业为求生存，就必须想方设法挖掘产品和服务的潜力，在产品的系列开发和个性拓展上锐意进取，或在服务的细节和延展上加强管理，以开拓产品和服务的空间，提高企业的市场占有率。同时，由于今天的世界是一个发展极不平衡的世界，无论是一国之内还是整个世界，地区与地区之间、国家与国家之间发展都很不平衡，往往发达国家、发达地区的市场空间已经饱和，而欠发达国家和欠发达地区的市场空间还很巨大。这就为聪明的企业管理者提供了慧眼识市场的机遇，通过超前布局企业生产或销售转移战略，充分挖掘潜存的市场空间。

　　其次，充分利用潜存的技术空间。无论产品的开发还是销售，都离不开现代技术的支持。在产品开发方面，哪个企业较先掌握了先进技术，哪个企业就较早拥有了创新产品，在市场竞争中它就更有实力，它的市场空间就更广阔。在产品的生产和销售方面，网络微观技术空间利用的潜力巨大，具体表现为在虚拟空间中发展起来的虚拟经济。现在很多知名企业采用了虚拟运作模式，产品委托加工生产，充分利用社会资源，把企业的主要精力用于创新产品、开发市场、完善管理上，大大缩减企业活动时间的同时也充分开拓了企业活动空间。互联网的迅速发展，也使得网上银行、网上股市、网上交易蓬勃发展，这些市场没有一般意义的建筑物，没有交易大厅和柜台，营业厅就是网页，所有交易和清算都通过互联网络自动进行，企业活动的空间越来越打破区域和国界而不断扩大。随着网络技术的进一步发展，数据化存储技术的不断更新和完善，虚拟空间的潜力也将无限扩大，传统的时空观念正在经历一场深刻的革命，这种虚拟化的空间和市场形式在企业经济活动中的作用也会与日俱增。

最后，以思维创新开拓企业活动空间。人的潜力是无限的，主要是说人的思维创新能力巨大，通过思维创新，可以从企业规模划分中挖掘出空间，可以从企业合作中创造出空间，也可以从企业以及市场的特殊性中培育出空间。美国的两位经营学专家保罗·索尔曼和托马斯·弗里德曼在他们的著作《企业竞争战略》中，提出了一个小企业生存空间的概念：生态空间。他们认为，企业间的竞争恰如自然界中不同生物物种之间的竞争，小企业作为弱者要想能够在市场竞争中生存繁衍，就必须开创出与强大企业的生存空间不完全重合的它们自己的"生态空间"。他们提出了适合小企业生存与发展的五种经营领域即五种生存空间：

（1）自然生存空间。即那些追求"规模经济性"的大企业不愿涉足或难以涉足的狭缝地带，如市场规模较小的产品、多品种且小批量的产品、小批量特殊专用产品等，中小企业可以选择这些经营领域投入经营资源，在与大企业不发生竞争的情况下成长起来。例如：北京开关设备厂是个集体小厂，它了解到全国六家制造电器控制设备的国营大厂基本上占领了全国市场，但它们不生产数量少、规格杂的非标准型电器控制设备，有这种需求的用户跑遍全国也找不到制造厂家。另外，这些大企业采用年度订货的办法，一些一时急用设备的用户也难得到满足。因此，该厂以生产非标准电器控制设备作为本厂的服务方向，制定了"大厂遗漏我们拣，大厂缺的我们补，大厂不做我们做"的经营方针，只要客户需要，随来随做，不限规格，不限数量，企业获得了成功，产品行销全国。

（2）空白生存空间。指前一代产品开始衰退而后一代产品尚未投入之时，形成的"战略空白"。中小企业如善于从"战略空白"中抓到机遇，往往能走向成功。当年（1947年）贝尔实验室发明了晶体管，但当时称雄世界电子行业的几家美国大公司并没有认识到尽快用晶体管替代电子管的重要性。日本的索尼公司当时在国际上还没名气，而且根本不生产家用电子产品。索尼公司的总裁秋田森多仅以 2.5 千美金的"可笑的"价格就从贝尔实验室购得了技术转让权，两年后索尼公司推出了首批便携式半导体收音机，与市场上同功能的电子管收音机相比，重量不到 1/5，成本不到 1/3。三年后，索尼占领了美国低档收音机市场，又过五年，日本竟占领了全世界的收音机市场。

（3）协作生存空间。指大企业欲谋求利润最大化或成本节省，而与生产各类零部件的中小企业协作带来的机会。这种协作为中小企业提供了生存方位。中小企业应争取进入属于大企业管理者体制的"企业系列"，以专用资产与大企业长期合作，"靠山吃饭"，以求生存与发展。

（4）专知生存空间。即中小企业运用工业产权，保护自己拥有的独特技术和生产技艺，免受大企业的挤压与驱逐，赢得相对平稳的成长环境。

（5）潜存生存空间。指中小企业发现和预测到潜在需求后，早期进入并形成垄断，以获得丰厚的经济收益[1]。

企业管理者还要善于在时间和空间的关系上做文章，海尔提出：物流以时间消灭空间，即用时间速度消灭库存空间，消灭零件、半成品、成品库房，只有配送暂存处。"商流以空间消灭时间，即产品从生产线下来直接送到用户手里"，电子商务，网上订货，配送，就是对时间和空间的关系的巧妙构思和运营的杰作。

二　企业活动的多样性及其管理

中国企业活动的路径和模式是多种多样的，主要表现为：

专业化（一元化）：一种（系列）产品或一种（系列）服务，向深化、细化、精化发展，创立品牌、精品。

多业化（多元化）：不同行业多种产品或多种服务，减少风险，东方不亮西方亮。

主业 + 基金：中国企业的第三条路径。即在主业的基础上，出资委托专业机构来管理运作基金，以产业股权投资为投资方向，投资参股中国成长型企业，促使其上市从而分享其上市后带来的高收益。这实际是一种虚

---

[1]　财富天下网＜管理实务＞小企业：你是否利用了五种生存空间。

拟经济形式，虚拟经济是指与虚拟资本以金融系统为主要依托的循环运动有关的经济活动，简单地说就是直接以钱生钱的活动。虚拟经济是资本独立化运动的经济，资本以脱离实物经济的价值形态独立运动，这是虚拟经济之虚拟属性的根本体现。虚拟经济存在与发展的基础是产权交易。市场经济高度发展的标志在于产权本身也成为市场交易的对象。虚拟经济形式有利也有弊，利是给企业快速带来收益，弊是给企业带来风险。关于风险，我们从当前世界性金融危机下的企业即可见一斑，所以应慎重运作。

总之，企业运行发展的多样性要求企业管理者要树立个性化观念，探索和创新企业运动、变化、发展的新模式，目前，我们大多数企业缺少发展的个性化和创新模式。

第三节　　企业运动变化的规律性

企业的运动和变化不是杂乱无章，而是有规律可循的和有序的，企业的运动、变化是一个动态开放的时刻与外界进行交流的过程，又是一个从非平衡（远离平衡）的无序结构向非平衡的有序结构的反复整合的过程，而每一次整合都会使企业上升到一个新的阶段。研究企业运动、变化的规律性，就要研究企业的动态性、开放性和有序性，这涉及耗散结构理论。耗散结构是开放系统在远离平衡态时可能形成的一种时空有序结构。它是由比利时科学家普利高津针对非平衡热力学和统计物理学的发展所提出的一个重要概念。一个远离平衡态的开放系统，当影响系统的条件变化达到一定阈值时，可以形成新的有序结构，而这种结构要依靠消耗外界的物质和能量来维持，因此称为耗散结构。耗散结构理论对于提高企业经营管理水平具有启示意义。

可以把企业看做耗散结构系统，作为耗散结构系统，企业是一个动态的、开放的、远离平衡态的和有序性的系统。

一　企业是一个时刻与外界进行交流的动态开放系统

企业系统必须保持良好的开放性。开放是系统有序化的前提，是耗散结构形成、维持和发展的首要条件。可以把企业看做耗散结构系统，作为耗散结构系统，就是一个动态开放的、远离平衡态的和有序性的系统。

　　企业的动态开放性表现为：企业需要从外部输入原料、人力和信息等资源，通过技术与运营的有机结合，变换成产品向市场输出，以满足社会需要，并获取利润。输入（买入）、变换（制造）和输出（卖出）是企业经营的重要组成部分。在市场经济条件下，企业是一个由人、财、物、信息等要素在一定目标下组成的一体化系统。通过买和卖，企业与市场之间实现了物资、资金、信息、技术、人才等资源的交流。因此，企业系统的生存和发展是在与外界不断进行资源交换的过程中实现的。

　　企业系统必须保持良好的开放性。开放是系统有序化的前提，是耗散结构形成、维持和发展的首要条件。一个良好的企业系统，必然是一个有序、开放的自组织系统，通过对外界开放，不断地与外界进行人员、资金、物资和信息等的交流，这样才能具有适应环境的能力和旺盛的生命力。

　　企业对外部的影响和外部对企业的影响是每时每刻发生的，有时候影响还很大，而且这种影响有正面和负面、积极和消极之分。

　　比如，改革开放30多年来我们遇到的国际机遇，西方过剩资本、人才、技术、先进经营管理方法等的引进，就是正面和积极的影响，对企业发展具有积极的意义。

　　又比如，2009年由美国次贷危机引发的金融危机，先危害美国国内，随后波及到全球，波及到我国企业，给我国企业带来了重大负面影响。有人把这种影响叫做创伤，有人把这种影响叫做经济低迷，有人把这种影响叫做严冬时节的临近。

　　这场金融危机的负面和消极影响表现为：第一，中国金融环境首当其冲地受到巨大影响，金融环境的变化会导致一系列政策的调整，中国市场宏观环境发生变化，使得所有企业都受到影响。第二，中国整个消费市场发生变化。一旦普通消费者感觉到"严冬"来了，一定会收紧支出，这对消费市场的刺激会产生很大的影响。当消费市场不旺盛的时候，对所有的企业都有影响。第三，对企业价值链的影响。当某个运行良好企业的上下游企业受到经济危机的波及，照样会影响到这个企业的运作。因为，只要产业价值链任何一个环节出现问题，企业都难以独善其身。第四，直接对出口企业造成影响。在经济危机中，受到冲击最大的就是在中国经济中占有重要地位的中小型劳动密集型、出口加工型的企业。当时，很多企业的订单大量减少，现金流中断，甚至倒闭。

　　一系列的问题与困惑摆在了企业面前：面对全球经济危机的市场环境，企业如何做出最佳的战略选择？在内忧外患的国内经济形势下，企业如何保持生存并实现持续增长？面对危机，如何选择企业的经营模式，如何有效地控制风险？如何提高组织的创新能力，增强组织管控能力以强化企业的生产效率？企业作为一个开放系统必须积极应对外部环境的变化，有几种探讨：

　　第一种观点：通过 IT（信息网络）技术加强企业成本控制。加强成本控制是企业在竞争中取胜的关键战略，是所有企业都必须面对的一个重要管理课题，在这样的环境下，大量的国际化企业削减订单，市场处于低迷状态。面对经济严冬，面对融资困难、成本攀升、利润变少等问题，除政府宏观调控、外部融资环境改善等外因作用，企业还需要从自身入手提升竞争力，实现规范管理，提高沟通协作效率，有效控制运营成本，从而有力提高企业效率与效能，实现向管理挖潜的目的，这体现了信息化在金融危机中的价值。

　　第二种观点：通过加快信息化进程大力推进信息化与工业化融合，构建异地多层次协同研究开发体系、网络化协同制造体系、集群产业链协同商务体系。这些体系的建立，将极大地加强企业集团管控、全面预算、资金分析和风险控制能力；推动集团管控、战略管理、市场分析、研究开发管理、销售管理、生产管理和财务管理等业务模式重组；对企业人才、技术、产品、资金和信息等供应链体系资源按企业战略目标和管理控制模式进行优化配置。

　　第三种观点：强化战略管理。当企业发展到一定程度特别是面临的外部经营环境发生巨大变化时，几乎所有行业的利润空间都面临萎缩，消费市场空前低迷，企业必须对现状和未来发展进行深入的思考。外部环境的变化迫使企业制定明确的发展战略，只有围绕企业战略的需要，培育企业的核心能力和整合相应的产业资源，才能实现和创造企业新的盈利模式。

　　与此相联系，专家们提出了渡过危机的三种可以选择的战略模式：

　　（1）节流战略（冬眠型）。正如那些冬眠动物在秋天拼命地进食，通过储备足够的能量，保证整个冬天可以不吃不喝地生存下来，直至春天来临。企业也要给自己"过冬"提供一个比较好的微观环境，为自己创造一个良好的生存环境，避免外来不利因素对自身的直接影响，通过降低成本，节约支出，强化管理，提升能力来保存企业实力，等待经济环境好转后的大显身手。

（2）产业转移战略（迁徙型）。自然界中，那些无法忍受严寒的动物会选择迁徙，如大雁在冬季的时候会向南迁移。那些不愿在冬天单纯等待的企业，在对经济环境和企业自身资源条件等进行客观分析后，基于劳动力因素、内部交易成本因素、市场因素等方面的考虑，企业将产品生产的部分或全部由原生产地转移到其他地区，就地生产，就地销售，以谋求持续的生存和发展。

（3）就势扩张战略（称霸型）。冬季对某些动物来说是灾难，对某些动物则意味着机会。对那些在冬天有能力吃掉其他动物的大型动物，冬天未必是一件坏事。对企业来说，也是如此。那些有实力的企业通过资源整合、人才整合，在变动的经济环境下，实行积极的收购、兼并战略，实现市场占有率的上升，对企业来说确实是非常不错的发展机会。

摆在每个管理者面前的首要问题是如何帮助企业顺利渡过这场经济危机带来的"寒冬"。这就要求企业必须从自身的内外实际着眼，特别要根据外部环境的变化来调整企业发展战略，进行战略决策，这样才能提高自身的实力和竞争力，才能在经济的"寒冬"中生存下来。

目前国内企业存在的问题有两个：一是有相当大一部分企业开放的程度还不够；二是有相当大一部分企业开放后不能及时根据企业内部要素和外部环境的变化调整企业发展的思路、战略规划和实施计划，决策缓慢、不到位和失误，致使企业陷入困境。

所以，一个良好的企业系统，必然是一个开放的、有序的、自组织系统，通过对外界开放，不断地与外界进行人员、资金、物资和信息等的交流，不断对企业的要素进行整合，不断调整企业发展战略和策略，这样，企业才能具有适应环境的能力和保持旺盛的生命力。

二 企业是一个从非平衡的无序结构向非平衡的有序结构反复整合的系统

按照系统理论，任何系统都是一个远离平衡态或非平衡态系统，系统内部各个区域的物质和能量分布是极不平衡的，企业也是一个远离平衡态或非平衡态系统，所谓远离平衡态或非平衡态系统，即是一个充满差异、差别的系统，企业远离平衡态是指企业系统内部各个层次、部门、方面、要素的分布及功能状况是存在差别和不平衡的，如企业系统中管理者的分布和水平、员工的分布和能力、资金的分布和使用、技术的装备和使用等是处于差别和不平衡状态的。又如，职工能力、水平、职责、权利、技术、思想、分配、收入等处于差别和不平衡状态。系统内部的这种差异、差别的非平衡态是企业系统的有序之源和活力之源，企业要素只有远离平衡态，企业才能保持动态性并将要素的无序排列整合为有序结构。比如，只有企业管理者、职工的能力、水平、职责、权利、技术、思想、分配、收入等处于差别和不平衡状态，企业才有可能形成动态的无序的变化，也才有将无序结构进行整合的必要，而整合的关键是这些要素无序排列的非平衡变化要达到一定阈值即达到相互和谐，新的有序结构才能形成。实践证明，只要企业管理者把握得当，这种相互和谐的局面就会形成，企业就能保持有序的结构和活力状态。

一个充满活力的企业系统，必定是一个非平衡即有差异和差别的系统。而经常处于平衡状态下的企业，如工作上干不干一个样，不看业绩，没有竞争机制，没有奖惩制度，没有激励措施；分配上平均主义大锅饭，工资、劳酬、待遇无档次、无差距，看似很平衡很稳定，但企业必然死水一潭，没有活力，这种表面上的平衡和稳定，会对企业发展起到极大的阻碍作用。所以，企业领导必须注意协调企业系统内部各层次、各部门、各方面、各要素的相互关系，使之达到相互和谐，使之达到远离平衡的有序结构。

企业系统应成为各要素相互调节、相互作用的非线性自组织系统。企业系统具有非线性特性。线性与非线性常用于区别函数 $y=f(x)$ 对自变量 x 的依赖关系。线性函数即一次函数，其图象为一条直线。其他函数则为非线性函数，其图象不是直线。线性指量与量之间按比例、成直线的关系，在空间和时间上代表规则和光滑的运动；而非线性则指不按比例、不成直线的关系，代表不规则的运动和突变。如问：两只眼睛的视敏度是一只眼睛的几倍？很容易想到的是两倍，可实际是6—10倍，这就是非线性：1 + 1不等于2。企业上下级之间、部门之间、个人之间，以及管理者管理能力、资金、技术、原材料、产出水平之间等，都存在复杂的相互作用和反馈机制，这些相互作用和反馈通常是非线性的，即不是简单叠加的。比如，企业人员增加一倍，产量不一定增加一倍。

企业系统应成为各要素相互调节、相互作用的非线性自组织系统。企业要从无序向有序发展并使系统重新稳定到新的平衡状态，就必须通过企业内部构成要素间非线性、立体网络式的相互作用，来达到一个小的输入就能产生巨大的良性效果的非线性因果关系。这样才可能使系统具有自我放大机制，重新组织自己，形成功能更加完善的耗散有序结构。相反，如果只具有线性作用，要素间的作用只能是线性叠加，很难达到新的有序。

企业运营中存在涨落和突变。涨落通常指企业的运营在动态有序的稳定点附近来回振荡，在宏观上保持着动态的有序性，当企业运营中的涨落幅度极度增大，企业运营就会出现突变，这时企业运营就有可能转换到一个新的运作状态。企业管理者应善于把企业系统中各要素的涨落引向有序，企业系统中的各要素时刻处于涨落或起伏的动态变化中，从而启动非线性的相互作用，使系统发生质的变化，跃迁到一个新的稳定有序状态，形成耗散结构。因此，涨落是一种启动力，可以导致有序，但也可能将企业带入新的混乱状态，系统中某个微小变化，可能会带来大的结果性偏差。比如，企业对价格敏感性强的产品仅做一个很小的价格上调，就有可能使大量客户转而去购买竞争对手的产品，造成销量大幅下滑；对质量敏感性强的产品仅做一个小的改进，就很可能把大量用户吸引过来。这就要求企业管理者应具备把握全局的能力，具有敏锐的洞察力，善于把握趋势，通过调整制度、优化决策、调配资源，使涨落引发的非线性相关作用向着有利于形成功能更加完善的耗散有序结构方向演化发展，推动企业系统的自组织功能不断得到完善。

总之，要遵循企业的运动、变化规律，保持企业从非平衡的无序结构到非平衡的有序结构的经常性的变换，这对企业的治理和发展将起到中流砥柱作用。现在的问题是，有相当大一部分企业管理者青睐和追求企业的绝对稳定和平衡，认为这样有利于管理，容易管理，殊不知，这是一种违背规律和扼杀活力的愚昧行为。

第四节　企业运行、成长、发展的规律性

企业运动、变化、发展不是杂乱无章，而是有规律的。所谓规律，是指事物本身所固有的本质的、必然的、稳定的联系。规律是客观的，不能创造也不能消灭，但我们可以认识、掌握和利用规律。企业管理者要尊重规律，认识规律，并利用规律来为发展经济服务。

关于企业运行发展规律，有一种"四规律论"观点，即国务院发展研究中心研究员、中国人民大学教授、博士生导师米建国和中国人民大学财政金融学院博士生唐铭帅的观点，认为企业发展有四个规律：资本社会化的规律、组织形式股份化的规律、管理人员专家化的规律和市场国际化的规律，认为这四个规律，已经为当今企业发展的实践所充分印证。

资本社会化的规律：适应现代经济发展和运行机制的要求，企业创业资本及扩张资本的筹集，已经从当初依靠单个资本的积累，演变为社会筹集。无论是间接融资，还是直接融资，融资行为的社会化已经越来越普遍，这在大企业、大工程、大项目方面表现最为明显。

组织形式股份化的规律：这是与资本社会化紧密相关的一个规律。企业从社会上融资，必须在组织形式上体现出投资者的权益。如何体现？这就必须有一个能够体现投资与权益相匹配的制度安排，即以股份制的组织形式来实现投资者在企业中参与决策和分红的权与利。股份制公司这种组织形式由于在企业运营机制上表现出其他组织形式所不具有的优越性，已成为现代企业普遍采用的一种组织形式，并在其基础上建立起现代企业的法人治理结构。

管理人员专家化的规律：这是由资本社会化规律和组织形式股份化所派生出的一个规律。现代企业与过去的企业相比，不仅在筹资方式上和组织结构上发生了较大变化，而且生产经营管理的理念、方式、方法也与小商品经济和不发达的市场经济时代大不相同，对企业的战略决策、生产技术、经营方略、管理技巧、资本运营等方面的要求越来越高，一般投资者在素质上已经不能适应现代企业发展的要求，需要懂生产、懂技术、懂经营、懂金融、懂法律、会管理且视野开阔的专家型人才来打理企业，实行

所有权与经营权的分离，企业管理人员专家化的特征日益显现。

市场国际化的规律：企业因市场而生存。企业是市场经济的产物，以市场为舞台，在适应市场需求的过程中发展，适应市场的变化而不断进行创新。同时，市场作为企业重要的生存发展环境，也因企业而发达、而精彩。企业活动在受市场所左右的同时，也不断地以产品和服务的创新而创造市场、丰富市场。正是有了企业的发展，市场才发展成为市场经济。随着现代交通业、现代物流业、现代金融业和信息业的蓬勃发展，世界经济一体化、经济活动全球化已发展成为时代潮流。在这种大背景下，企业从资源的配置到产品的生产和销售，所面对的市场已从昔日封闭的地方性市场或国内市场演变为开放性的国际化大市场，面对的是来自无疆域的全球性的激烈竞争，其发展无不需要从全球的视野做出决策。于是，企业变成国际化的企业，市场变成国际化的市场，跨国经营的步伐势不可当。

这四大规律概括得很好。但这不是企业整体运行发展规律，是企业要素运行发展规律，企业运行、成长、发展规律包括企业整体运行发展规律和企业要素运行发展规律。企业要素运行发展规律包括资本运行发展规律、产品运行发展规律、市场运行发展规律、管理运行发展规律、组织运行规律、生产力发展规律、经营模式运行发展规律、服务模式运行发展规律等。这里先介绍企业要素运行发展规律。

企业运行、成长、发展规律包括企业要素运行发展规律和企业整体运行发展规律。企业要素运行发展规律包括产品运行发展规律、市场运行发展规律、管理模式运行发展规律、组织结构运行发展规律、生产力发展规律、经营模式运行发展规律、服务模式运行发展规律等。

一　企业要素运行发展规律

（一）资本运行发展规律

资本运行发展经历了独资资本—合资资本—社会化股份资本的过程。独资资本包括单个人创业的家族资本和几个人共同创业的合伙资本，这是17—18世纪市场经济初期的企业和处于创业时期企业的资本形式。我国20世纪八九十年代的独资国有企业和私营家族企业及合伙独资企业属于这一类。这类企业存在的问题是发展思路单一，合伙企业明争暗斗，导致企业长不大或早期夭折。

合资资本包括联合而成的企业集团和企业间的合作资本，由于竞争的激烈和利益的需要，企业之间就形成了协作合作关系和以企业集团形式出现的资本联合体即合资资本，这是 19 世纪市场经济中期中型和大型企业的存在形式，我国 20 世纪末到 21 世纪初的国有、私营企业集团及合资企业属于这一类。这类企业存在的问题是有的联合而成的企业集团徒有虚名，没有实力；而有的合作中争名夺利，影响企业的发展。

社会化股份资本主要是指以股票进行融资的上市公司制企业资本，这是现代市场经济条件下有实力或实力雄厚的企业资本的存在形式，资本已不专属一个人和几个人所有，而是属于成千上万、上十万、上百万，甚至更多的股民所有，企业资本呈现越来越社会化的趋势，故称社会化股份资本。我国的上市公司制企业的资本也越来越社会化，存在的问题是有些企业有炒股和弄虚作假行为，这是违反法律和不道德的。

（二）产品运行发展规律

前面一般性动态变化时讲到过，构思—试制—生产—淘汰，四个环节同时存在，在时间上先后为序，在空间上同时并存。边构思，边试制，边生产，边淘汰，也叫构思一代，试制一代，生产一代，淘汰一代，构思、试制、生产、淘汰四个环节周期性运行，循环往复，以至无穷。

需要注意的问题是：一是不能断档，同时进行，和谐衔接，哪个环节出问题，都会影响经济效益；二是构思新产品一定要敏锐，一方面要及时观察市场消费者需求，另一方面要善于研究消费者的心理，什么功能和性能的产品或服务更能使得消费者更舒心，更享受，更放心，更高雅，不是等消费者提出来，而是主动构思出来，这叫引领消费。三是构思、试制运用技术时不能太超前，太超前就成本高浪费资金，只要稍稍超过同类产品并时刻保持就行了。唐山有一个啤酒厂豪门啤酒有限责任公司，厂长叫陈世增，在 20 世纪 90 年代初，就提出一个"领先半步原则"，用陈世增的话说就是：别人好，你也好，但只要比别人好半步就可以了，永远好半步，压过别人半步就可以领先了，领先一步、两步当然更好，但投入得多了，成本就高了，不合算。这实际是个经营策略问题。四是生产环节，新产品一旦打入市场，市场需求看好，就要大批量生产，占领市场地盘。五是淘汰环节，产品一旦过时，就要下决心立即淘汰，防止和克服吝惜思想。

生产环节和淘汰环节有一个著名的原则叫"石头、包布、剪刀"原则，石头即得势产品要有力地重重地砸下去，砸向市场；包布即最大限度地铺开占领市场；剪刀即对待过时产品要像剪刀剪绳索一样干脆利索，果断淘汰，不能优柔寡断，拖泥带水。

现在我们企业在把握产品规律问题上总的看不错，存在的问题是有些企业构思新产品比较慢一些，淘汰旧产品下不了狠心，所以产品老化最终导致企业被市场淘汰。

（三）市场运行发展规律

市场运行发展规律可以从不同角度分析：

从市场产生角度看，市场是潜在—显在—潜在的循环发展过程。市场首先是潜在的，这个潜在的市场即消费者的需求。消费者盼望的东西，需要的东西，也就是未来的市场主角。企业通过开发新产品和服务给消费者带来好处、便利、舒服、享乐、温馨、愉快等感受，这时市场就由潜在成为了显在。显在的市场即企业当前占有的市场，需要不断巩固扩大才能保有这个市场。有的企业做得好，能维持甚至扩展自己的市场份额；有的企业做得差，它们的市场就会丢失，被丢失的市场就再次成为潜在的市场。市场不断产生又丢失，反映了企业兴衰的规律。

从市场主动权角度看，市场是卖方市场—买方市场—卖方市场的循环发展过程。卖方市场时期，商品供不应求，即使服务怠慢，新产品和独有产品仍是紧俏热销。随着生产力提高，产能不断扩大，终于产能过剩或消费不足，商品供大于求，市场进入买方市场时期，消费者开始精挑细选，并关心企业生产和销售过程的伦理性。企业此时不仅打造精品，完善服务，把消费者奉为"上帝"，而且不断优化管理，实施品牌战略，提高知名度和美誉度，以吸引消费者。其中，一些优质名牌企业脱颖而出，引领潮流，成为市场导向，其产品和服务又一次成为消费者追逐的对象，局部市场又呈现出卖方市场的一定特征。市场主动权的变化，反映了企业与市场共同进步的规律。

从产品寿命角度看，市场是早期市场—中期市场—晚期市场的循环发展过程。早期市场是企业产品的试销阶段，中期市场是企业大批量生产销售阶段，晚期市场是企业压缩生产和停产，更新换代阶段。每一个阶段都有做得好的企业，也有做得不好的企业。每一个阶段都做好了，企业的一代产品就顺利走完了它的生命过程，被新的产品所取代，进入下一个周期。否则，产品连同企业的生命就终止了。

从市场发展程度角度看，市场是低级市场向高级市场的发展过程。低级市场如集市、早市、菜市场、批发市场、小商店等，商品粗糙原始，服务水平低，经营活动不够规范，没有建立消费者档案，销售和管理都停留在经验层面。高级市场是低级市场的升华，如商场、超市、专卖店等，商品经过整理和加工，服务规范，市场专门性强，有消费者分类档案，实行科学管理。由低级市场向高级市场的跨越过程，反映了经济的发展，也反映了企业档次的提升。

从市场衍变层次角度看，市场是不断升级的。由物质性产品市场（提供饮食衣着等基本生活需求）占主导向文化产品市场（图书、音像、影视、娱乐、旅游）占主导衍变，表明了人们需求层次的提升；从硬产品市场（提供物质资料产品）向软产品市场（证券、股市、资本、劳务、咨询、中介、策划）衍变，体现了人们生产方式的变革；由使用型产品（基本功能）市场向享受型产品市场（智能玩具、智能电器，智能汽车、智能住宅）衍变，体现了人们生活质量的提高。市场的不断升级是社会发展的必然结果。

从借鉴角度看，发展中国家的市场建设要学习借鉴发达国家的市场经验。不断完善现有市场体系，不断开拓新的市场领域，不断完善市场管理。

现在我们的企业在把握市场规律问题上总的看也不错，存在的问题是重表层的东西，研究不深入。特别是对潜在市场研究、发掘不够，对为什么和怎么样把低级市场提升为高级市场认识不足，研究不够。

（四）管理运行发展规律

从世界企业管理发展的历史看，企业管理经历了由经验管理到科学管理再到目前的人本管理的运行过程。世界企业管理在每个发展阶段都经历了相当长的时期，形成了自己阶段的特色，如经验管理的独断、人治特色，科学管理的理性、法治特色，人本管理的人性、文化特色。在每个阶段上企业的组织结构也是不一样的，是不断变化发展的。

从中国企业发展的特殊性角度看，中国企业虽然发展时间短，但却在全球化背景下迅速完成了管理运行的所有阶段，当然并不是每个企业都经由了管理三阶段的完整运作，众多成功存活下来并仍发展着的企业却基本经历了每个阶段的管理特征。中国企业组织结构和企业管理的运行发展规律，甚至可以浓缩在一个企业的管理进化故事中：

当年老张发明了个产品，于是老张开了个小公司，员工就是他和他老婆。别谈什么管理，老张什么都干。后来随着公司的发展，老张有了五名员工，老婆也回家生孩子去了。这五名员工分别是他以前的朋友、同学、亲戚，对这样的人，老张像对自己的脚指头一样了解。此时的管理，一定是世界上最好的管理，无论从效率上，创新上，服务客户的速度上，都是最好的，最个性化的。

三年以后老张的企业发展大了，不断有新员工进来。老张对他们不了解，也没有那么多时间了解，在安排工作时，总出错。老张觉得要有人帮他了，于是提拔了两个能力最强的，分别管生产和后勤保障，当然他们都是老张的"心腹"，是最放心的，老张还是做销售。于是这两个人按照老张的意思，管理各自的一摊子事，对老张早请示晚汇报。

这时老张公司的管理是经验管理，其组织结构是直线结构。实际上，在第一阶段，即三年前阶段，张老板的企业还不存在真正的管理问题，也很可能他是个被管理者，老婆是他的老板，基本上也没有什么组织，控制，激励。计划可能有，也不完善，基本上遇到什么做什么。又过了两年，老张的公司有 200 个人了，于是分别有了销售经理、生产经理、采购经理、研究发展经理、行政经理等分管不同的职能部门。老张把以前的两个经理升为了副总，又制定了相应的制度，当然那些都是老张的意思。离开了老张，公司照样转，于是老张有时间陪老婆和孩子了，他也不为钱发愁了。这时老张的公司开始探索科学管理了，这个阶段的组织结构是直线职能结构。

又过了五年，老张的公司有 1000 人了，成为了覆盖全国的大公司，每个省都有一个分公司，独立负责该地区的科研、生产、销售，进出口。此时的老张，对战略、文化、培养人才最关心，具体的业务早已不管了，也管不了了，有的他也搞不懂了。这时的管理有人本管理特征了，这个阶段的组织结构是事业部结构。

又过了五年，老张的公司并购了一些科技型和服务型企业，开始搞多元化经营。在科技型和服务型企业中，顾客对企业所生产的产品和所提供的服务的要求高且千差万别，不便于批量生产和模式化服务，企业采取了根据顾客要求选择技术员工和特长员工组成人员流动型和不定型的组织机构，进行科研、生产和服务，以适应顾客的要求，快速反应、应对市场的需求和变化。这个阶段的组织结构是矩阵结构。

在第二、三、四阶段，老张的"心腹"或经理们也基本上是按照老张的意思管理公司，完成老张下达的任务指标，实现老张也就是公司的愿望。

直到最后一个阶段，当企业最高层的意思，因为管理太复杂，实在是贯彻不下去时，才出现企业文化之类的务虚的东西。这时候，要想让全国100多个管理者，都按照老张的意思管理公司，基本上是不可能的了。每件事都挨个沟通，也是不现实的。甚至一些经理，连老张的面也没有见过。所以这时，老张开始提出了公司的经营理念和企业文化，号召各个部门按照职能建立规章和制度，甚至有了所谓的职位说明书。

以上的描述像生物的进化，从简单到复杂，从爬行到直立行走，也就是说企业到了一定阶段才有管理层的出现，他们不是天然的，而是老板的分身，为了实现老板的目标而存在。

老板自己管理手下，这是效率最高的管理，否则众多的小企业的存在，就没有理由了。而企业管理是什么？企业管理是老板无奈的选择，企业管理是老板在找不到最优方法以前，最好的权宜办法。不要把企业管理想得那么高深，其实只是为了避免风险采取的手段，不会有太多的创新，但可以保证不失败。

经理的权力不是天生的，而是老板赋予的，权力天然归属于老板，而不是员工。对于大公司来说，老板要通过企业文化、公司理念、规章制度，赋予岗位上的员工和经理一定的权力，这样才能对经理们形成一定的制约。也就是说，小企业员工的权力来自老板的授予，大企业，员工的权力来自公司的规定。

我国目前小企业一般都是人治，大企业一般都是法治的，真正实行规章和人性结合的文治的人本管理的企业为数还不多。

（五）企业组织运行发展规律

除了四大规律说之外，还有组织结构扁平化趋势规律。

坚持组织结构动态选择。这就要了解企业组织结构的运动变化发展趋势，一个组织如果只保持今天的眼光，今天的优点和成就，必将丧失对未来的适应力。因为一切事物都在变化，维持现状，就不能在变化了的明天生存。未来的企业组织如何变化，朝着什么方向变化，是人们关心和探索的问题。国内外许多有开拓精神的公司，都在对新的企业结构进行试验。

历来认为直线式的金字塔形（企业管理组织从结构上层层向上，逐渐缩小，权力逐级扩大，有严格的等级制度，形成一种纵向体系）等级制度最有效，命令可以畅行无阻地层层下达。这种管理系统依赖的条件是：要有大量精确的信息反馈；决策的性质大致相同；决策者面临的问题具重复性，种类不多。

今天，垂直等级制度所依靠的条件正在消失。摆在决策者面前的问题种类繁多，除了复杂的技术、经济决策外，政治、文化、社会责任也压得他们不胜其苦，而现场的信息反馈却越来越少。企业所处的经济、技术和社会环境，要求它更迅速地做出多种多样的反应。由于要求、机会和压力日益变化无常，上下之间的距离层次过多，需要处理的数据种类越来越多。这样企业决策的层次应该越来越少，才能见效。因此，企业管理权是从集中走向分散，企业的组织结构是从金字塔形走向大森林形，减少管理层次，形成同一层次的管理组织之间相互平等，横向联系密切，像一棵棵大树组成森林那样形成横向体系，也叫扁平形或网络结构。

金字塔形结构适合于一个相对稳定的外界环境。现代企业的外界环境与以往传统企业的外界环境比较，发生了一系列变化，它形成了一系列新的特点，也加剧了现代企业外部环境的动态性、复杂性。企业为了求得自身的生存和发展，依据外界环境的变化和自身的条件，进行新的战略调整，环境发生更大变化，战略经营决策就要进行相应调整或重新决策。而且还要看到，现代企业经营的地理范围、产品范围扩大，形成跨地区、跨国界的经营，向世界发展。这样一来，过去那种金字塔形的管理组织结构就难以适应现代动态环境和经营的变化，必须寻找新的组织结构形式。大森林形组织结构就是在这种形势下产生的。

从国内外企业发展的情况分析，大森林形组织结构大体上有以下几种类型：

（1）分厂制代替总厂制。即把规模庞大、产品众多的企业，或按产品，或按生产工艺，或按销售方式，分解成若干个各自相对独立的分厂，享有相应的权力，总厂对分厂进行目标、计划等管理。分厂之间是平等的、横向联系的关系。

（2）分层决策制代替集中决策制。即各分厂或各独立经营的单位享有决策权，在总厂的整体目标指导下，按照自身的条件和特点进行决策，而不是由总厂进行包揽，改变过去那种集中统一的决策形式。

（3）以产品事业部代替职能事业部。实行事业部制，是从金字塔形向大森林形发展的一种重要形式。它是按计划、开发、生产、销售、财务等职能部门进行划分。现在，国外许多企业在这个基础上进一步发展，实行按产品划分，建立产品事业部。实行按产品来划分事业部，不仅让各产品事业部去管生产，而且管产品规划、研究开发、市场销售，并且加强各事业部的独立核算，这就使得各事业部具有更大的自主权。

（4）分散的利润中心制代替集中利润制。许多国家的企业把内部各部门按生产、销售特点划分为若干个利润中心，这种利润中心除承担一定利润任务外，可以依据自身情况进行独立的经营活动，成为一个相对独立的经营单位。这样，各个利润中心的建立，改变了过去那种只负责生产或销售，不负责盈亏，利润最后集中到企业总部才能反映经营的状况。

（5）研究开发人员的平等制代替森严的等级制。大森林形的组织结构还表现在企业内部研究开发人员与各级经营决策人员建立平等关系，可以在一起进行平等的、自由的讨论，而不是像金字塔形结构中等级森严，"官大一级压死人"。

随着现代企业管理组织结构的改革，还将出现许多不同形式的大森林型结构。有人预测未来的企业组织可能有以下几个特点：（1）组织将在一种动荡的环境中经营，组织必须经受住不断的变化和调整，从管理结构到管理方法都将是柔性的；（2）组织规模日益扩大，日益复杂化，组织将需要采取主动适应型战略，以进行其动态自动调节过程而寻求新的状态；（3）科学家和专业人员的数量将增多，员工队伍素质不断提高，他们对组织的影响将不断扩大；（4）企业管理将重点放在说服而不是强迫员工参与组织的职能工作。将来最有效的组织，不是官僚主义结构，而是可塑的"特别机构主义"。将来组织是由一些单元或组件构成，任务或目标完成后可以拆卸，甚至可以扔弃。构成组织的各单元之间并没有上下级关系，而只具有横向的联系。组织的决策也同产品和服务一样，即不是统一的和标准的，而是因时制宜的。

　　企业组织有一个明显的变化趋势，即从常规企业向集团型和微型方向发展。究其原因，主要是市场竞争的结果。企业为了分散和减少风险，不得不联合起来，或干脆"以小卖小"，以充分发挥大企业和小企业的经营优势。

　　大企业有大企业的优势：（1）可以获得规模经济效益；（2）可以充分发挥专业化管理的作用；（3）可以实行多角化经营，将业务扩展到市场经济生活的各个领域，以增强势力，分散风险。

　　大型企业有大型企业的发展方向：（1）横向扩展。其策略要点在于收购或兼并同类企业，其目的在于消除同行的竞争，提高自己的产品在市场上的占有率，以达到对市场的较好控制。此外，更可以集中资源，做更有效的运用。（2）纵向扩展。其策略要点在于收购或兼并与业务有关的原料供应企业，或自己产品的分销企业。其目的在于确保原料充足和价格合理，有利于市场拓销，可以稳定企业业务，有利于进行计划与协调工作。（3）多元化扩展。这种扩展策略，其主要收购对象是与本身业务或行业毫无关联的企业，其目的在于将投资风险分散，将季节性波动的企业业务稳定下来，使企业的资源获得更佳的利用。

　　小企业有小企业的优势：（1）人员少而精，经营灵活，办事效率高。小企业不具备大公司的等级阶层（这些阶层是高效运营一家大企业所必需的），因而也就不具备浓厚的官僚政治色彩，而是更加灵活，它的反应速度较快，因为"决定"和"执行"之间的距离相对较短，具有"船小调头快"，适应能力强的特点。（2）小群体可以更有创造力。创新是小企业的特点，这也是由于少了等级制度和官僚机构，而等级制度和官僚机构遏制了创新所需的无序状态。大约50%的新发明与小公司有关，创新不仅体现在产品开发方面，还体现在对提供服务的创造性办法上。（3）小群体可以更个性化。由于同样的原因，一家小企业可以提供给客户更个性化的联系，或者提供更个性化的产品和服务。因为小企业的员工和场地都较少，因此一般管理费用就较低，就能够提供更紧密的联系，在工作中就更有选择性。愿景和交流也能够更个性化。（4）小群体可以更加专业化。恰当的关系是专业化的一种形式，因此一家小企业可以通过提供深度而非广度来突出其特色，也就是更高层次的特色和技巧，而不是大规模企业能够提供的数量大，专业化程度高，有利于提高质量。（5）小群体可以更加灵活。规模和独立的所有权能够更容易地转化为承担风险或偏离企业计划的愿望，这在公众所有的、经营目标是为投资者提供不断增加利润的企业中是不太可能的。（6）小群体可以更有责任感。小企业中的个人无法隐藏在巨大招牌或是公共关系的机器背后，也无法不引人注意地隐藏在企业园建筑群中的几百间小房间中的一间中。如果某人没有尽到职责，该做的事情没有做好，那么每个人都会知道，因此小企业错误的易见性和较小的容忍余地对个人效率和责任感提出了更严格的要求。

从现代微型企业的经营内容来看，小企业的发展有以下几种类型：（1）科研型。即用自己的资金和设备进行产品研究开发，并进行新产品经营。故也叫研究开发型小企业。一般说来，这类企业规模小，经营者既是股东，又是研究人员，年纪较轻，他们有专门的知识和技术，从事某一领域或某一方面的研究开发，目标明确，全力以赴。这种科技型企业经营者有旺盛的企业家精神，为达到自己的目的敢于冒险。这类企业往往发展速度很快，它们是新技术革命的开拓者。（2）智力型。即指那些从事智力劳动，把为别人提供知识产品和知识服务作为主要经营内容的小企业。这类企业主要特点是人员少，智力高，资金少，产品中知识高度密集。（3）物质产品型。即指那些以生产和经营某些零部件为主的微型企业。这类企业在现代微型企业中所占比重较大，它们拥有固定生产场所和专用设备，专业化程度非常高，其产品主要是为集团型大企业服务，因而它们对大企业有很大的依附性，但工艺先进，经营灵活，特点是产品更新速度快，对市场有很好的适应力。（4）服务型。即指那些为物质生产部门和人们的物质、文化生活提供专门的劳务和产品，进行定向服务，满足某一方面特定要求的微型企业。现代社会对服务的要求越来越多样化，需要千千万万个企业提供多种多样的劳务和产品。这种服务型小企业集中在第三产业，它们是整个小型企业群体中的主要组成部分，经营范围非常广阔，企业形式也是形形色色，五花八门，为社会提供了非常广泛的就业机会。（5）个体型。如果称之为企业，即是最小的微型企业。它们利用各种可以利用的时间和机会，以单个或几个人的形式，进行个体劳动，劳动场所可能就是自己的家。这类企业的业主主要是一些大学生、工程师、教师还有退休人员，它们主要从事一些咨询、中介，从事计算机的软件开发和新产品研究等以脑力劳动为主的活动。

现在，我国企业家对组织结构的研究还不深，所以企业的组织结构多数呈不够优化的状态。

（六）生产力运行发展规律

企业生产力运行发展规律是手工操作—机械化生产—自动化生产–智能化生产，即生产逐步实现现代化。手工操作的特点是工具简单，凭经验工作，分工不明确，体力劳动和脑力劳动没有明确分工，以体力劳动为主。机械化生产的特点是机器代替手工，实行专业化分工，效率高，体力劳动和脑力劳动有明确分工。自动化生产的特点是自动生产流水线，机器部分代替人工，人员减少，智力型劳动者（白领）增多。智能化生产的特点是人员大量缩减，且要求文化技能素质提高，几乎所有劳动者都是智力型劳动者。企业生产力运行发展的规律映现了社会生产力的发展，体现着社会的进步。

目前，中国企业生产力运行发展存在的问题是把生产力简单化，以为只要引进升级生产工具就可以提高生产力，而没有把劳动者的升级作为生产力的主导方面，更忽视调动人的积极性与发展生产力的关系。在机械化生产和自动化生产中，存有重钱轻人，把员工当机器部件，不关心员工心理感受和承受能力，甚至存在非人性暴力问题。山西黑砖窑事件曾是那么触目惊心，富士康14连跳也是一个严重警示。

（七）经营模式运行发展规律

经营模式运行发展规律是"产品"经营—"产品＋服务"经营—"产品＋服务＋资本"经营的发展变化过程。

产品经营是通过产品的生产和销售赚取利润，企业创业初期一般是"产品"经营。"产品＋服务"经营是通过产品的生产、销售加售后服务或劳务赚取利润，企业发展的中期一般是"产品＋服务"经营。以上两种经营的共同点是："产品"经营和"产品＋服务"经营都属于商品经营。

"产品＋服务＋资本"经营就是前面讲的主业＋基金经营方式。资本经营是指围绕资本保值增值进行经营管理，把资本收益作为管理的核心，实现资本盈利能力最大化。资本经营的含义有广义和狭义之分。广义的资本经营是指以资本增值最大化为根本目的，以价值管理为特征，通过企业全部资本与生产要素的优化配置和产业结构的动态调整，对企业的全部资本进行有效运营的一种经营方式。包括所有以资本增值最大化为目的的企业经营活动，包括产品经营和服务经营，即商品经营。狭义的资本经营是指独立于商品经营而存在的，以价值化、证券化了的资本或可以按价值化、证券化操作的物化资本为基础，通过流动、收购、兼并、战略联盟、股份回购、企业分立、资产剥离、资产重组、破产重组、债转股、租赁经营、托管经营、参股、控股、交易、转让等各种途径优化配置，提高资本运营效率和效益，以实现最大限度增值目标的一种经营方式。很多成功成熟的大企业多采取了这种经营方式。

　　资本经营和商品经营是相互联系又相互区别的两个概念，其联系表现为：（1）目的一致。资本经营和商品经营都是以资本增值为目的的经营活动。（2）相互依存。资本经营并不排斥商品经营，资本经营和商品经营是密不可分的，通过商品经营实现利润最大化，是资本保值与增值的基本途径，商品经营是资本经营的基础，而资本经营的成功运作，又会有力地推动商品经营的发展。（3）相互渗透。企业进行商品经营的过程，就是资本循环周转的过程，如果企业商品经营过程供产销各环节脱节，资本循环周转就会中断，如果企业的设备闲置，应收账款与存货等流动资产质量不高，商品销售不畅，必然使资本效率和效益低下。企业通过直接的资本运作，盘活存量资产，提高资源利用效率，使资本经营和商品经营又在更高的层次上联系在一起。

　　其区别表现为：（1）经营对象不同。资本经营的对象是企业的资本以及运动，侧重的是企业经营过程的价值方面，追求价值的增值。而商品经营的对象则是产品以及生产销售过程，经营的基础是厂房、机器设备、产品设计等，侧重的是企业经营过程的使用价值方面。（2）经营领域不同。资本经营主要在资本市场上运作（资本市场包括证券市场和非证券的产权交易市场等）。而企业的商品经营涉及的领域主要是产品的生产技术、原材料的采购和产品的销售，主要是在生产资料市场、劳动力市场、技术市场和商品市场上运作。（3）经营方式和目的不同。商品经营的方式和目的是通过商品销售或提供劳务，实现利润的最大化。资本经营的方式和目的是通过产权的流动和重组，提高资本运营效率和效益。（4）经营导向不同。商品经营较多地受价格信号的控制。资本经营主要受资本市场的制约和资本回报率的限制。（5）经营风险不同。商品经营的企业生存和发展维系在一个或多个产品上，如市场需求发生变化，则会直接影响企业的生存和发展。资本经营的企业则把生存和发展建立在一个或多个产业上，并不断发现新的经济增长点，及时退出风险大的产业，规避风险。
（6）企业的发展方式不同。商品经营的企业主要依赖企业自身的积累，通过创造更多的利润并使之转化为资本，增加生产要素和生产能力而获得发展。而资本经营不但注重企业自身的内部积累，更重要的是通过资本外部扩张的方式，使企业快速扩张，发展壮大。

资本经营和商品经营是企业经营相辅相成的两个方面，应当有机地结合起来。商品经营始终是企业运作的基本形式，也是资本经营的基础；资本经营并不能取代商品经营，它通过对生产要素的有效配置，能够扩大企业市场份额，产生规模效益，拓宽经营领域，降低经营风险。

现在，我国很多企业都在做"产品＋服务＋资本"经营，有的做得很好，但也存在资本炒作的现象。

（八）服务模式运行发展规律

服务模式运行发展规律是三保服务—送货上门服务—售后询问服务—上门维修服务—顾客体验服务几种服务交织并不断完善的过程。

市场经济进入买方市场以后，就出现了厂家或卖方三保服务、送货上门服务、售后询问服务、上门维修服务和顾客体验服务业务。三保服务即保退、保换、保修，是早期服务，发达国家早，我国于20世纪80年代中期开始。接着送货上门服务，80年代后期开始。售后询问服务和上门维修服务则从90年代开始。现在出现了顾客体验服务。企业不再满足于生产商品，而是努力成为消费者"舞台的提供者"。企业精心搭建顾客需要的大舞台，企业以服务为舞台，以商品为道具，以消费者为中心，使消费者参与值得消费者回忆的活动。让消费者进行有声有色的、值得回忆的产品使用和享受的体验。如服装的试穿，消费者自行设计；化妆品的试妆，免费化妆服务；美容业的免费尝试面部按摩；理疗仪器的按摩试疗；健身场所的健身设施、器材试用；美食的品尝等等。这是企业创造市场和营销的最高境界。

在顾客体验服务中，企业提供的不再仅仅是商品或服务，它提供最终体验，并充满了感情的力量，给顾客留下了难以忘却的愉悦记忆。消费者消费的也不再是实实在在的商品，而是一种感觉，一种情绪上、体力上、智力上甚至精神上的体验。

　　现在，在服务模式运行中，少数企业做得不错，多数企业出现了说得多做得少，说到做不到的不诚信和虚假问题。

二　企业整体运行发展规律

　　企业整体运行发展规律也叫企业成长规律，有四种概括方式：

　　（一）九期论

　　即把企业生存过程划分为孕育期、婴儿期、学步期、青春期、盛年期、稳定期、贵族期、官僚化期和死亡期九个时期。孕育期，即企业组建的酝酿时期；婴儿期，即企业创建时期；学步期，即企业起步时期；青春期，即企业步入正常运作并逐步完善活动过程时期；盛年期，即企业活动强盛的时期；稳定期，即企业活动成熟稳定的时期；贵族期，即企业经营管理不求进取，安逸享受时期；官僚化期，即企业经营管理者开始远离下属和基层，高高在上，独断专行，自以为是的时期；死亡期，即企业亏损、破产、倒闭时期。如图4－1所示。

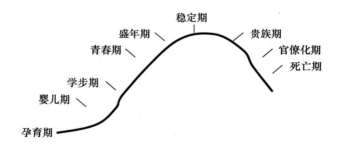

图4－1　企业运行发展规律九期

　　（二）三期论

　　婴儿期—青年期—成熟期。婴儿期，企业像婴儿，身体幼弱，生长力和抵抗力差，需要创业者的精心呵护才能保存性命；青年期，身体健康，火力盛，精力充沛，敢想敢干，行动迅速，有闯劲儿，但容易感情用事，自制力差，企业特别需要雄厚的资金和良好的自我控制才能健康成长；成熟期，身体强壮，经验丰富，做事理性化，行为稳重，成果丰硕。如图4－2所示。

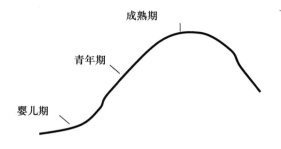

图 4 - 2　企业运行发展规律三期

（三）三时期论

创业时期—扩张时期—割据时期。创业时期，企业创建时期，人员少，规模小；扩张时期，企业迅速发展时期，人员迅速增加，规模迅速扩大；割据时期，企业成熟时期，规模、实力都达到一定程度，稳定发展，在市场中占有一席之地，和同行企业形成势均力敌的割据局面。如图4 - 3所示。

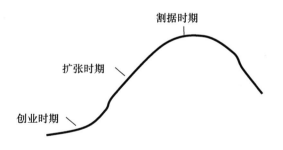

图 4 - 3　企业运行发展规律三时期

（四）四阶段论

创业阶段、成长阶段、成熟阶段、精细化阶段。企业处在初创期即婴儿期时，身体很孱弱，特别需要创业者对初创"婴儿"的责任感和营养即具有后续资金支持才能存活。成长阶段，就是成长长大阶段，变化剧烈，发展速度快，有时呈跳跃式发展，但也是企业发展的危险阶段，容易头脑发热，造成失误。成熟阶段：企业找到了发展的平衡点，进入了稳定发展阶段。但由于外界不断变化的环境，同样存在竞争的压力和危机，企业要审时度势，在危机到来之前就要对自身进行改革和再造。精细化阶段：企业通过改革和再造，持续优化管理系统，形成持续优化的良性循环。该阶段的企业自身的机体运行状态会达到最佳，并且能及时适应外部环境的变化，这是企业管理追求的一种最高境界。如图 4-4 所示。

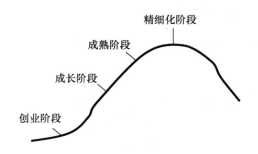

图 4-4　企业运行发展规律四阶段

（五）三台阶论

认为企业的发展飞跃按照其运作气势的性质不同分为三个台阶：第一个台阶为小型企业阶段，其运作气势的性质是做事，俗称小老板做事；第二个台阶为中型企业阶段，其运作气势的性质是做市，俗称中老板做市；第三个台阶为大型企业阶段，其运作气势的性质是做势，俗称大老板做势。三台阶论揭示出了企业改革、创新和再造所发生的质变和飞跃。

（六）五台阶论

认为第一个台阶为企业化做活；第二个台阶为专业化做好；第三个台阶为产业化做强；第四个台阶为资本化做实；第五个台阶为国际化做大。

上述六种观点，讲得很精辟，但不是很完美。具体来说，第一种观点比较完整，讲到了盛年期、稳定期之后，搞得不好要发生的情况，走向贵族期、官僚化期、死亡期。看到了企业运行的全过程，展示了企业的变化发展状况，有成功，有失败，有辉煌，有衰亡。但仍有不足，表现为，失败不能只出现在稳定期以后，各个时期搞不好都可能导致失败，没有全面展示出企业的变化发展状况。成功和失败，辉煌和衰亡，应表现在企业运行的各个时期或阶段。再有，讲九个时期太琐碎了，应合并一下。

　　第二、三、四种观点不琐碎，这是优点，但总觉得没讲完，企业发展到成熟期、割据时期、精细化阶段就没有了，感觉不完整。成熟期、割据时期、精细化阶段以后怎么样？成熟期、割据时期、精细化阶段以前有没有失败过？为什么有的企业成功了，寿命长达上百年，常葆朝气和活力？而为什么有的企业失败了，寿命短暂，最短的只有几年时间？就是企业早年夭折，没有发展到成熟阶段、割据时期、精细化阶段，所以，成功和失败、辉煌和衰亡，应表现在企业运行的创业、扩张、割据各个时期或创业、成长、成熟、精细化各个阶段。这才是全面的展示，不然就不完整、不全面。有成功，有失败，有辉煌，有衰亡，这也应是企业成长发展规律的应有之义，不能只有成功，也不能只有失败，这一点没有讲出来。总之，第一种观点和第二、三、四种观点各有优点，也各有缺点，互补一下就好了。

　　关于三台阶论和五台阶论也很精辟，但总觉得不是规律的表述方式，而是在讲经营管理的升级。其中，三台阶论侧重于企业运作气势升级品位：开始，小打小闹，跟平常做事没什么区别，做到一定程度就可以驾驭市场了，再做大到一定程度就可以驾驭别的企业了，企业经营管理运作气势有了质的飞跃和变化。五台阶论侧重于企业经营规模档次和策略升级品位，不同品位企业经营的着眼点不同：开始创办企业时着眼点是"活"，灵活才能站住脚；企业成长到一定时候就要向专业化发展，这时着眼点是"好"，做精、做细、做好才能站住脚；企业再成长就要向产业化发展，这时着眼点是"强"，形成同行业系列产品，多种产品，东方不亮西方亮，这样做强才能站住脚；企业再成长就要向资本化发展，这时着眼点是"实"，搞资本投资必须脚踏实地，不能炒作，只有做实才能站住脚；企业再成长就要向国际化发展，这时着眼点是"大"，成立跨国公司，扩大国际影响，参与国际竞争，只有做大才能站住脚。可见，都是在讲企业经营规模档次和策略升级品位。

　　综合上述观点，我们认为，企业成长发展规律划分为四个时期就可以了：创业时期，扩张时期，成熟时期，改革创新时期。四阶段论中的成熟阶段和精细化阶段实际上是同一个阶段。加上一个改革创新时期，也就是九期论中的贵族期和官僚化期，出现了贵族化和官僚化，就必须进行改革创新，不然就会死亡，可见，加上一个改革创新时期比不加改革创新时期要好一些，更能如实地揭示企业发展或成长的全过程。如图 4 - 5 所示。

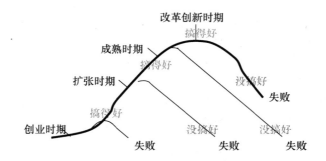

图 4－5　企业运行发展规律四时期

所以，企业的发展或成长规律应表述为：

创业时期：即企业创建阶段，是最艰难、最脆弱的原始资本积累阶段。此阶段状况是：资金少，技术低，产品弱，市场空，经营管理粗，机构不规范。容易出现的问题是各种压力，主要是产品打入市场和竞争的压力；需要注意的问题是：企业家的决心、毅力、坚持力和巧力，企业家在创业阶段扮演着创业家和实干家的角色，必须具有创业精神和实干精神，有决心，有毅力，能吃苦，能忍受，还要加上会干、巧干，为成功打下坚实的基础。具有了以上因素，就会渡过创业时期，进入扩张时期。相反，就会短命失败。我国好多私营企业创业几年就夭折，就是这个问题，缺少企业家的决心、毅力、坚持力和巧力，缺少企业家的创业精神和实干精神。

这一时期的资本结构表现为单一股权资本结构。在企业初建或业务尚未开展前，企业对未来的经营状况无法预测，为了确保资本结构的安全，避免利息负担和股利对企业经营的债务压力，一般都选择单一股权结构这种资本结构。这一阶段企业资金需求量并不大但具有高风险，这一时期企业的生存发展主要依靠决策人对创业的独到理解和企业高效率的运转以抓住每一个可能稍纵即逝的机会，所以在此时一个高度集中的股权结构是必需的。

我国有上千万家这种类型的小型企业，根据新闻资料，这些小型企业多数都是家庭作坊式的管理方式。创业者最初从亲朋好友等处筹集企业发展所需资金，而很难从银行取得贷款，更无法通过上市进行融资。在激烈的市场竞争条件下，企业发展面临着资金匮乏，市场竞争白热化等残酷的市场环境，因此中国小型企业年死亡率很高。

扩张时期：也叫成长阶段，就是企业渡过了艰难的创业阶段，长大成人，开始快步行走，迅速发展的阶段。此阶段状况是：资金越来越多，技术越来越高，产品越来越强，市场不断扩大，经营管理细化，机构较规范。如果运作得好，就会迅速成长为中型、大型乃至巨型企业，这一时期正是企业的辉煌时期。但此时期也是容易出现问题的时期，容易出现的问题是：重视成长机会，扩张无度，盲目投资，四面出击，追求速度。由于需要大量投资，企业会因成长过快而忽视利益分配，造成骨干人才因收益分配问题而流失。需要注意的问题是：企业家此时容易犯迷失自我的错误，应加强理性，加强自我控制，如若不然，会中途夭折。类似的例子很多，如原巨人集团史玉柱的企业成长战略，想在几年的时间把企业做成中国的 IBM、东方的巨人，结果欲速而不达，破产倒闭。

这一时期的资本结构表现为股权集中和债权增加复合结构。创业企业进入成长期后对面临的市场和企业的成长方向有了更明朗的认识，企业生产和销售等方面已具备成功的条件和把握，希望进一步开拓市场。但仍没有销售收入而费用却不断增加，资金需求量较前一个时期有了大幅度的提高。这阶段创业企业的资金需求量迅速上升，于是企业必然采用高负债资本结构但企业很难靠销售收入积累和私人融资等方式解决资金需求。此时企业不再需要继续加强经营控制权，可以通过引入战略投资者等方式吸纳外部融资来取得扩大企业规模的资金。

处于这一阶段的中国企业，呈现出不同分化。一部分企业（主要是高新技术企业）通过深圳证券交易所创业板上市发行股票，并且积极地引入战略投资者和风险投资者等稀释股权方式来取得企业所需的资金。另一部分企业因无法吸引投资者投资而只能依赖银行贷款和高利贷等债权融资渠道。但是，与中小企业如此庞大的资金需求相比，中国金融市场上可提供的资金却严重不足。这就是学界所谓"中小企业融资难问题"。

成熟时期：企业达到相当规模和水平，在市场中站稳了脚跟，良性运行；企业进到了精细化经营管理阶段，企业开始转变经营模式，从粗放经营向集约化经营转变；企业实力雄厚，技术、产品尖端，经营管理规范，找到了发展平衡点，这一时期企业的发展达到了顶点，是企业发展的最佳时期，需要持续保持，长久不衰，世界上许多百年企业就是保持住了这一时期的状况长久不衰的企业。这一时期企业容易出现的问题是：企业高层管理者的骄傲情绪、贵族化和官僚化，安逸、享受、满足于成绩，高高在上，夸夸其谈，看不到外界仍然面对不断变化的环境和竞争压力、仍然面临衰退和危机。需要注意的问题是：企业家必须保持清醒的头脑，必须树立危机意识和改革创新的意识，教育和转变所有管理者和员工的思想和情绪，对企业进行改革、创新和再造，使企业保持持续优化的良性运行。

这一时期的资本结构表现为多样化资本结构。企业渡过了扩张时期这一发展的瓶颈阶段，开始大量盈利。为了建立企业良性发展的成熟机制，企业创始者可以在保证自己相对控股地位，继续管理企业的前提下，适当控制外部融资的规模。这一阶段企业经营状况良好，资金利润率大于负债利润率，正是充分利用财务杠杆的最佳时机。企业可以通过债权融资或股权融资来扩充资本总额，这要由企业根据自身状况决定。

中国企业进入成熟期后，债权融资基本上无法满足企业继续扩大发展的需要。多数企业都选择上市融资等股权融资方式，或是在境内证券交易所上市，或是选择海外交易所上市。

改革创新时期：这一时期是成熟时期的延续，企业状况与成熟时期相当，这一时期的资本结构也表现为多样化资本结构，但资本运作也出现两种情况：一是资本运作更加成熟，始终保持最优资本结构状态；另一种情况是在中国出现的很奇怪的现象"上市后的企业严重偏好于股权融资"，即企业上市后会不断地增发股票、扩股和炒股等从股市圈钱，使企业走入歧途即从实业经济走向金融经济或泡沫经济。

企业要想保持长久不衰，就必须实施改革创新，进行再创业和持续不断的创业和再造。这一时期企业容易出现的问题是：改革的决心不坚定，或准备不足，或时机把握不当，使改革流于形式。此时期需要注意的问题是：必须下定决心，排除干扰，集中精力，克服困难，团结一致，完成对企业改革、创新和再造，使企业保持优化的良性运行。改革创新要把握住企业周期性成长的关键点，这个关键点就是使企业整体或某一部分发生质的飞跃，上一个新台阶。如邯钢的成本管理从"一般计算法"到"成本倒推法"，海尔的用工制度从"常规用工法"到"三工并存"用工法，华为的用工制度从"全员终身制"到"全员合同制"等，都体现了企业改革、创新和再造所发生的质变和飞跃。

改革、创新和再造是企业改革创新时期的中心工作和任务，必须长抓不懈，我国多数企业家缺少这种忧患意识和再造意识，所以企业总是难以做大。

以上是企业发展或成长的规律，规律的运行是周期性的。从周期看，要经历创业时期，成长时期和成熟时期三个时期或叫三个阶段，每个发展阶段，都必须以下一个发展阶段为目标。作为企业家，要分清这些发展阶段，把握企业的阶段性成功的关键要素，才能成功地把企业引领到下一个发展阶段，最终使企业到达成熟并形成持续优化的良性运行。从周期的连续运行看，企业周期是一个连续不断永不停止的过程，发展到成熟时期持续一段后，或迟或早要进入改革创新时期，这时仍有一个再次创业的问题，所以企业界提出二次创业，三次创业。只有通过不停地创业，才能延续企业的活力和持久力。那些百年企业长久不衰，就是这么走过来的。所以，有人觉得做一名企业家很累，没有休息和喘息的机会。其实，企业家把一切战略规划、实施计划、人员行动安排好之后，也可以享受轻松、愉快、悠闲、自在的生活，前提是把一切战略规划、实施计划、人员行动安排好之后，忙中偷闲，闲中有忙，这取决于企业家的个人能力和水平，所以一个企业的命运与企业家的素质、能力和水平密切相关，这将在最后一章展开论述。

企业不断进行改革、创新和再造就是企业的周期性成长，一般来说，企业的周期性成长要经历三个步骤：成长准备，投资项目增扩实现，市场占有份额增扩实现。所谓成长准备，就是为企业新一轮周期的成长提供成长战略、组织基础和关键资源及启动条件，它实质上是一个蓄势待发的过程。准备水平的高低，决定了成长周期内企业能够走多远，能够走多快。所谓投资项目增扩实现，就是要运作完成一套新的项目操作体系，包括资金筹措，新产品开发，新工程建设，各类人员招聘、调集与培训，组织与管理制度的建设等。所谓市场份额增扩实现，市场份额涉及两个部分：原有市场和新开发市场，企业一是要在维持原有市场份额的基础上做好市场挖潜工作，二是要完成新市场占有率目标，这就要在发挥原有生产经营能力的同时尽快实现新增项目的生产经营能力。

企业周期性成长可以说就是这三个基本步骤反复循环上升的过程，但一个新的成长周期绝不是上一个成长周期的自然延伸，这正说明了为什么有的企业在早期经历了一段快速增长和热闹繁荣之后便进入衰败状态，即理论界所称的"小老树"现象。所以，每一个成长周期必须强调总体或部分一定要有一个质的飞跃。同时，前一个周期的运作质量将对下一个周期的启动和运行产生重要影响。

　　企业成长周期一般总是与一个或数个产品的市场周期变化联系在一起的，当产品市场进入饱和期或萎缩期后，企业的成长速度也将变得缓慢或出现负增长，此时的企业若不能尽快地找到新的利润增长点、发展途径和相关资源，就难以发起新一轮成长周期，这就是我们常说的创业—发展—再创业—再发展的企业成长规律。

三　我国企业的发展或成长状况

　　我国企业状况比较复杂，可以分为国有企业和民营企业两大系列。

　　（一）民营企业发展或成长状况

　　从现实看，我国民营企业，一部分处在创业阶段，这个数字可能还要增加，因为金融危机和就业难的缘故，大多数民营企业处在成长阶段，面临的问题很多。如资金问题，需要大量资金，而资金又短缺且融资困难。如管理问题，管理出现危机，面临家族式管理如何转型为规范的公司制企业的难题。如盲目扩张投资问题，如因决策失误和产权纠纷而导致企业破产倒闭问题等等。民营企业有不少已进入成熟阶段，中国成熟的民营企业，在管理上仍然比较粗放，离实现精细化管理还有较大差距，需要付出极大的努力才能赶上发达国家成熟的民营企业。这些问题使企业呈现出各种危机，需要尽快实施变革再造，以焕发青春。否则会因其不能适应外部环境和竞争压力而陷入困境，或者因不能适应自身的规模和环境的变化而未老先衰。

　　总的来说，目前中国民营企业的运营情况有两种趋势，一种是向好的，经营有道，管理有方，规模剧增，机制鲜活，生机盎然，有的已进入世界500强行列；如入选2010年中国民营企业500强的众多企业（前三名分别是江苏沙钢集团有限公司、苏宁电器集团、联想控股有限公司），在2009年我国国民经济发展最为困难的一年里，在《国务院关于促进中小企业发展的若干意见》等促进民营经济发展的举措大力支持下，广大民营企业从业人员在困难面前迎难而上，拼搏进取，努力转变发展观念，不断创新发展思路，采取了改善管理、调整结构、开拓国内市场等正确的应对措施，经营情况取得了长足的发展，收入、资产和盈利等指标快速反弹，并在就业、纳税方面做出了重要贡献，显示出民营经济的活力与创造力，成为国民经济复苏的重要力量。民营企业中还有一种是运营情况不好的，表现为有些企业，存在已经十几年了，仍然还在存活，但规模比较小，没有发展壮大。这些企业就像农夫一样辛勤，但仅仅能填饱肚子，这种生存机制被称为"小农经济模式"。还有些企业是轰轰烈烈发展起来了，又轰轰烈烈倒下去了。这些企业就像猎手一样冒险，但只能辉煌一时，这种成长机制被称为"草根机制"。国家工商总局的一项数据表明，1999 年我国实有个体工商户 3160 万户，2004 年这一数字下降为 2350 万户，6 年间净"缩水"810 万户，平均每年减少 135 万户①。

　　我国民营企业到底该如何发展，是什么阻碍了我国民营企业的发展？最直接看到的是：我国民营企业资产规模过小，民营企业的资产规模以"小"为典型，是我国民营企业成长现状的基本描述，因此绝大多数企业的资产规模难以达到规模经济的要求。规模经济又称规模利益，或生产力规模的经济性，是指在一定的产量范围内，随着产量的增加，平均成本不断降低的事实。规模经济是由于一定的产量范围内，固定成本可以认为变化不大，那么新增的产品就可以分担更多的固定成本，从而使总成本下降。人们根据生产力因素数量组合方式变化规律的要求，自觉地选择和控制生产规模，求得生产量的增加和成本的降低，而取得最佳经济效益。规模经济或生产力规模的经济性，就是确定最佳生产规模的问题。企业的资产规模难以达到规模经济的要求，这在相当大的程度上，限制了高科技的大规模运用，导致了资源配置不合理、产品成本过高。一些企业集团，虽名义上有较多的资产，但这些资产投于多个产业、多种产品生产，其结果，仍然是没有规模经济。面对国际大公司的市场挑战，我们需要发展自己的"航空母舰舰队"，而这种舰队，不是拼凑，而是有机整体。

　　（二）国有企业发展或成长状况

　　我国是世界上拥有国有企业和国有资产数量最多的国家，几乎涉足国民经济各领域所有行业。改革开放后，伴随中国社会经济体制改革的不断

---

① 《中国民营经济的成绩单为何如此寒碜》，《中国青年报》2007 年 5 月 8 日。

深化，国有企业在数量上呈现出不断减少的趋势，但是，国有企业的资产总量一直保持着稳步增长的发展态势，中央企业、大企业在关系到国民经济命脉和国家安全的基础性、垄断性、支柱性和关键性行业和领域占据主导地位。然而，面对全球经济环境快速变化和市场竞争的日趋激烈与国际化的挑战，现阶段中国国有企业发展中也存在不少问题。其一是产权制度改革不到位。国有企业股份制改革力度不够，尤其是央企股权结构单一问题仍十分突出，大多数国有企业还没有建立起规范的公司治理机制，致使国有资产管理和监督体制还很不健全。其二是经济布局结构不合理。表现在国有企业的行业分布面过宽，无法集中力量形成具有国际竞争力的大公司大企业集团，企业内部资源配置不合理，历史负担过重；目前国有企业体制没有消除市场进入壁垒和退出障碍，不利于生产要素的市场流动和国有企业的战略性重组；垄断性行业的弊端，等等。其三是国有企业自主创新的意识还不强，动力机制还不完善，总体技术水平较低，自主创新的效率与国外企业相比，还有很大差距。

在全球经济危机影响犹在的大背景下，中国国有企业发展，一方面仍要坚持渐进式的发展道路，坚持以中央企业、大企业为主体，以发展混合经济为主要内容的改革，保持国有经济、国有企业趋于常态、相对稳定的发展。另一方面要加快国有企业改革步伐，完善国有企业的人事、财务、资产等管理制度，引进和培养国际化经营人才，加快培育真正具有国际竞争力的大型国有企业集团，实施国际经营战略。

（三）我国企业发展或成长中面临的问题

不管是民营企业还是国有企业，不管是小企业还是大企业，都存在和面临一个共同的问题，就是企业如何长大，即如何把企业做大的问题。当然要靠资本的增大，资本如何增大，增大资本的方法和途径是什么？一定要有一个清醒的认识。增大资本的方法和途径有两个：一是自我积累，一是兼并、联合。也就是马克思主义政治经济学中讲的资本积累的两种方式：资本的积聚和集中，资本积聚是内部挖潜，自我积累，是一个缓慢的过程。而资本集中是兼并、收购，重组，是通过改变既有的社会资本各组成部分的量的组合来实现，是一个快速的过程。由于资本市场的存在，使得上市公司的并购可以在超短期内完成。不仅如此，这种并购活动的发生也可以超越空间的限制和阻隔。因此，资本市场的存在使企业的重组和企业间的并购成为十分快捷的事情。而正是资本市场的这样一个功能和优势，为有效率的企业做强做大提供了可能性。

企业要生存发展，一条途径是资本积聚，企业就必须不断地把利润转化为资本，不能分光吃光，要为企业发展留后劲。这就要加强内部管理，节约成本，不断提高劳动生产率。企业活动的直接目的是追求利润，通过资本积累，可以带来更多的利润，从而促使资本规模不断扩大。入选中国民营 500 强的企业营业收入总额计为 47361.75 亿元，户均 94.73 亿元，同比增长 15.38%；资产总额计为 38981.73 亿元，户均 77.97 亿元，同比增长 38.76%。这种情况既说明了 500 强企业所拥有的经济实力，同时也表明了它们在长期市场竞争中所进行的有效积累。而从 2010 年中国企业 500 强榜单来看，一些高科技企业的排位在明显上升。其中最有代表性的是民营科技企业华为技术有限公司。它以年营业收入 1492 亿元的业绩，排位由 2009 年的第 44 位上升至第 37 位。这说明科技创新在中国企业资本积累中发挥的作用越来越大了，中国企业发展模式转型的新路径已经开启，谁走得早走得快，谁就会走到前面。

资本积累的另一条途径是资本集中，资本集中是通过强制的道路进行吞并和通过建立股份公司这一比较平滑的办法进行；其中前一种方式是指企业并购，后一种方式是指建立股份制公司。通过这种办法可以快速积累巨额资本。马克思说："假如必须等待积累再使某些单个资本增长到能够修建铁路的程度，那么恐怕直到今天世界上还没有铁路，但是，集中通过股份公司转瞬之间就把这件事完成了。"① 可见，随着生产社会化程度的提高，股份公司和资本市场的共同作用使得资本能迅速积累起来。

以上两种方式都很重要，缺一不可。其中，资本积聚是基础，贯穿企业发展的始终。资本集中一般在经过创业阶段后的成长、成熟阶段才开始选择使用。现在存在的问题是，有些企业只有资本积聚而没有资本集中；而有些企业相反，只有资本集中而没有资本积聚或说不重视资本积聚。

当一个企业发展到一定规模之后，其成长的步伐会逐渐放缓，这是一般企业发展的一条具有普遍性的规律。在企业排序中，我们可以看出，许多规模和名气均较大的企业，其竞争力指数排名反而比较靠后，分析其原

---

① 《资本论》第一卷，人民出版社 1975 年版，第 690 页。

因在于企业重视规模扩张和外延式增长，而把质量升级和内涵式增长置于其次这样一种战略安排。因此，已达到一定水平和规模的企业，必须尽快放弃片面追求企业规模快速扩张的外延式、粗放型的发展模式，而转向主要依靠技术创新的内涵式、集约型企业发展模式。总之，应当把资本积聚和资本集中两种方式有机地有效地结合起来。

第五节　树立企业发展的战略意识

企业整体发展、成长规律和要素运行发展规律展示了企业整体和要素运行发展的阶段性和上升性，而每一个阶段向高一个阶段的上升都是一次质的变化和跳跃，这种质的变化和跳跃不是自然而然实现的，而是企业家才能的展示，是通过企业家才智、能力进行策划和谋划来实现的，这就是企业发展战略。所以，企业的发展离不开战略意识和战略思维，即企业发展战略意识。这里要搞清企业发展战略的内涵、特点、作用以及同企业短期规划和日常计划的关系。

一　企业发展战略的内涵

战略是前瞻性、整体性、全局性、长期性、根本性的谋划和谋略。包括：发展思路；指导思想；主题框架；系统体系。企业发展战略简单说是关于企业发展的谋略，说具体点就是企业发展根据市场的基本规律所制定的一套经营指导思想和谋求发展的谋略。企业发展战略是一种以思想为灵魂的纲领性体系，在内容上涵盖了管理、营销、技术、人力、文化、品牌、品质、资源、装备、规模、速度等内容以及这些要素之间的彼此关系和作用。企业发展战略是对企业各种战略的统称，包括产品战略、品牌战略、营销战略、融资战略、技术开发战略、人才开发战略、资源开发战略、竞争战略，等等。

企业发展的战略意识是指要有很强的战略观念，不能鼠目寸光。企业发展的战略思维是指企业家遵循市场基本规律的要求，关于企业成长和发展的前瞻性、整体性、全局性、长期性、根本性的思维方式和思维方法。

企业发展战略没有固定的模式。一般而言，企业发展战略要谋划三个方面的问题：企业中长期干什么、企业中长期靠什么和企业中长期怎么干。

（一）谋划企业中长期干什么

干什么就是要给企业发展定好位，企业要发展，定位很重要。定位是为了解决发展的方向、目标问题。企业发展要有正确方向，要有中长期目标，不要像空中的风筝随风飘，像路上的出租车盲目跑。定位要准确，定位主要是为了解决核心业务问题。企业也可以开展多项业务，但核心业务不能多。可以搞多元化经营，但不可以搞多核心经营。应当用核心业务带动其他业务，用其他业务促进核心业务，这是先进企业的成功经验。定位有阶段性，不同发展阶段应该有不同的定位，定位无定势，可因时而异、因地而异、因人而异、因事而异。定位不要简单化，要经过周密的调查研究，慎重的分析和科学的论证，许多企业自认为自己的定位很好，很正确，实际上存在着很大的问题，而这些问题足以使它们发展缓慢或失败。

（二）谋划企业中长期靠什么

靠什么就是依靠什么发展，要依靠资源，要广开资源。集四面潜在资源、成八方受益事业是企业的使命。广开资源是企业发展战略的重要方面，不广开资源，再好的定位也没用。要树立大资源观，不仅要重视物质资源，也要重视人力资源；不仅要重视体力资源，也要重视智力资源；不仅要重视国内资源，也要重视国外资源；不仅要重视空间资源，也要重视时间资源；不仅要重视现实资源，也要重视潜在资源；不仅要重视直接资源，也要重视间接资源；不仅要重视经济资源，也要重视政治资源；不仅要重视有形资源，也要重视无形资源。广开资源要运用智慧，运用智慧就能够善用资源。

（三）谋划企业中长期怎么干

怎么干就是要制定好战略措施。战略措施是实现定位的保证，是善用资源的体现，是企业发展战略中关键、生动的部分。从哪里入手、向哪里开刀、先干什么、后干什么、再干什么、保哪些重点、丢哪些包袱、施什么政策、用什么策略、怎么策划、如何运作，等等，这些都是战略措施的重要内容。战略措施要贴近实际、顺应趋势、新颖独特、灵活机动和要有可操作性，但战略措施这种可操作性不同于战术的可操作，战略措施主要是以定性为主。

二　企业发展战略的基本特征

企业发展战略有五个基本特征：一是前瞻性；二是整体性；三是长期性；四是基本性；五是谋略性。前瞻性是相对于滞后性而言的，整体性是相对于局部性而言的，长期性是相对于短期性而言的，基本性是相对于具体性而言的，谋略性是相对于常规性而言的。

第一，前瞻性。企业发展战略规划是前瞻性的规划，企业发展不能只着眼于眼前，安于现状，应有中长期的发展规划，对未来问题不但要提前想到，而且要提前动手解决，这就要求企业家要具有超前思维和科学预见，要正确预测未来，善于把握企业的发展趋势。

第二，整体性或全局性。企业发展战略规划是整体性或全局性的规划，企业是一个由若干相互联系、相互作用的局部构成的整体。企业的成长发展，是整体的成长发展，必须着眼于整体、全局，当部分和整体、局部和全局发生矛盾时，必须部分服从整体、局部服从全局。企业经常有丢卒保车、丢车保帅的观念和行为，这就是战略意识、战略思维。

企业发展面临很多整体性或全局性问题，如对环境重大变化的反应问题，对资源的开发、利用与整合问题，对生产要素和经营活动的平衡问题，对各种基本关系的理顺问题。谋划好整体性或全局性问题是企业发展的重要条件，要时刻把握企业的整体发展。

第三，长期性。企业发展战略规划是长期性的规划，企业存在寿命，寿命有长有短。投资、经营者应该树立"长寿企业"意识。为了使企业"长寿"，不但要重视短期发展问题，也要重视长期发展问题。希望"长寿"的企业面临的长期性问题很多，如发展目标问题、发展步骤问题、产品与技术创新问题、品牌与信誉问题、人才开发问题、文化建设问题。希望长寿的企业就要关心企业的未来，要正确处理短期利益与长期利益的关系，在必要的情况下可牺牲企业短期利益来保证企业长期利益。企业领导不关心企业未来，只知道"火烧眉毛顾眼前"，就等于拿企业的寿命开玩笑。应当指出，不关心企业未来的领导人甚多，正是由于这个原因，少则几年、多则十几年就倒闭的企业为数众多。

第四，基本性或根本性。企业发展战略规划是基本性或根本性的规划，就是要注意基本性或根本性的问题，常言道，树叶长在树枝上，树枝长在树叉儿上，树叉长在树干上，树干长在树根上。一个企业，树叶性的问题有成千上万，树枝性的问题有成百上千，树叉儿性的问题成十上百，树根性的问题可就不多了。这类问题虽然不多，但非常重要。要是树根烂了，任凭你怎么摆弄，树叶也不会再绿。领导人要集中精力谋划企业发展的基本性问题。假如企业发展的基本问题解决不好，那么即使再发动员工努力奋斗也不会收到成效。领导人要增强基本问题意识。不要只注意把决定的事情办好，也要注意决定本身是否有毛病；比如不要只忙于摆脱困境，要找到困境产生的根源和铲除困境的方法。

第五，谋略性。企业发展战略规划是谋略性的规划，企业发展战略不是常规思路，而是新奇办法。企业发展战略应该使企业少投入、多产出，少挫折、快发展。谋略是智慧结晶，而不是经验搬家和理论堆砌。企业有时赔钱做一个产品、服务项目，打开局面，扬名声誉，而后再铺开其他产品、服务项目，这就是谋略性，就是战略意识、战略思维。

智慧之中包含知识，但知识本身并不是智慧。智慧与知识具有本质的区别。许多军事家都有"空城计"知识，但没有诸葛亮那样的智慧，先知为智。智慧是对知识的灵活运用，也是对信息的机敏反应。谋划企业发展靠智慧，谋划企业整体性、长期性发展靠大智慧。谋划企业发展固然要借鉴先进理论和先进经验，但如何借鉴还要靠智慧。

三　企业发展战略的作用

企业发展战略的作用是规定和统帅企业规划和企业计划，决定企业的运行及企业的生存状态，同时，又根据流变的市场状况对企业规划和企业计划进行调整和对企业的整体运行进行导向。企业发展战略思想正式引入到企业管理实务只有30年的时间，但其重要性已经跃居到企业管理中的第一要务。"思路决定出路，出路决定财路"，"决策错误与理念错误是最大错误"等关于企业战略的名言和体会，已经充分说明了这一点。

四　企业发展战略同企业短期规划和日常计划的关系

企业发展战略作为经营思想和策略、谋略，需要通过企业规划和企业计划加以实施。企业发展战略同企业规划、企业计划的关系是总揽和细化、具体化的关系：企业发展战略是总揽，企业规划是企业发展战略的细化，企业计划是企业规划的日程化和具体化。企业发展战略需要通过企业各经营管理层的层层细化、日程化和具体化才能加以实施。如图4-6所示。

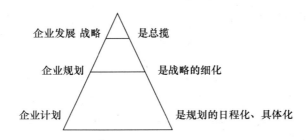

图 4 - 6　企业发展战略、规划、计划的关系的金字塔模型

第六节　目前中国企业家战略意识的现状及评价

中国企业的远景确立与战略规划水平总体不及格，达不到比较清晰明确的程度。主要表现为在战略制定中对内外部环境考虑得不充分，尤其是对战略执行的困难和障碍估计不足；以及在战略规划中尚不能够均衡考虑各利益相关者的利益需求。反映在企业家战略意识水平上，总体处于一个相对较低水平，许多企业家仍处于战略意识觉醒之中。

我国只有少数企业家战略意识较强，表现为：

（1）时刻关注企业的远景规划和实现步骤，战略思想、思路既长久又现实，呈现为远虚近实的梯次分布。

（2）战略思想和规划在内容上丰富而宽阔，涵盖了装备、规模、发展速度、经营、管理、人力资源、技术、文化、品质、品牌、资源等具体内容。

（3）在行为和态度上，大胆创新，富于冒险精神，又谨慎务实，沉稳有序。

（4）在战略思想、规划结构上，能将战略、战术、规划、计划有机地组织在一起，表现出阶段性特征与系统演进性。

（5）在运作上，能遵循战略思想的指导，面对变化着的现实运作灵活，富于弹性，谋求合理的速度、规模和利润。

（6）在价值追求取向上，能以企业生存为基础，以经济目的和经济效益为中心，兼顾相应的政治价值和社会价值。

我国多数企业家战略意识较弱，表现为：

（1）思路不清：企业发展的主线即主导产业、主导产品、主体市场不明晰。

（2）体系不清：企业的产业、产品、市场结构不明晰；发展的阶段性把握与效益增长点不明晰。

我国有相当部分的企业家没有战略意识，表现为：

（1）认为战略意识是虚的、软的东西，没有用。

（2）认为不需要战略意识，凭感觉就行了。

（3）认为企业发展战略规划是为后人作嫁衣，前人栽树后人乘凉，自己难以风光，不值得做。

（4）认为有没有战略意识不重要，只要能赚到钱，管它是什么钱，搞到手里就是赢家。

企业的成长与成功与企业高层管理人员的战略意识密切相关，通过对国内外著名企业高层管理人员的访谈调查，发现一种独特的对比现象：国内企业高层管理人士有95％的精力花在现状层面，而仅有5％的精力花在未来层面；而国外企业高层管理人士有95％的精力花在未来层面，仅有5％的精力花在现状层面。暂且不论这些数字的准确率，其意义说明了中国企业家普遍沉溺于应付现状，对企业的未来关注不够。普遍存在着的问题是，中国企业家大部分精力集中在现状层次，整天忙于"救火"，没有时间和精力思考未来。

我国多数企业家战略意识弱，相当部分企业家没有战略意识的根本问题是目光短浅问题。表现是只能在时间的横断面上展开，没有纵深的延伸，目光紧盯着眼前的事情，展不开战略构思的层面，根本上由于没有深刻的思想作底蕴。应该明确战略是在具有一定时间穿透力的眼光和大跨度的思想体系中形成的。其资料当然是市场和企业的发展规律，深层次是政治、社会、文化的背景。从战略表现看，企业战略应包括战略思想的明晰、战略阶段的设定，战略活动与策略活动的制定。然而，中国企业的战略内容多是用生理眼光所能触及的东西，很少用思想眼光深刻性来规划自己的未来。这固然与自己栽树不一定能乘凉，或者连树也不一定能保的短期行为、传统习气有关，但是作为经营者、企业家的战略思想目光不具备穿透力，致使魄力不足应当是一个主要问题。不论是国内还是国外优秀且长寿的企业，战略魄力无不是构成企业优秀状态的重要因素。而目光短浅的人是难以具备这种事业魄力和人格魅力的。

　　因此，中国企业战略制定中才多有老板"一言堂"、缺乏民主沟通的决策，才有因急于应对内外事件而做出的、缺乏长远规划的冒险决策，和5—10年乃至5年以内的短期决策。这些决策的战略品质均不高。而缺乏高品质的战略决策使中国企业多数处于惯性发展或同质竞争中，难以做大做强。

　　经济全球化的发展和中国企业走向世界步伐的加快，给中国企业制定战略规划带来了压力，也提供了动力，中国企业制定战略规划的时机已经到来。这既是中国市场经济发展的必然需求，也是中国企业自身可持续发展的需要。大力提高企业战略意识，成为有志企业家的时代使命。

　　因此，中国企业家必须在有效改善企业现状的同时，更加重视对企业未来的构建。企业家需要在以下几个方面多下工夫：

　　（1）凡事立足长远和未来，决不贪图眼前的短暂利益；

　　（2）树立起一种为社会、为民族办企业的思想，而不是一种仅仅为个人经济利益办企业的意识；

　　（3）20%的精力着眼于眼前事物，80%的精力着眼于今后和未来；

　　（4）在所有决策的时候，必须多问几个"以后怎么办"的问题。要的是企业宗旨，即企业的创业立意、企业目标、企业发展目的、企业到底为什么而创办、企业存在的目的究竟何在。

　　只有弄明白这几点，做好这几点，才有可能设计出一个真正意义上的企业发展战略。养成这样一种理性的战略思考的方式，是实现企业家智慧化战略治理的第一步。

案例1

柯达的战略转型

　　在化学感光行业，随着信息时代的来临，新技术不断被应用，历经几十年的传统技术面临淘汰，数码成像的时代已经到来。传统的照相技术基于光化学过程，感光材料从最初的蜡板发展到今天的彩卷经历了一百多年的历史，然而今天，化学成像作为一种产业，其寿命也许将不到十年。这是因为，一个产业的兴衰沉浮，最大的现实依据是社会的需求结构与消费结构。信息时代的到来，技术将极大地改变我们的需求与消费，这必然使产业的兴衰更迭日益加速。90 年代数码技术的迅猛发展，使电子成像成为现实，照相正经历着从化学成像向电子成像的转变。就像电灯的普及淘汰了煤油灯一样，电子成像技术也将把化学成像的技术（传统相机、冲晒机械等）变成古董，赶进博物馆。

面临着数码成像时代的巨变，柯达及时地实施了其战略转型，即重点发展芯片、软件和打印设备"新三件"，逐步取代胶卷、相纸和冲晒套药"老三件"。当然，柯达的芯片主要是用来存储图像信息的，它的软件主要是用来处理图像信息的，而它的打印技术从功能上说，则类似于化学成像中的冲晒。柯达的三大主打产品全变了，虽然其行业结构没变，核心业务及业务定位都没变，新三件与老三件之间也有明显的继承关系，但是功能价值的载体变了，未来照相技术及应用功能不再是建立在光化学基础上，而是建立在微电子与数码技术基础上。

从柯达的战略转型来看，它缘于对技术改变人类生活方式的历史有所了解，对技术的最新进展有起码的前瞻，因而才能根据外部经济、技术环境的变化及时地调整自己的发展战略。数码相机可以说是数码成像时代的较早期的产品，过去几年中在我国的销量直线上升。有关资料显示，1999年柯达以 34% 的市场占有率雄居中国数码相机市场第一位。可见，柯达在数码相机这个产品上又走在了前面。柯达的战略转型不仅体现在对技术的选择上，包括管理的选择也都是为这一战略服务的。例如，柯达前任CEO费希尔，是大肆收购感光材料企业的传奇人物，他曾在中国一掷十亿美金。但在世纪之交他被撵下了台，原因很简单，据说是柯达董事会认为费希尔不具备把柯达带入数码时代的能力。由此可以看出，柯达对未来技术变化的发展极其敏感和重视，并能迅速做出反应。因此，我们有理由相信，在数码成像时代，像柯达这样的企业才能成为真正的赢家。

柯达面对变化及时进行了战略调整证明了：企业必须根据所处的各种环境状况制定战略规划，用战略的眼光来看企业的发展，这是企业实现长远发展的必由之路。

柯达在历史上曾经积极推动机械相机到电子化傻瓜相机的发展，从而促进了胶卷、相纸市场的成长。在电子、数码成像技术日渐成熟时，柯达又极力成为数码技术市场化的促进者。由此我们可以看出，在这个技术更替时期，柯达的战略目标就是，紧紧抓住化学成像市场的最后机会，同时积极促进数码成像市场的成长。因为在数码成像时代，整套游戏规则全变了，人们不必把胶卷送到彩扩店去，而是把数码相机接上电脑，通过互联网让柯达这样的专业服务商去处理成像问题，在自己的邮箱中或去连锁店取相片。这一变化也反映出人的认识从蒙昧到聪明、从产品（物质）万岁到服务（非物质）万岁的转变过程。针对这一变化，柯达的战略框架是，将那些冲印连锁店改造成依托互联网的（照相）电子商务服务站点。柯达在将来的发展中，将面临着从产品供应商向服务供应商的角色转变。

——改编自管理营销资源中心（http://www.mmrc.net）。

案例 2

霸王集团的成长发展之路

2010 年 4 月 24 日，专注于生产中草药个人与家庭快速消费品的霸王国际集团再推新品牌——霸王凉茶，进入了一个全新的快速消费品类——饮料市场。霸王集团从霸王洗发水到追风洗发水，再到霸王男士、本草堂，直至此次的霸王凉茶上市，一条围绕着"中药世家"企业文化背景的多元化企业发展脉络渐渐清晰涌现。开发霸王凉茶，占领饮料市场，是霸王国际集团的战略目标。

走多元化成长发展之路——品牌与品类扩张

自去年在香港成功上市之后，霸王集团势不可当，陆续涉足中草药洗护发、个人护肤、高端男士洗护用品领域，一系列品牌与品类扩张，拉开了企业多元化发展的大幕。作为一个从单一品类、单一品牌发展壮大起来的民族企业，能够做到在香港主板上市，霸王集团确实不易。然而企业上市之后，有了更强大的资金实力做支撑，接下来如何继续保持一定的企业发展速度，防范市场风险，就成了摆在企业面前的一个现实的挑战。多元化发展——自然也就成为企业必经的一条成长道路。

在这条成长道路上，国外的品牌似乎更具有借鉴意义，像"宝洁"、"联合利华"这些快速消费品巨头，他们的品牌和品类规划思路都已经相当的完善成熟，国内的快速消费品巨头娃哈哈到目前为止也是发展得相当成功。

如今"霸王"瞄准饮料市场，在业界掀起一阵波澜，应当算是非常有益的尝试。饮料行业作为国内发展最快的行业之一，市场容量逐年在扩大，而作为中草药系列消费品龙头企业，霸王集团依托深厚的中草药资源，以及雄厚的资金实力，雄心勃勃地对饮料市场发起冲击，势必会对现有的饮料市场格局发生一定的影响。

走延伸中国茶文化发展之路——霸王凉茶

国内饮料业经过多年的发展，已经呈多元化业态，据饮料协会的数据，2008年饮料行业产量6200万吨，对比1978年的20多万吨，改革开放30年来增长了近300倍，同时也超过日本成为第二大饮料生产国。

庞大的市场容量吸引了诸多国内外品牌的进入，而近几年市场需求量增长最快的当属凉茶市场，凉茶的迅速崛起被认为是中国传统文化传承与商业创新紧密结合的成功典范，并且在国内，其市场份额直逼碳酸饮料，有相关数据显示，2009年内地"凉茶"总销售额就达到约170亿至180亿元。凉茶作为一种具有悠久文化渊源的茶饮料，可以认为是中国文化的一种代表，这与霸王集团"中药世家"的企业文化也很相符。

对于此次推出的霸王凉茶新品，霸王集团可以说是不遗余力，不仅盛情邀请功夫巨星甄子丹为品牌代言人，而且在产品包装，口感，品牌定位，渠道上都有新的突破。

传统文化是凉茶区别于其他饮品的特点，但是在人们的印象中，凉茶大多与中药成分所引发的功能和特性联系在一起，是一种"特殊"的饮品，如此一来，凉茶本身承载的"饮料"属性相应的被弱化了，如何让人们从对凉茶固有的思维模式中跳出来，拓宽凉茶的适饮范围，如果做得好，这将会是一次成功的市场突破。

首先，在产品定位上，霸王凉茶——不仅仅是一种独特的中草药饮品，而更多的是适合随时随地、日常饮用的饮料，这点从其原料配方上可以看出端倪。其原料配方不仅都采用了药食同源的中草药食材，而且在口味上也做了很多的调整，分为清甜型、活力型和无糖型。既保留了传统凉茶特有的口感，兼顾了喜欢饮用传统凉茶的消费者；同时，还选择了微甜的口味，在口感上更加强调清凉爽快，生津止渴，有回甘的味道，就像饮料一样上口饮用，更适合大多数年轻人的偏好。

在产品包装上，霸王凉茶的包装更加动感、阳光，以红、黄两种色调为主，也易于令消费者接受，适合在市场上进行大范围的推广。同时，霸王凉茶也推出了塑料瓶身的包装，在产品规格上也进行了大胆的创新，以期更加适应饮料人群的饮用习惯。

在产业链的布局上，据霸王集团 CEO 在接受采访时称，已在广东省租一块 500 亩的地种植中草药，预计明年就可使用自行种植的中草药，保证了原材料的质量和供应稳定。

在渠道方面，据传霸王凉茶也有规划一套自己特色的推广套路。综合来看，霸王集团在多元化发展的品类延伸方面并非一时头脑发热，而是经过了充分规划与准备，在产品、包装、渠道甚至产业链的集团业务层面整合方面，都进行了针对性的市场调整。

霸王凉茶的推出，是对霸王集团完善多品牌发展战略的有力补充，2010 年一年，霸王集团进行品牌多元化发展，根据霸王最新的上市公司年报来看，这些尝试可谓是取得了不错的市场反馈，2010 年，霸王洗发水在整体洗发市场的占有率进一步提升，从 2005 年的 0.7% 提升到 2009 年的 7.6%。

走中药世家发展之路——中草药渗入全部产品

霸王集团接下来还会有更多动作，来积极推进多品牌策略。在中草药家居清洁产品、纸质用品方面继续拓展，霸王集团高层曾在业绩发布会上说过会考虑收购相关的个人护理产品。将来，霸王集团也许会把中草药的优势延伸到更广阔的领域，朝着中草药个人护理用品，饮料及家庭护理用品为主要结构的庞大中药日化产品链进发。

在研究开发方面，霸王集团也在上游有所动作，积极开展中草药种植只是其中一个方面，有助于霸王从源头上保障中草药产品的原料的安全性。

没有尝试，就没有成功！作为近几年来发展最快的国内日化企业，霸王集团对品牌的运作及推广影响了国内众多企业，也引领了行业的发展潮流，每次推出的新品都以抢占行业制高点引起业界关注。此次霸王凉茶也不例外，霸王集团汇集多方资源力推该新品，其操作品牌的理念及营销模式相信会给饮料市场带来新的生机。

　　——改写自互联网（http：//china. toocle. com 2011 年 5 月 10 日 08：11）。

评析：

　　从以上两个案例看，柯达和霸王的发展战略是科学而灵动的。表现在其能根据社会发展、技术进步及消费者的消费需求和消费结构变化，及时调整和制定企业战略规划，迅速实施战略转型。柯达和霸王二者都很有战略眼光，能前瞻性地把握市场脉搏，切准市场需要，抢先开发新技术和新产品，转变经营战略，为企业发展开辟广阔的空间，同时取得丰厚的经济效益。

　　从案例中我们还可以体会到柯达和霸王的发展战略是长远的，它们并没有朝秦暮楚转变经营方向，也没有僵化固守不思进取，而是立足企业发展规律，确立企业发展的核心战略和核心产品，适应内外条件的变化不断创新，体现时代性和人本性，保障企业的可持续健康发展。

　　我们应努力向柯达、霸王这样的成功企业学习，树立高远的企业战略目标，敏锐地洞察时代精神，遵循企业运行发展的规律，迅速地对社会和市场的变化做出反应，及时调整企业战略规划，把我们的民族企业做大做强。

第五章 企业经济活动矛盾论

企业经济活动矛盾论是关于企业矛盾现状及企业活力和发展动力思想的审视、思考、反思和评价的理论。矛盾论揭示，任何事物都是一个矛盾统一体，矛盾是事物发展的根本原因、动力和源泉。企业也是一个充满各种矛盾的复杂矛盾系统，企业的经营管理，企业的发展壮大，从矛盾角度讲，就是认识企业矛盾、处理和解决企业的矛盾的过程。当前企业矛盾问题纷繁复杂，有些企业矛盾处理不当会使矛盾更加突出甚至不断激化，严重影响企业的效益和企业的成长发展，因此，精心研究企业矛盾，科学解决和处理企业矛盾就显得特别重要。

第一节 矛盾论原理

一 矛盾论和系统论的关系

从矛盾的角度观察和研究企业，企业也是一个充满各种矛盾的复杂的矛盾系统，这里涉及系统与矛盾，到底是系统还是矛盾？所以，有必要了解系统论、系统方法与矛盾论、矛盾方法的联系与区别。

系统论、系统方法与矛盾论、矛盾方法的联系：它们有共同点，都是讲关系，系统是讲关系，矛盾也是讲关系，所以，系统就是矛盾，矛盾就是系统，由两个要素构成的单一的矛盾是简单的系统，由多对矛盾构成的复杂矛盾复合体或说复合矛盾就是一个复杂的系统。

系统论、系统方法与矛盾论、矛盾方法的区别：它们有不同点，系统是一个整体性范畴，整体性是系统最基本的特性，系统是以整体性为特征的一种关系形式，系统是一个有机整体；而矛盾与系统不同，它是一个关系范畴，是世界普遍联系中的一种最基本的本质关系，并以两极对立统一为特征，矛盾就是对立面的统一。总之，二者着眼点不同，系统及其分析方法的着眼点是整体性，而矛盾及其分析方法的着眼点是两极的对立和统一。

二　矛盾及其基本属性

所谓矛盾，是指事物内部或事物之间既对立又统一的关系，简言之，矛盾就是对立统一。对立和统一是矛盾的两种相反的基本属性。

所谓对立，又称斗争性，是指矛盾双方相互排斥、相互否定、相互离异的性质和趋势。如买和卖、消费者和企业，它们之间都具有相互排斥、相互否定、相互离异的性质和趋势。

所谓统一，又称同一性，是指矛盾双方相互吸引、相互联系、不可分割的性质和趋势。如买和卖、消费者和企业，这些对立面之间虽然相互排斥、相互否定、相互离异，但又是相互吸引、相互联系、不可分割的。这种相互吸引、相互联系、不可分割表现为两种情形：其一，双方相互依赖。如买和卖、消费者和企业，双方相互依存、互为条件、谁也离不开谁，失去一方，另一方就不复存在或失去了存在的意义。其二，双方相互贯通。具体表现为双方相互渗透、相互包含，并在一定条件下相互转化。如买和卖，买中有卖，卖中有买；双方相互贯通，双方相互包含；买原料后生产产品，卖产品，卖产品后获得货币又买原料，双方在一定条件下相互转化；又如，消费者和企业，消费者可能是企业员工，企业员工可能是消费者，双方相互包含；消费者到企业上班，转化为企业员工，企业员工下班后到商场买东西转化为消费者，双方在一定条件下相互转化；消费者和企业也是买卖关系，相互依存，讨价还价，贱买贵卖，地位转化。

矛盾的斗争性和矛盾的同一性作为矛盾的两种相反的基本属性也是不可分割地联系在一起的，要有都有，要没有都没有，离开同一性的斗争性和离开斗争性的同一性都是不可能的。矛盾双方的同一、联系是双方斗争、排斥中的同一和联系；同样，矛盾双方的排斥、斗争又是双方联系中的排斥和斗争。所以我们要学会在对立中把握同一和在同一中把握对立的辩证分析的方法，即在看到矛盾双方的对立时又要看到双方的联系，在看到矛盾双方的联系时又要看到双方的对立的方法。只有这样，才能全面地把握矛盾和处理矛盾。

在事物发展中，矛盾的斗争性和同一性的地位和作用是不同的，矛盾的斗争性起着打破矛盾双方的平衡状态、促使双方竞长争高的作用；而矛盾的同一性则起着维持矛盾双方的平衡，使双方互相依存，互相吸取对方的有利因素从而得到发展的作用。这两种作用是分不开的，矛盾的斗争性和同一性相结合构成事物发展的动力①。

第二节　企业矛盾系统及其化解方法

企业是一个复杂的矛盾系统，企业中的矛盾是由企业中繁杂多样的要素间的关系构成的，企业的每一对关系都是一对矛盾。概括而言，企业的矛盾有项目和资金的矛盾，投入和产出的矛盾，生产和分配的矛盾，生产和设备的矛盾，生产和技术的矛盾，生产和销售的矛盾，质量和成本的矛盾，车间、班组、科室、部门之间的矛盾，管理者之间的矛盾，管理者和员工的矛盾，员工之间的矛盾，企业同市场的矛盾，企业同客户的矛盾，企业同消费者的矛盾，企业同协作单位的矛盾，企业同竞争对手的矛盾，企业和外商的矛盾，企业同政府主管部门的矛盾，企业和媒体的矛盾，企业与周围社区、单位、邻里的矛盾，等等。

研究企业矛盾可以从企业运行发展全过程角度研究，主要把握企业的基本矛盾及化解方法；可以从企业运行发展某一阶段角度研究，主要把握企业的主要矛盾和主要矛盾方面及化解矛盾的方法；也可以从企业的物质关系角度研究，把握企业的物际关系矛盾及化解方法；还可以从企业的人际关系角度研究，把握企业的人际关系矛盾及化解方法。

一　企业的基本矛盾及化解方法

根据矛盾在企业发展过程中的存在状况和所处地位及所起作用的不同，企业矛盾可分为基本矛盾和非基本矛盾。

（一）企业基本矛盾的内涵

什么是企业基本矛盾和非基本矛盾？传统观点认为基本矛盾是指贯穿

---

① 本书编写组：《马克思主义基本原理概论》，高等教育出版社 2010 年版，第 44 页。

于企业发展过程始终，规定过程性质，并规定非基本矛盾的性质的矛盾；非基本矛盾是指不贯穿于企业发展过程始终，也不规定过程性质的矛盾。

我们认为，还应该引入概括性综合性与单一性非综合性的规定，基本矛盾是指贯穿于企业发展过程始终，并规定过程性质的概括性和综合性矛盾；非基本矛盾是指不贯穿于企业发展过程始终，也不规定过程性质的单一性和非综合性矛盾。

关于企业的基本矛盾问题，现在从事这个理论深层研究的人不多，多数研究者关注的是企业的现实矛盾和表层的东西。已经在研究的人也不统一。有的人认为是生产和销售的矛盾，有的人认为是企业供应和市场需求的矛盾，有的人认为是项目和资金的矛盾，有的人认为是生产和分配的矛盾。

我们认为，企业的基本矛盾应当是投入和产出的矛盾，为什么说投入和产出的矛盾是企业的基本矛盾？因为只有投入和产出的矛盾才符合企业基本矛盾的规定。

投入和产出的矛盾是贯穿于企业发展过程的始终，并规定企业发展过程性质的概括性和综合性矛盾。投入和产出的矛盾是贯穿于企业发展过程的始终的矛盾，也是带有概括性和综合性的矛盾。只有这样的矛盾，才能规定企业发展过程的性质。企业发展过程的性质就是企业的本质即经营活动及经营的结果。企业经营活动及经营的结果就是经营者通过财力、物力、人力、技术等投入，获取产出盈利、利润之回报。企业可视为一个资源转换器，经营者以一定的资源即财力、物力、人力、技术等投入，经过内部的经营，转换出社会和市场所需要的产品和服务项目，进而再通过销售和服务的收入转换为货币资本和利润，经济效益是企业处理自身投入与产出之间矛盾关系的结果，其结果即企业经济效益状况，可以是好也可以是不好，这个结果即企业经济效益状况只有通过投入和产出矛盾的处理才能显现出来，所以，只有投入和产出的矛盾才可以称得上是企业的基本矛盾。

而生产和销售的矛盾、企业供应和市场需求的矛盾、项目和资金的矛盾、生产和分配的矛盾虽然也贯穿于企业发展过程的始终，也是经营活动，但它是经营活动的一个方面或一个环节，解决生产和销售的矛盾是处理生产和销售之间的关系；解决企业供应和市场需求的矛盾是处理供和求之间的关系；解决项目和资金的矛盾是处理项目和资金之间的关系；解决生产和分配的矛盾是处理生产和分配之间的关系，这些矛盾或关系都是单一性和非综合性的矛盾或关系，不带有概括性和综合性的性质，单个方面或单个环节不构成企业经营活动的总体，其本身状况不能直接反映出企业经济效益的好与坏，不能规定经营的结果，即不能规定企业发展过程的性质。所以，生产和销售、企业供应和市场需求、项目和资金、生产和分配这些矛盾不能称之为企业的基本矛盾，而只能是企业的非基本矛盾。

投入和产出的矛盾关系表现为投入和产出既相互对立又相互统一的关系。

投入和产出的对立表现为：投入和产出经常处于不一致状况，这又分为三种情况，一种情况是投入少，产出多，这是经济效益好的一种表现，经济效益是产出和投入之比，这个比率越大，经济效益就越高。经济效益好的本质就是以较少的投入带来较大的产出。因此，投入少，产出多是我们的愿望和追求的目标。"以经济效益为中心"就是我们的愿望和追求的目标的生动表述。第二种情况是投入多，产出少的状况，这是经济效益差的表现，是我们不愿意看到和要极力扭转的局面。第三种情况是投入和产出持平，也不是我们的愿望和追求的目标，因为这样持平就赚不到钱，没有产生出效益。

投入和产出的统一表现为：首先，投入和产出相互依存。投入离不开产出，投入是为了产出，是为了转化为利润；反过来，产出也离不开投入，不投入就没有产出，就没有产出利润而言，可见，投入和产出相互依存，谁也离不开谁。其次，投入和产出在一定条件下可以相互转化。相互转化表现为：投入后收益，收益后有追加资本再投入，但这个过程需要条件，不是自然而然的和自发的，投入后经营不好，就没有收益，没有收益不能再投入；经营好有收益，但不再投入，产出也会中断。就投入多，产出少的情况来说，要分析这种状况是如何造成的，经过分析发现，是由于投入和各生产要素不协调造成的。比如，原材料不合格，虽设备好，技术先进、工人素质高，也不能生产出合格的产品，这样经济效益就低，产出就少；或者相反，比如，原材料合格，而设备陈旧、技术落后、工人素质低，这样也不会生产出合格的产品，经济效益也会降低，产出也会减少。所以要想避免企业经济效益差或投入多产出少的情况，就必须使投入和各生产要素协调一致，或严把原料关，精选原材料，或改造设备、改进技术、培训工人等，这样就能提高经济效益，达到投入和产出相一致或投入少产出多的好效果。或者是其他原因，比如，原材料、设备、技术、工人素质都很好，决策失误，也会造成投入多产出少经济效益不佳的情况，这就要从管理者自身找原因，是业务素质能力低，还是一时疏忽，还是外部市场、政策因素等原因造成的，如果是业务素质能力低，就要提高业务素质能力或更换管理者；如果是一时疏忽，就要总结教训，多听取不同意见，并尽快挽回效益不好的局面；如果是外部市场、政策因素等原因造成的，就要研究市场，研究政策，并及时采取有力措施扭转局面，但这里也有一个总结教训的问题，如何预测，如何预防不利因素的问题。以上讲的严把原料关，精选原材料，或改造设备、改进技术、培训工人，或提高业务素质能力或更换管理者，或总结教训，多听取不同意见，并尽快挽回效益不好的局面，或研究市场，研究政策，并及时采取有力措施扭转局面，都是在创造投入多产出少向投入少产出多转化的条件。

总之，投入和产出的矛盾是企业的基本矛盾，企业投入和产出的矛盾贯穿企业运行发展的始终，处理企业投入和产出的矛盾是企业经营管理的中心内容，"企业以经济效益为中心"是企业牢牢抓住和解决投入和产出基本矛盾的具体表现。

（二）目前中国企业在抓基本矛盾问题上存在的问题

目前中国企业在抓基本矛盾问题上主要存在两方面的问题：一是不懂得投入和产出的矛盾是企业的基本矛盾。企业经营管理者不是从总体上在投入和产出这个中心、核心、根本性问题上下工夫，而往往是抓一些单一的、局部的、急功近利的、嗜利的、应急的和表层的问题。二是对投入和产出的矛盾理解不深甚至有偏颇。他们把少投入多产出和以经济效益为中心简单化，有的压低正常投入，该出手时也不出手；有的追求产品数量而忽视和不顾产品质量，以次充好；甚至有的不顾消费者的利益和身心健康搞造假和欺骗，认为只要能多赚钱就是少投入多产出，就是经济效益好和以经济效益为中心。这是不懂得投入和产出的矛盾的真正含义和理解上的偏颇。他们不懂得少投入和多产出所包含的真正含义是追求效率和效益的结合与统一。从效率看，追求管理效率，包括决策效率、工作效率、科研开发效率、生产效率等；经营效率，包括投资项目回报效率、资金周转效率、市场开发效率等。效率的实质是功效和速度即功效高和速度快。从效益看，有投资项目效益，即值得投，能给企业带来收入；有产品开发效益，即值得开发，能给企业带来收入；有成本效益，即成本低，能给企业带来收入；有设备引进效益，即值得引进，能给企业带来收入；有制度改革效益，即值得改革，能给企业带来收入等。效益的实质是值不值得、划不划算和能不能给企业带来收入和利润。总之，投入划算，预算科学合理，不浪费，功效高，俗话说，少花钱多办事，又速度快，能给企业带来丰厚的收入和利润，这才是投入和产出的矛盾的真正含义，这里边包含着扎实艰辛的管理内功和高超的经营技艺，是企业的基本经济活动或叫经营管理活动，并不是靠随意克扣压低资金投入和靠投机取巧甚至非法获取的暴利收入。

二　企业的主要矛盾和矛盾的主要方面及化解矛盾的方法

（一）企业主要矛盾及矛盾的主要方面的内涵

主要矛盾是阶段性质的矛盾，在企业发展的某一个阶段，存在着多对矛盾，这些矛盾在企业中所处的地位和所起的作用是不同的，这样就区分为企业的主要矛盾和次要矛盾。所谓企业的主要矛盾，就是在企业诸矛盾中居于管理者地位和起决定作用的矛盾，亦即企业的中心工作。反之，处于被管理者地位和从属地位的矛盾则是企业的次要矛盾。企业管理者要集中精力抓住主要矛盾来开展工作，并围绕主要矛盾解决次要矛盾。

在一对矛盾中包括矛盾的两个方面，矛盾的两个方面在企业中所处的地位和所起的作用是不同的，这样就区分为矛盾的主要方面和矛盾的次要方面。所谓矛盾的主要方面，是指企业每一矛盾中居于主导地位和起支配作用的方面，亦即重点方面；反之，企业各矛盾中居于从属地位和不起支配作用的方面，是矛盾的次要方面。企业管理者要善于研究和把握矛盾的主要方面，以便确定工作重点和主攻的方向。

关于企业的主要矛盾和矛盾的主要方面，是矛盾的特殊性问题，企业千差万别，每一个企业的在一定阶段的主要矛盾和矛盾的主要方面也是千差万别的，企业家要根据企业自身的情况具体分析、研究和捕捉该阶段企业的主要矛盾，确定企业矛盾的主要方面，而不要简单模仿和照搬别人（成功企业）的做法。

（二）企业主要矛盾及矛盾的主要方面的表现

如果从企业运行发展的创业、扩张、成熟三个阶段或时期矛盾的共性和普遍性角度讲，不同的企业也有共性和普遍性的主要矛盾。一般来说，企业在创业阶段的主要矛盾是产品（服务项目）和市场的矛盾，企业在扩张阶段的主要矛盾是集权和分权的矛盾，企业在成熟阶段的主要矛盾是守业和创新的矛盾。

1. 企业创业阶段的主要矛盾及矛盾主要方面

企业创业阶段的主要矛盾是产品（或服务项目）和市场的矛盾，其矛盾主要方面是产品过渡到市场。在企业创业阶段，产品（或服务项目）要打入市场，这是关键问题，是这个阶段的中心任务。至于矛盾的主要方面，有时候是产品（或服务项目），有时候是市场，因为，当产品（或服务项目）还不过硬时，重点是产品（或服务项目），是产品（或服务项目）的实用性、质量和品位；当产品（或服务项目）的实用性、质量和品位问题都解决后，重点就转向市场，客户和消费者，因为，产品（或服务项目）要赢得客户和消费者的认可。这个阶段，我们的企业需要技术、质量、信誉，还要加上企业家的智慧、勇气和毅力。现在，我们正处在创业时期的企业主要是刚起步和组建时间不长的私营企业和民营企业，它们仍然面临这个主要矛盾，只是表现的方式不同，这是矛盾的特殊性问题。

2. 企业扩张阶段的主要矛盾及矛盾主要方面

企业扩张阶段的主要矛盾是集权和分权的矛盾，其矛盾的主要方面是分权。在企业扩张阶段，产品或服务项目已经过关，市场也基本定位和巩固，产品（或服务项目）和市场的矛盾基本解决，并日益下降到次要地位。这时摆在企业面前的问题是：企业迅速扩张，规模增大，组织结构和机制发生变化，表现为纵向管理层次增加，横向部门和机构增多，管理开始变得复杂和棘手，出现了统一和分散、集权和分权的问题，并日益上升到主要地位。所以这个时候，企业管理的集权和分权的矛盾就成为企业的主要矛盾，处理这对矛盾的关键是如何合理地把管理权限分散而又不妨碍统一管理问题，所以，分权问题成为矛盾的主要方面。这个集权和分权的矛盾具体表现为上下"有效沟通不畅"和"有效授权困难"。

所谓上下"有效沟通不畅"就是上下级之间、管理者和被管理者之间沟通的效果不理想，甚至不能沟通。企业传统的沟通模式是垂直单向沟通，即从上到下一层一层的下达，但是缺乏"回路"，没有从下到上的沟通，也没有横向的沟通，这是一种已经无法适应形势的沟通模式。

　　沟通不畅在很多企业是逐渐演变的结果。企业创立初期，一共才十几个人，不用沟通大家的目标和想法也很一致。当企业得到迅速的扩展，人员激增，沟通也变得困难起来，违规违纪的事情时有发生，于是很多企业采取了严格监控、细化管理的方法，但是结果却变成员工拒绝沟通，情况进一步恶化，制度越严厉、失控越严重。如图5-1所示。

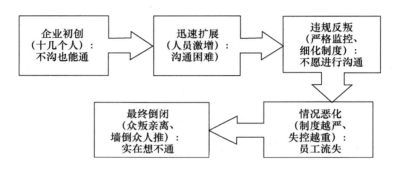

图5-1　沟通不畅的演变过程图

　　所谓"有效授权困难"就是权力下放、分权治理的效果不理想。企业在规模很小的时候无需授权，老板一个人分配工作就可以了，当企业规模增大之后，不得不面对一个问题：如何把权力向下交递？这时有效授权就可能出现问题。

　　授权一般又分为命令式授权、层级式授权和目标式授权三种模式。我国通常是前两种授权模式。

　　（1）命令式授权。即由上级发布命令，由某个员工去完成某项工作，下属必须接受，没有反对或者建议的权利。命令式授权的最大缺陷在于接受命令的员工往往会口头服从，心里却可能不服从，甚至阳奉阴违、耽误事情。

　　（2）层级式授权。是我国企业最流行的授权模式。中国有一句俗话叫"官大半级压死人"，即企业的授权完全按照等级进行分配，官越大权力越大。层级式授权的缺陷是容易出现"上有政策、下有对策"的现象。

　　例如，一些公司的部门经理级以上的管理人员有应酬权，但是却分为不同级别，如部门经理一次可以花费500元钱，总经理则可以花费1000

元钱，这就是明显的层级授权。当老总的应酬客户一次花费了 800 元，没问题，当经理的要是一不小心花费了 800 元，那么多出来的 300 元怎么办？自掏腰包？不会，经理很可能就会开成两张发票，每张 500 元，还赚200 元呢！这就是"上有政策，下有对策"。

我国企业的授权有两个前提：第一，我必须认识被授权人；第二，我必须信任被授权人。而问题在于人与人之间的信任并不是永远不变的，所以中国企业家往往一会儿把权力下放，一会儿又把权力收回，使得下属不知该如何开展工作。这种授权方式的结果是无人可授权。

现在，我们正处在扩张时期的企业仍然面临这个主要矛盾，只是表现的方式不同，这又是矛盾的特殊性问题。

世界级大企业的授权模式则不同，他们不需要认识被授权人，也不见得要信任被授权人，但是他们的授权模式带来的结果是企业迅速扩张。他们通常采取的是目标式授权模式。

（3）目标式授权。企业首先要确定整体发展方向和战略意图，把企业的使命和远期目标形成一个具体的、可以度量的目标系统，根据目标系统进行资源整合和规划，再按照规划来进行有效的授权，这种授权模式可以大量地节约高层管理人员的工作成本。比如，企业把高级管理人员的薪酬待遇分成几个部分，首先是基本工资，第二是奖金，第三是福利，第四是职务津贴。同时在担当这个职务的时候企业会给一定数额的消费标准，不管你怎么用，余下来的算本部门的，超出部分由部门补上，这样做的目标只有一个：切实完成企业交给你的工作任务。所以一些国际企业的CEO 常常显得非常"小气"，一般只请客人喝杯咖啡，而不是用龙虾鲍鱼来招待。可见，目标式授权的优点是目标明确、责权清晰，是一种有效的、科学的授权模式。如图 5－2 所示。

从上述分析可以看到，集权和分权矛盾两个方面的重点在分权方面，只有大胆地、大度地和科学地向下级授权，才能取信于下级，取信于员工，才能激发下级和员工的积极性、热情和干劲儿，才能取得优异的和加倍的效率和效益。这个阶段，企业家需要明智，要提高管理的艺术。提高管理艺术，首先要信任下级，信任员工，用人不疑，不能授权了，又不放心，派人监视、盯梢；同时要有合理的、积极的、科学的、有效的规章制度，这叫法治，不是人治，一套好的规章制度对下属和员工的思想及行为

三种授权模式的比较：

➤ 命令式授权：口头服从、心里不服

➤ 层级式授权：上有政策、下有对策

➤ 目标式授权：目标明确、责权清晰

结论：必须建立健全战略规划及目标

管理体系

图 5-2　三种授权模式比较图

既能起到约束的作用，又能起到激励的作用，让大家舒心主动地努力地工作。当然，矛盾的主要方面和次要方面不是凝固不变的，在分权不科学、不适当，出现各自为政、指挥不灵的情况下，集权就上升到主要方面。但一般情况下，分权是主要方面。我们处在这一阶段的迅速成长型企业，规模大，要集中统一，又要灵活保持活力，必须吸取许多迅速成长型企业失败的教训，谨慎地有效地处理好集权和分权的矛盾，否则将前功尽弃。

3. 企业成熟阶段的主要矛盾及矛盾主要方面

企业成熟阶段的主要矛盾是守业和创新的矛盾，而矛盾的主要方面是创新。企业在这个阶段从经营到管理各个方面已经达到成熟，统一和分散、集权和分权的矛盾也基本解决而降至次要地位。这时，企业在成熟阶段潜在着的成功和辉煌之后的满足浮躁、官僚习气等惰性越来越显露出来，并逐渐上升为主要的问题。要解决这个问题，最好的办法就是需要创新，思想创新、组织创新、制度创新、机制创新、管理创新、产品创新、服务创新等，所以，企业在成熟阶段的主要矛盾是守业和创新的矛盾，而重点是创新。因为只有创新并坚持持续不断地创新，才能永葆企业活力和企业经久不衰，也才能有真正意义上的守业，离开创新的守业是守不住业的。现在，我们正处在成熟时期的企业仍然面临这个主要矛盾，只是表现的方式不同，这又是矛盾的特殊性问题。

我们正处在成熟时期的企业应紧紧抓住这个主要矛盾，克服骄傲自满、停步不前、松口气、歇一歇的懒惰享受思想和行为，特别要警惕和遏制腐败、堕落等危险思想和行为，不断地创新，不断地进步，这样才能成为长寿企业。同上所说，矛盾的主要方面和次要方面不是凝固不变的，在创新不科学、不适当，出现挫折和混乱的情况下，守业即保持企业的稳定就上升到主要方面，但一般情况下，创新是主要方面。

关于企业的主要矛盾和矛盾的主要方面，是一个很复杂的问题，我们仅仅讲了企业总体运行的三个阶段，而每个阶段又可以分为更小的阶段，且企业总体又可以分为不同的层次，各个小阶段和小层次的主要矛盾及矛盾主要方面是不同的，企业高层和中基层管理者应善于从各自的角度研究和把握本层次中不同阶段的主要矛盾及矛盾的主要方面，这是打开企业发展之门、不断把企业做大做强的关键。

关于抓主要矛盾及矛盾的主要方面的具体方法，这里不可能——展开，仅以决策和生产管理为例加以论述。

（1）决策要抓住主要矛盾和矛盾的主要方面。企业经营管理活动中的问题，大都需要通过决策来解决，每一次解决问题的过程，也就是一次决策的过程。企业管理中遇到的问题很多，但在不同的时期和不同的场合，总会有一些问题是主要的和起决定作用的，而且又是当前急于解决的；而另一些问题则是次要的不起决定作用的和当前不急需解决的。企业管理者在决策过程中要分清问题的主次和轻重缓急，有计划有步骤地集中精力和力量去解决那些主要的起决定作用的和急需解决的问题。这样，就抓住了主要矛盾和矛盾的主要方面，抓住了问题的关键，并将带动次要问题的解决，带动全局的发展。切不可不顾问题的主次和轻重缓急，眉毛胡子一起抓；更不能不加分析，误把次要当主要，抓住芝麻，丢了西瓜。这样耗费大量的人、财、物力不说，还给企业的生产、经营造成不利局面。

为了在企业决策过程中抓住主要矛盾，就需对企业在一定时期面临的各种问题进行分析。首先，结合企业在某一时期生产、经营状况，研究确定企业面临的各种问题。其次，对各种问题进行分类排队，通过比较找出对企业生产、经营影响最大的最主要的问题。再次，根据所找出的主要问题，研究制定对策。这是确定决策问题的一般过程。

由于企业生产、经营活动是不断进行的，在这一过程中会不断出现新的问题，因此，原先的问题会随着问题的解决被新的问题所取代，而降之为次要问题的地位，而其他新的问题则上升为主要的问题。这是主要矛盾和次要矛盾、矛盾的主要方面和次要方面的转化问题，企业管理者要及时认识和把握这种转化。在决策过程中抓主要矛盾和矛盾的主要方面，解决主要问题，同时也不要放弃对一般问题的处理。企业生产、经营中的问题，大量的属于一般性问题，即次要矛盾和矛盾的次要方面，但这些问题和主要问题即主要矛盾和矛盾的主要方面又存在着十分密切的联系，它们处理得好与坏、及时与否，对主要问题即主要矛盾和矛盾的主要方面将产生直接的或间接的影响。所以，企业管理者在决策过程中，除紧紧抓住企业中的主要矛盾和问题外，还要注意对次要矛盾或一般问题进行及时处理，这样才能使企业在不断解决矛盾和问题的过程中稳步发展。

（2）生产管理中要抓主要矛盾和矛盾的主要方面。生产管理过程中充满着各种各样的矛盾，如生产能力与生产任务的矛盾、生产活动与后勤服务的矛盾、先进生产工艺与落后管理方式的矛盾、管理者与员工的矛盾、优化劳动组织与人员安置的矛盾、购置设备与资金困难的矛盾等。可以说，生产管理的过程就是解决矛盾的过程。但在这些矛盾中，只有抓住并解决了主要矛盾，才能带动其他矛盾的解决，也才能搞好生产管理。生产管理中的主要矛盾及矛盾主要方面是什么，在不同企业、每一企业生产的不同阶段和不同情况下是不同的。总的讲，生产管理中的主要矛盾是对整个生产过程起着决定作用的矛盾。矛盾主要方面是在一对矛盾中居于主导和支配地位的方面。它们表现为生产中的中心任务、重点、难点和热点。如当生产任务远远大于生产能力时，这一矛盾的解决，就决定着上述其他矛盾的解决，这时，这一矛盾就成为生产管理中的主要矛盾。这一矛盾解决不好，生产任务就完不成，供销合同就无法兑现，利润指标就实现不了，员工收入就无法保证，陈旧设备就无法更新等。相反，如果抓住了这一矛盾，并采取有力措施，解决了生产能力不足这一关键，上述问题就会迎刃而解。

企业生产管理中的主要矛盾也不是凝固不变的，而是随着时间的推移和条件的变化而不断变化的，企业管理者必须及时根据主要矛盾的转变来确定工作重点的转移。如企业购置了新设备，增加了新工人，扩大了生产能力，能够按时完成生产任务，但由于安全设备没有跟上，新工人的安全意识不强，生产中经常发生事故，这时生产过程的主要矛盾就由生产任务和生产能力之间的矛盾转变为安全与生产之间的矛盾了。随着主要矛盾的变化，企业的工作重点也就应该由扩大生产能力转到安全管理上来。

我们企业管理者在抓生产中的主要矛盾和矛盾主要方面的同时，也不能忽视次要矛盾和矛盾的次要方面，应围绕主要矛盾和主要矛盾方面处理好次要矛盾和矛盾的次要方面的问题。如在解决生产任务和生产能力矛盾的同时，也应注意协调工人和干部之间、生产和后勤之间的矛盾；也可以对管理人员进行先进管理方法的培训以解决先进生产工艺和落后管理方式的矛盾；也可以引进外资以解决购置设备与资金困难的矛盾等。这样有利于主要矛盾的解决。同样，在抓主要矛盾方面如生产能力的同时，也要注意抓矛盾的次要方面如生产任务的问题，可以搞些对外协作或叫分包，让其他厂承担一部分生产任务，以减少生产任务对生产能力的压力。这样就可以更快地解决生产任务与生产能力的矛盾。

当前，我国企业在抓主要矛盾和矛盾主要方面的问题上存在着两个方面的不足：一是缺乏主要矛盾和矛盾主要方面的意识观念，工作不分主次，看到什么抓什么，眉毛胡子一起抓，结果头绪混乱，没有效率。二是缺乏辨别主要矛盾和矛盾主要方面的能力，找不准，抓不对，抓不到点子上，其结果更加混乱。

三 企业物际关系矛盾及化解方法

从物的角度观察企业，企业中存在多对物际关系矛盾，这里仅就项目和资金的矛盾、生产和分配的矛盾、企业供应和市场需求的矛盾加以分析。

（一）项目和资金的矛盾及其化解方法

项目和资金的矛盾，说得详细点是投资项目多和现有资金少的矛盾，两者是对立统一关系。

项目和资金的对立是很明显的，投资项目多和现有资金少也就是投资项目需要的资金多和现有的资金少，简化一下，是多和少的对立、排斥，两者的对立、排斥很明显。在和企业经营管理者接触中，几乎所有企业经营管理者都在讲这个问题。

然而，二者之间不是绝对对立的，而是统一的，不可分割的。首先，项目和资金之间相互依存，项目离不开资金，无资金就不能做项目；反过来，资金也离不开项目，资金是为项目而存在的，资金离开项目就没有意义。其次，项目和资金在一定条件下可以相互转化，这个条件就是，一方面，要研究项目。一是筛选项目，把不必要、不要紧的项目筛下来，这叫压缩项目或暂缓一些项目；二是对投资的各个项目及项目的各个环节所用资金进行科学预算，做到合理开支，尽可能降低投资项目成本，少花钱，多办事。另一方面，要研究资金。一是想尽一切办法开展增产节约，内部挖潜，从内部增加资金；二是从外部融资，筹措资金。在这两方面条件具备的情况下，原投资多就可以向少转化，而原资金少就可以向多转化。这个矛盾，有很多企业处理得很好，有些企业不行，只知道上项目，盲目上项目，然后借债，也不懂得节约挖潜，结果搞得一塌糊涂。

（二）生产和分配的矛盾及其化解方法

生产和分配的矛盾，说得详细点是积累扩大再生产和分配的矛盾。生产和分配的对立表现为：积累多了分配就少，分配多了积累就少，二者相互排斥，相互否定。

生产和分配的统一表现为：首先，生产和分配相互依存。一方面，生产离不开分配，分配调动了员工的积极性，才能维持生产，才能增加产出，增加积累以维持再生产；另一方面，分配也离不开生产，生产正常进行和连续不断的进行，积累多了，面包做大了，分配才能进行和不断增加分配数额。其次，生产和分配在一定条件下可以相互转化。相互转化的条件是，生产必须正常进行和不断扩大，这里的生产还指再生产即连续不断的生产，这样才能转化为分配和不断的转化为分配，如果企业亏损或破产，不能正常经营，生产就不能维持，就不能转化为分配；从另一方面看，分配调动了员工的积极性，产出增加，生产效益好，分配又带动了生产，转化为生产。

这个关系还可从正确处理国家、企业、员工三者之间分配上的矛盾的角度分析，国家、企业、员工三者之间的物质利益关系表现了三者的对立，但同时三者又是统一和不可分割地联在一起的。只有上缴国家利税，才能保证员工的整体利益和长远利益；只有留足企业积累，才能建立企业物质大厦，保证企业自我发展能力，从而保证员工的利益的获得；只有保证员工分配，才能调动员工的积极性。所以，企业管理者在分配企业收入时，要把员工利益、企业利益同国家利益结合起来，首先要按国家规定按时交足税款；其次要保证企业生产、发展基金；还要保证企业员工收入逐步提高。做到国家、企业、员工的物质利益三兼顾。

企业家必须兼顾生产、积累和分配，不能只重视生产和积累而忽视分配，只增加积累不增加分配，或走到另一个极端，分光吃净不增加积累，不管偏激哪一端，都不会实现生产和分配的转化。目前我国企业经营管理中存在的主要问题是重生产轻分配，普通员工的工资常年偏低且涨幅很慢，造成生产积极性不高和低落，不利于企业的运行和发展。

（三）企业供应和市场需求的矛盾及其化解方法

企业供应和市场需求的矛盾简单地说就是卖和买的矛盾，是销售工作的基本矛盾，两者的对立表现为：供应是卖，需求是买，是企业卖出和客户、消费者买进的矛盾，贵卖贱买，相互对立、排斥。

企业供应和市场需求的统一表现为：首先，二者相互依存，供应离不开需求，无需求则供应没有意义，所以企业要根据市场需求开展生产和服务项目，不能盲目开展生产和服务项目；反过来，需求也离不开供应，没有供应，市场上就买不到东西，人们就无法生产和生活。其次，供应和需求在一定条件下可以相互转化，企业卖出产品和服务，满足市场的需求，供应转化为市场需求；市场需求信息传达到企业，企业根据市场需求信息开展生产和服务项目，需求转化为供应。这个转化也需要条件，这个条件就是供求协调，如果不协调，市场需要某些产品和服务项目，企业由于信息渠道不畅没有得到信息，求就不能转化为供；反过来，如果企业主观开展生产和服务项目，市场不需要，供就不能转化为求。如台湾一厂商设计生产了一种带有电灯泡的眼镜，供戴眼镜的人停电后使用，产品本身很科学很美观，投放市场，没有人买。原因很简单，停电的时间很少，不值得买，所以没有市场，供就不能转化为求。在我们的企业中，也程度不同地存在盲目开发产品的做法，如前些年石家庄一房地产商开发建造的高档别墅住宅因长期无买主而炸毁的事件就是一个生动的写照。

由于企业经营情况不同，供求关系表现为三种情况：一是供不应求，这时企业要加大生产和服务的力度，增加产量和服务网点及人员；二是供过于求，这时企业要缩减生产和服务的力度，缩减产量和服务网点及人员；三是供求平衡，这是良好的状况，企业不会因加大生产和服务的力度而手忙脚乱，也不会因生产和服务过剩而浪费资源，增加成本。

有人现在对我国市场供求关系进行了风趣的概括：供不应求的是绿豆和大蒜，供过于求的是楼房和饭店，多数商品供求平衡没有超出警戒线。

此话虽不能说是完全科学准确，但也从一定意义上反映了当前我国市场的供求关系。

四　企业的人际关系矛盾及其化解方法

关于企业的人际关系矛盾，也叫主体矛盾。有的学者把它叫做核心矛盾，理由是企业活动的核心是人，人是核心，是中心，以人为中心，也可以。但我们觉得还是叫企业的人际关系矛盾或主体矛盾比较好。因为，主体强调的是具有意识、思想、情感、心理、意志等灵性的东西，而核心，是指中心，有中心就有外围，核心给人的感觉是内外关系的东西；当然，核心也有重要的意思，按这层意思解释，人际关系矛盾是企业中重要的矛盾。那么要问，物际关系矛盾就不是重要的矛盾吗？总觉得把人际关系矛盾叫做核心矛盾不精确。说企业的人际关系矛盾是主体矛盾，人是企业的主体，就是说，人是企业中具有灵性的能支配和驾驭企业中物的东西的主体和承担者，也就是说，企业中的一切矛盾都要通过人这个主体表现出来，这样解释就比较顺，比较通，所以，企业的人际关系矛盾表述为主体矛盾比较好。

（一）企业的人际关系矛盾及其化解方法

1. 企业车间、班组、科室之间的矛盾及其化解方法

企业车间、班组、科室之间的矛盾实质就是分工与协作的矛盾，分工是对立、差别、不同，引申一下，是专业化，专门化；协作是不可分割，是相互依赖和相互转化。分工与协作是同时并存的，分工是企业进步的标志和要求，协作是分工的必然结果。在企业发展过程中，分工将越来越细，专业化程度将越来越强，没有分工，企业乃至社会就无法进步；而分工越细，要求协作即相互依赖性越强，不然，企业乃至社会就无法运行和发展。至于相互转化，可以理解为车间、班组、科室地位上的转化。

在分工越来越细的今天，协作也将会越来越密切。一件产品，从研究开发、设计、供料、生产、管理、销售，到员工教育、广告宣传、后勤服务等工作，都要由专人去完成，也需要经过各车间、各班组、各科室的人的共同努力，才能生产出来，销售出去。一个环节、一个部门发生问题，都会影响到整个企业的经济效益。因此，企业管理人员必须认识、研究、协调好各车间、各班组、各科室之间的分工协作关系。在协调它们分工协作关系时要注意遵循以下原则。

分工原则：第一，职责要分明。明确每个部门、每个人的责任和职权有利于增强员工的责任感，便于管理者检查工作和追查责任。每个部门、个人的任务规定得越详细越好，可以减少和杜绝扯皮现象。第二，任务分配要到位，不留空白区。企业的工作多种多样，纷繁复杂，又相互联系、相互制约，一件工作无人做，就会影响到其他工作。因此，分工时应将所有工作任务落实到各个单位和个人。第三，工作要衔接。搞不好衔接，就无法搞好协作，如果要求某车间上午加工某种产品，而到下午才领到了原材料，这样就会影响到生产的正常进行。

协调原则：第一，计划性。计划是协调的最基本原则。必须围绕完成计划任务开展协调工作，以计划指导生产和经营，协调的灵活性应服务于计划的原则性。第二，预见性。协调工作应该是积极的，要做到超前指挥，在漏洞发生之前就预见到它的发生，并积极采取措施加以预防。第三，集中性。协调工作不能各行其是，应做到步调一致，指挥集中。第四，及时性。在生产和经营过程中，随时都会出现新情况、新问题，对此应迅速了解和掌握，并采取有力措施及时解决问题，以免造成不必要的损失。

分工与协作关系当前存在的问题，一是分工不明确，责任不到位，相互推脱，出现空白区、盲点；二是团队意识不强。

2. 管理者和员工之间的矛盾及其化解方法

管理者和员工的矛盾也是不断发生的，不过这些矛盾一般不直接表现为管理者和个别员工的矛盾，而是表现为管理者（董事会和经理层）同员工群体即员工代表大会、工会之间的矛盾。二者既有对立的一面，又有统一的一面。其对立是指二者的职能、职权不同。管理者要承担重要的经营管理责任，并拥有最高的生产经营指挥权和决策权，对企业的生产、经营管理、人、财、物、产、供、销，物质文明和精神文明建设全面负责，对内处于中心地位，对外代表员工和企业。员工代表大会是企业民主管理的基本形式，是员工行使民主管理的权力机构。它集中了企业各方面的代表，具有广泛的群众基础，能够充分反映员工群众的意见和要求。企业工会是全体员工的群众组织，它担负着代表和维护员工利益，组织员工群众参加民主管理，民主监督，开展劳动竞赛，支持员工合理化建议，解决员工实际生活问题等任务。二者的统一表现为具有共同的任务和目标，即把企业的生产经营搞好。因此双方必须协调一致地工作。作为职代会、工会应支持管理者的工作，维护管理者的威信，积极配合管理者实施生产、经营计划，实现"两个文明"建设的整体目标。这里，更应强调管理者要正确对待员工群众，主动处理好同职代会、工会的关系，必须尊重职代会和工会，支持它们的工作，在自己的职权范围内积极创造条件，保证职代会和工会各项职权、职责的行使；还要认真听取群众的合理化建议，应采纳的要采纳，不能采纳的要耐心做出解释；还要保证职代会、工会独立自主地开展工作，对职代会和工会组织的各种有益活动，在时间上、物质上创造条件，给予保证；还要以身作则并教育各级管理人员，自觉接受他们的监督，公正廉洁，密切双方的"鱼水之情"。

管理者和员工的矛盾，在国有企业表现为不重视员工群体即员工代表大会，工会的工作、地位，是摆设。在民营企业表现为劳资矛盾，有的不开员工代表大会，没有建立工会。这一矛盾当前很突出。有些企业发生冲突，问题主要是老板拖欠员工工资，克扣员工工资，员工工作安全无保障，拒上三险（人身、医疗和养老保险）和拒签合同，延长劳动时间，工作条件差，随意解雇，随意打骂等。老板必须正确对待员工。

管理者和员工的矛盾，还有一个正确处理经营者与生产者之间收入上的矛盾问题。在企业个人收入分配中，经营者与员工之间的分配关系是企业内部诸分配关系的一个很重要方面，也是一种经济利益的矛盾统一关系，在企业经营中起着很大的影响作用。合理地确定经营者收入的多少与员工收入的比例，对充分调动经营者和员工两个方面的积极性，促进企业的发展和经济效益的提高，有着重大的意义。因此，必须要正确处理经营者与员工之间的利益矛盾关系，合理确定二者收入的比例，使二者收入差距保持在双方都能承受并都能充分发挥作用的关节度上。如何确定这个关节度呢？关键的问题是如何确定经营者收入高低。一般讲，经营者的收入主要取决于经营者素质、能力、责任、风险、贡献的高低和大小。经营者处在管理者岗位，付出的劳动量比其他任何人都要多，其劳动是一种开创性的复杂劳动，创造的社会价值要比重复的简单劳动高得多，对企业的贡献比任何员工都要大，而且承担着重大的经营责任，还具有一定的风险。按照按劳分配精神，经营者多劳多得是理所当然的，其工资比员工高些，拉开档次也是应该的。这个问题处理得好，广大员工是能够体会到经营者

的艰辛、责任和风险的，对经营者多拿一些工资奖金也是能够理解和接受
的。但是，在确定经营者工资收入高低时，一定要考虑经营者的工资收入
与本企业员工平均工资水平的差距问题，切不可把差距拉得太大，引发员
工的不满情绪。特别在企业发生亏损的情况下，更要考虑双方工资收入的
差距问题。经营者和员工之间的工资收入，既要有一定差距，而差距又不
能太大，这里有一个平衡度，这个平衡度就是双方对收入差距的承受度。
要寻找这个度，各个企业是不一样的。

3. 管理层成员之间的矛盾及其化解方法

管理层是企业管理的核心力量，管理层成员之间的关系如何，对整个
企业管理工作有着至关重要的影响。管理层成员之间的矛盾也是时时存在
的，各管理者成员之间的对立统一，其实质也是分与和即分工和协作的
问题。

分是分工，和是协作。既要分工又要协作，不能只讲分工不讲协作，
也不能只讲协作不讲分工，二者缺一不可。所以管理者成员都要自觉地坚
持分工与协作的统一，各成员虽然有着明确的职责权力分工，但又是统一
不可分割的，因为有着共同的目标，共同的责任和共同的任务，就是要共
同把企业员工的积极性调动起来，把企业的生产、经营搞好，使企业获得
最佳的经营效益。所以，各成员的分工和协作是不可分割的两个方面，应
做到既分工又合作；责任上分，思想上合；工作上分，目标上合；权限上
分，步调上合；制度上分，关系上合。这样才符合企业的根本利益。在这
个问题上，有不少企业解决得是不错的，但也确有不少企业的管理者成员
关系没有处理好，表面上合，实际上分，有的甚至表面、实际都分裂，争
权力，争名誉，争地位，致使企业的工作不能很好展开，甚至处于瘫痪
状态。

正确处理管理成员矛盾的基本指导思想和基本原则：相互尊重，发挥
优势，团结一致，共谋大业。

管理成员之间的矛盾有专业、能力差异和互补问题，还有性格、特长
不同和互补的问题。各成员都有自己的兴趣爱好和禀性，在某一方面有自
己的特长。兴趣爱好和禀性不同，就相互排斥，特长不同各有优势，也容
易相互排斥，解决性格、特长不同的矛盾就是融洽互补，取长补短，要求
各方相互尊重，包括尊重对方在不影响大局前提下的性格、习惯、偏好，

不能以自己为标准强求于人。

针对目前管理成员相互分离的主要倾向，从哲学角度讲，就要强调双方的一致、统一、团结、协作，双方要相互支持。首先，高层管理者和基层管理者之间要相互支持；其次，基层管理者之间要相互支持。

4. 员工之间的矛盾及其化解方法

主要是利益分配问题，是一种十分复杂而又充满多重矛盾的利益分配关系。利益分配的差异体现了对立，利益分配的统筹兼顾体现了统一。差异的多少、高低是相对而言的，体现了相互依存。差异的多少、高低是相对的、变化的，不是固定的和绝对不变的，体现了相互转化。

从目前各企业内部利益分配状况看，形式五花八门、多种多样。就企业对车间的利益分配形式看，主要有两种：一是将工资奖金总额捆在一起，按定员、定额投放车间，并与产品的产量、质量，生产的安全、消耗等指标相联系，进行全面浮动。二是在基本工资的基础上，实行多项指标承包计奖法或超收分成法进行分配。企业内部不管采取何种分配形式，都必须与利益分配的内容相统一。当前，企业普遍建立起了岗位责任制，虽然行业各异，形式不同，但都必须遵循责、权、利相结合的原则。责、权、利三者是互为条件、相互制约和相互促进的。要让承包者有权、有责，也有利。现在企业正确确定承包者在完成或超额完成各项责任指标后的经济利益，是经济责任制的关键内容，是推动承包者不断提高企业经济效益的动力，如果不把承担的责任与经济利益结合起来，就很难调动其积极性，增强其责任感。

当然，在企业内部，各生产单位条件不一，劳动分工很细，工作岗位繁多，生产技术也不一样。在员工构成中，有企业管理人员，有直接生产工人和辅助生产工人，还有服务性工人。在生产工人中，有重体力生产工人和轻体力生产工人等，劳动情况多种多样。企业管理者应根据具体情况具体对待。一般说，在正常商品生产条件下，生产时间长、技术要求高的劳动，创造价值多，应给予较多的工资和奖金。对不直接形成产品的辅助性劳动和服务性劳动，也要根据劳动强度的大小、劳动环境的优劣、技术要求的高低，把工资、奖金的档次适当拉开，实现多劳多得的公平分配。现在多数企业对平均工资或承包实际所得，都用岗位系数进行调节，使各车间、各科室、各工种的工资、奖金拉开差距，体现按劳分配精神。如让艰苦岗位的工资、奖金高于一般劳动岗位；直接生产工人的工资、奖金高于辅助工人；重体力劳动高于轻体力劳动；高技术劳动高于一般技术劳动；生产条件差的高于生产条件好的；生产一线的高于二线的；管理人员高于一般工人；做技术工作的高于做一般工作的等。

总之，工资、奖金水平在员工个人中要拉开一定差距，以调动全体员工的积极性，但分配差距又不能拉的太大，否则也会产生经济利益矛盾，造成不良后果。目前存在的问题有两个：一是在差距问题上走两个极端，有些企业差距太小，存有平均主义倾向；有些企业差距太大，存有不公平倾向。二是缺乏引导员工和谐相处的氛围和环境，造成员工斤斤计较个人利益而忽视了友好团结的团队精神的塑造。

以上是企业的内部矛盾。以下看企业的外部矛盾，企业的外部矛盾也是对立统一的。

5. 企业同市场的矛盾（生产和销售的矛盾，企业同客户、消费者的矛盾）及其化解方法

企业和市场是对立统一关系。当企业产品在市场上销售不畅时，二者的对立表现得十分明显。然而二者又是统一的，市场离不开企业，依赖于企业的产品来满足于广大用户和消费者的需要；而企业也离不开市场，企业产品要通过市场销售出去，并从市场获得生产和再生产的资金、生产资料、人才、技术、劳动力等。企业管理者的任务就在于谋求企业与市场的统一和一致，这就必须不断协调企业和市场的矛盾和关系。为此，企业管理者应当做到以下几点：

第一，适应市场。市场犹如一个指南针，给企业的经营指出方向。企业在风云巨测、变化迅速的市场面前，只有以市场为导向，积极适应市场，才能在"拥挤"的市场上占有一席之地，才能谈得上生存和发展。然而，适应市场并不是消极被动地跟着市场走，要积极主动地研究市场的供求变化、用户的需要、消费者的心理、竞争对手的情况以及市场一切要素的变化状况，从而采取及时的有力的措施，不断改进和完善原有产品，不断开发和更新产品品种，提高产品质量，搞好售后服务。

第二，把握和驾驭市场。企业管理者不但要适应市场，还要把握和驾驭市场。要做到把握和驾驭市场，就必须研究和掌握市场运动、变化、发展的规律。比如把握市场的供求规律、市场的销售规律、市场的消费规律等。

就供求规律看，供求矛盾是市场中的一对基本矛盾，当供求关系处于供不应求时，市场称为卖方市场。在卖方市场条件下，企业处于有利地位，有时产品并不优秀，消费者却竞相购买。在这种情况下，企业不能放松管理，要保持产品的质量，使信誉不断提高，以保证自己的产品畅销不止。当供求关系处于供过于求时，这时市场被称为买方市场。在买方市场条件下，卖方之间竞争激烈，企业处于不利地位。在这种情况下，企业应客观地分析形势，调查竞争对手的实力，研究自己在竞争中所处的地位是否有利，以决定是否参与竞争、参与竞争的措施及行动计划。当供求关系处于平衡状态时，竞争依然存在，企业也不要忘记提高产品质量和不断改进产品，以赢得更多的客户。

就市场销售规律看，有相当部分商品有旺季和淡季之分，在旺季商品销售速度极快，销售量极大。而在淡季商品销售量很小，甚至根本无人问津。市场的旺季和淡季又是随时间等条件的变化而相互转化和交替进行的，旺季之后则出现淡季，淡季之后又出现旺季。如空调一般在夏冬季节是旺季，春秋季节是淡季。作为企业管理者，首先要把握商品销售中的旺季和淡季之分，进而在生产的安排上和销售的组织上，与旺、淡季节相适应。这样，就可以避免在旺季时因供不应求而失去获利机会，在淡季因供过于求而造成商品大量积压占用资金。其次要根据产品的不同特点进行具体分析，有的产品可以保存时间较长，这些产品就当然可以在淡季时将旺季需求的产品生产出来，以便在旺季时投放市场获取更多的盈利。对于淡季占用资金的产品，也要积极采取对策，选择适宜的促销策略。如目前有许多羽绒服生产厂家，采取在旺季提高产品价格，在淡季降低产品价格的方法促销产品，使顾客"有钱不买半年闲"的心理受到影响，从而使淡季购买者大大增加，使淡季不淡。只有如此，才能少占用资金，使企业生产正常进行。

从市场消费规律看，市场又时常出现对某种产品的消费热和消费冷两种状况。所谓消费热，就是市场上出现的购买热、销售热；所谓消费冷，就是市场上出现的购买冷、销售冷。属于购买、销售热的产品，常被称为热门货；而属于购买、销售冷的产品，常被称为冷门货。热和冷存在着辩证统一关系，热中有冷，冷中有热；热并不总是热，冷也并不总是冷，二者在一定条件下可以相互转化。市场的容量总是有限的，许多企业都去追求热门货,当供过于求时,总会有一部分产品由热变冷。相反,有些冷门产品或因生产厂家多供过于求所致,或因暂时还未被消费者所认识而处于冷门货,当一旦被人们认识并成为人们的需要,在供不应求的情况下,这个冷门产品就会变为热门产品。可见,市场不断变化,消费的热与冷也不断相互转化。这是消费的客观规律。作为企业管理者,面对热冷相间的消费规律,要把握住三点:一是要努力开发、生产、完善热门产品,并想方设法延长热门产品热的时间。二是在遇到消费冷时,不悲观,不失望,既看到困难,又看做是机遇、挑战,要更多地考虑如何战胜冷门,冷中求热。三是要敢于经营冷门货,以冷取胜。目前有不少经营冷门货的企业"异军突起",取得了成功。如日本的美玲工业公司,选准了一般人不愿意干的垃圾处理经营项目,但却是该公司起家的业务。

第三,开拓市场。开拓市场就是发现潜在市场,开发新市场。市场从发展角度看,区分为现实市场和潜在市场。现实市场是现在已有的市场;潜在市场是目前还未形成而将要形成的市场。现实市场是显在的、可见的;而潜在市场是隐藏着的、需要研究和分析才能发现的。现实市场是企业目前经营的主力场地和获利之地;潜在市场则是待开发领域和未来获利之源。作为企业,首先要充分注重和利用现实市场,同时也要兼顾未来,下力气研究、发掘、开发潜在市场。这是企业增强发展后劲的重要战略之一。开拓市场首先要明确开拓的基础是顾客有潜在的需求,这是潜在市场的"脉搏",把握住这个"脉搏",开拓才有客观依据。其次,要通过对现实市场的分析、研究去发现各种潜在的需求及其趋势。日本许多汽车厂商在这方面做得是不错的,他们正是通过对中国现实市场状况及消费者心理的分析、研究,认识到中国存在着极大的家用汽车潜在市场,并采取了相应的对策,一举获得成功。

从目前我国企业的情况看,企业驾驭市场和开拓市场的能力还欠缺一些,表现为,一是对市场缺乏有效的预测;二是随大流,跟着国外企业的潮流跑;三是当强势企业垄断市场时束手无策。因此,企业必须在驾驭市场和开拓市场的能力上下工夫提升自己。

6. 企业同协作单位之间的矛盾(包括企业和外商的协作)及其化解方法

企业同协作单位之间是对立统一关系,利益不同是对立的一面;共同利益，相互协作是统一的一面。只讲对立不讲统一不能协作；只讲统一不讲对立，无利可图，也不可能。对立和统一是不可分割的。

　　企业之间发展协作、联合，组建企业集团，是社会化大生产和经济全球化的客观要求和企业发展的必然趋势。从我国目前情况看，随着改革的不断深化和市场经济体制的逐步确立，企业间各种形式的协作、联合正在向广度和深度不断延伸，各种类型的企业集团也已出现，这些协作、联合关系和企业集团的建立，正在日益显示出越来越强的生命力和发挥出越来越大的作用。企业间发展相互协作、相互联合，组建企业集团，就必然会遇到如何处理企业与协作单位、联合单位的关系和矛盾的课题。企业与协作、联合单位之间的关系和矛盾是多方面的，这里主要谈一谈如何处理好主角和配角、"龙头"和"龙体"的关系问题。首先，要解决好谁当主角谁当配角，即谁当"龙头"，谁当"龙体"的问题。企业管理者应认识到，主角和配角、"龙头"和"龙体"不是可以由各个企业任意选择决定的，而是由各个企业的客观经济条件和它们之间的内在经济联系所决定的。当主角、"龙头"要有雄厚的实力，先进的技术，过硬的产品，相当的规模，现代化的管理水平等。能够起到核心的作用，能把其他企业吸引和联合到自己的周围。如果一个企业不具备这样的条件，就不要勉强去当主角和"龙头"。硬要去当，不仅贻误自己，还会害及别人。不能当主角、"龙头"，就当配角和"龙体"。不能存有当不上主角、"龙头"，也不当配角、"龙体"的想法。因为主角和配角、"龙头"和"龙体"是相辅相成的，当配角、"龙体"也可以使企业受益。其次，要摆正主角和配角、"龙头"和"龙体"的关系。主角企业和配角企业、"龙头"企业和"龙体"企业之间的关系是平等合作、互惠互利的关系。各企业都是独立的法人，在企业集团中处于平等地位，如果说在地位上有差别的话，也只是表现在各自在集团的生产经营活动和分工协作方面所处的位置和层次有所不同。因此，作为主角和"龙头"企业，不能财大气粗，仗势欺人，只想控制"龙体"企业，只想从"龙体"企业得到好处，而不去支持和帮助"龙体"企业。作为配角、"龙体"企业，也不能自卑，要以平等的身份主动与"龙头"企业合作，积极利用"龙头"企业的优势，求得"龙头"企业的支持和帮助。也不能只想捞"油水"，不想付出"汗水"，更不能有"以小啃大"的目的。总之，主角企业和配角企业、"龙头"企业和"龙体"企业，要相互尊重，真诚合作，这样才能以"龙头"带"龙体"，以"龙体"促"龙头"，双方互相促进、共同受益、共同发展。

目前企业在协作问题上存在的不足是有些强势企业有垄断行为，以老大自居，不尊重弱势企业的利益；而有些弱势企业在合作中存有贪便宜和急功近利行为。所以，常常使合作、协作不欢而散。

7. 企业同竞争对手的矛盾（包括企业和外商的竞争）及其化解方法

处理企业同竞争对手的关系，就要研究二者的同一性和斗争性。在市场经济条件下，构成了二者的矛盾。作为矛盾双方，二者有对立的一面，表现为双方利益不同，所以在竞争中要坚持据利力争的排他性精神，不能有丝毫的畏惧、软弱和幻想。然而，双方又有同一性的一面，即存在着共同的利害关系，所以在斗争中要进行合作，只讲你死我活可能带来两败俱伤的结果。争取双赢，这是当今企业竞争的新特点，企业应在竞争中吸取和利用对方的有利因素以达到壮大自己、发展自己的目的。可见，如果只斗争不合作，利益皆失。但只讲合作，不讲斗争，就失去了发展的压力和动力。所以要既斗争又合作。合作是由双方的共同利害决定的，在双方所提出的意见和条件不一致时，就要创造条件，促使双方的意见、条件发生转化，使双方达成一致的协议。所谓创造条件，无非是双方在坚持自身利益的前提下，相互做出一些让步，这样，双方都做出一些小的利益的牺牲，又不损害双方的根本利益，也就能达到双赢了。

在处理企业同竞争对手的矛盾的问题上存在的不足是：缺乏现代竞争观念的双赢意识。有的企业甚至还停留在你死我活的竞争观念上，总想把对方整垮。相反有的企业如海尔集团，则是现代竞争观念，他们为了促使自己发展，甚至主动制造危机意识，把自己的技术转让给其他企业，然后再去进行技术创新，开发研究新的技术，使自己永葆技术前沿地位。

8. 企业同政府、媒体的矛盾及其化解方法

企业和政府的矛盾，实质上是宏观调控与规制和微观搞活的矛盾，政府为了国民经济的顺利发展和全社会公民的利益，要不间断地对全社会企业的经济活动进行监管、调节和控制，这种监管、调节和控制会对企业的生产经营活动产生影响，可能给企业发展增加制约，也可能为企业创造机遇与便利。为此，企业应认真研究国家的经济发展计划和各种经济政策、法律法规等，必须使自己的经济行为顺应宏观调控的要求，这样，企业才

能受益；反之则会受损。同时，企业应善于利用政府的优惠政策和引资平台，及时调整自身的经营战略以取得更大的经济效益。

目前企业在处理同政府的矛盾上存在的问题，一是企业无视政府的法律法规和监管调控，违法、违规和违纪问题普遍化，有的企业还相当严重，如这些年被媒体所披露的接二连三的食品安全问题、煤矿安全生产问题、资源乱开乱采问题、环境污染问题等，应该引起我们的关注和思考。二是有相当数量的企业不是通过正常渠道和方法取得政府的支持，而是通过不正常的渠道和方法同政府部门的有关人员拉关系，走后门，甚至通过对政府部门的有关人员进行贿赂来解决问题和取得好处，这些行为都是错误的和必须加以禁止的。

企业同媒体的关系也是既需要合作又可能产生芥蒂的矛盾关系。一方面，企业产品和形象需要通过各种媒体广告大力宣传，使之家喻户晓；企业有益于社会的活动也需要媒体加以报道传播，以提高企业的知名度和美誉度。媒体的生存发展也是需要企业广告费用支持的，通过宣传名牌企业或企业美好形象，媒体也增加发行量获得经济效益，同时媒体也宣传了自己，给自己做了广告。双方的关系是可以"双赢"的。另一方面，当企业行为违法违规伤害社会消费者的时候，媒体作为社会舆论监督阵地首先会对其采访报道，加以抨击，使企业的经济和社会效益受损，这体现了双方关系的对立性。此时，聪明成熟的企业应该不拒绝媒体的采访，而是与媒体配合，及时发布公开消息，表明改善或挽回的真诚态度，阻止谣言传播，博取社会谅解。

目前我国企业与媒体关系中存在的主要问题是：许多企业不懂得如何与媒体建立健康双赢的关系。企业发展顺利、需要媒体宣传时就拿钱找媒体大做广告；一旦企业出现问题，就与媒体交恶，拒绝采访，甚至对记者进行人身攻击。岂不知宣传报道是媒体的职责，是媒体的业务，企业不配合媒体完成采写报道，媒体也需要完成任务，那就只好把道听途说的内容发表出来，这很可能夸大企业的问题和危机，从而给企业带来消极甚至恶劣的影响。所以企业很有必要学会掌控传媒的艺术，处理好与传媒的关系。

总之，企业的人际关系矛盾是企业经营管理中永恒的话题，必须认真对待和有效处理，这样才能激发和永葆企业的活力和发展动力。

（二）解决企业人际关系矛盾的具体方法

按照矛盾原理，解决矛盾有四种方法：一是矛盾双方相互克服的方法，也叫一方战胜一方的方法；二是矛盾双方相互融合的方法；三是矛盾双方同归于尽的方法；四是矛盾双方并存的方法，也叫双方相互寻求适合自己存在形式的方法。另外还有抓重点带动一般的方法。在企业经营管理活动中，企业家们总结出了许多行之有效的方法就是这些方法的具体表现：

1. 对立管理法

此方法是矛盾双方相互克服的方法的具体表现。在企业管理中，对立的作用不可或缺，尤其是对初登管理者岗位的管理者。王先生在 MBA 毕业后，受聘到一家民营企业任总经理。最初，他特别重视团队的和谐，但很快就发现，下属表面的和谐下隐藏着对自己的不忠诚和对工作的集体怠惰。于是他采取措施：采用绩效管理方法，让基层管理者之间、员工之间相互评价，竞聘上岗，组织竞赛等，制造对立。过了一段时间，企业竞优争先的精神面貌又回来了。

某企业老总花重金聘请了咨询公司来为企业做流程再造，并授意把自己的对手排除在外。咨询人员成功地把企业从原先的二元统治变成了老总的一手遮天。然而，结果让人失望，一个个决策失误纷至沓来。

在老总除掉对手之前，每一次决策会议都有正方与反方的辩论，这无形中让每个决策的细节和风险得到挖掘，从而让决策变得科学而且易于执行。一元统治下，每个决策在创意阶段便交给了执行人员，而执行人员没有权力和胆量来质疑或询问。这样一来，企业焉能不败？

企业多元统治下虽然存在着彼此掣肘的风险，但更重要的是相互监督。一元统治下大家心照不宣、知而不报，就导致了企业问题迅速地滋生、集聚。

企业管理中开展劳动竞赛、工作评比，分配、奖金拉开档次，提倡不同意见的百家争鸣、畅所欲言的民主辩论等都是对立管理法的体现。海尔等企业的"赛马不相马"、竞争上岗、竞聘干部职位等都是一种对立管理法。

2. "拧麻花"管理法

此方法是矛盾双方相互融合方法的具体表现。是华为公司总裁任正非先生的发明和独创。在企业管理中，管理者与员工所站的角度不同，故所看到的事物的情况就会不同，关注点也不同。管理者所看到和所关注的是如何让员工按照既定的路线走；而员工看到和所关注的是我如何做才能实现自己的目标和达到自己的目的，自己的目标和目的可能有很多种，有的目标和目的与公司一致，那就和管理者不发生对立，但有的目标和目的不一定与公司一致，这时公司的利益与个人利益就发生冲突，那员工和管理者的对立便产生了。这时，管理者应该做的就是如何兼顾员工和公司的利益，在双方的对立中寻找一个能把双方利益结合起来的平衡点，把双方对立处理得恰到好处，这便是一种在对立中把握统一的矛盾双方相互融合的管理方式。

用华为公司总裁任正非先生的话来说，这叫做"拧麻花"。两股对立的力量同时作用，相反相成，就像拧麻绳一样，一个往左使劲，一个往右使劲，结果是绳子越拧越紧。

拧麻花可以有多种拧法。可以是前后拧，也就是增加一个时间的维度，一个时期强调一种主要倾向，一张一弛，波浪式发展。也可以是左右拧，在组织中建立扩张的部门和制约的部门，你扩张，我制约，你攻城略地，我管理经营。还可以是上下拧，企业高层管理者往战略方向上拧，中基层主管和员工往效率和效益上拧。更可以是里外拧，内部追求股东和员工利益，外部满足顾客和合作者利益，维护哪一方利益都必须以其他方面利益的合理实现为前提，损害哪一方利益都会损害各方面的利益。

从使命和战略上看，企业是为什么的？产权学派认为是为股东利益最大化。那么怎么实现股东利益最大化呢？由于股东在利益分配上是排在最后的，所以要实现股东利益最大化，首先要实现顾客的合理利益、员工的合理利益，以及各种利害相关者的合理利益。于是我们看到，凡是真正为了股东利益的企业家或经理人，一定是非常关注顾客和利害相关者利益的，凡是那些在使命宣言中以及在日常运营中把顾客利益摆在首位的企业，他们的股东反而得到了丰厚的回报。这就是拧麻花。

从组织机制上看，直线职能制是一种上下一致的机制，战略制定与执行的职责集于一身，长远目标与短期目标的实现系于一人。但这种组织的一致性并不能确保结果的一致性，相反，往往是顾了短期，丢了长远，注重了效率，忽略了市场。为什么会造成这种结果呢？因为直线职能制经常使直线主管处于一种两难的困境，既要管方向，又要管效益，既要管过程，又要管结果，难免顾此失彼。用拧麻花的观点来看，它的上下两股劲在朝一个方向上使，因此越拧越松。而分权制就不是这样，它是一种上下相悖的机制，它将直线职能制主管的两难困境适当分离。公司总裁主要负责战略和政策制定，事业部总经理主要负责竞争对策和盈利；总裁不管日常运营，集中考虑企业发展的大计；事业部总经理则深入市场竞争和经营管理的细节，追逐利润，追求效率，快速响应客户需求。令人感兴趣的是，达到这种理想效果的组织设计原则是互相冲突的。连创造分权制的美国通用汽车公司原总裁 A. 斯隆，几十年后在《我在通用汽车的日子》一书中重提分权制的两条设计原则时，自己都忍不住说，这两条原则在文字上是对立的。然而，正是这种对立的体制，创造了企业发展的奇迹，这真是一个对立管理的成功例子。

从控制与激励的关系上看，成功的做法应当是，越是强化控制，越要加大激励力度。像对销售网络的管理，要控制应收账款和库存损失、杜绝渠道运作的跑、冒、滴、漏，提高网络的运作效率，就要利出一孔。方法是实行财务和物流与业务的分离，收支两条线。但加强控制可能产生的负面效应是活力的降低，因为灰色收入没有了，权力没有了，一线销售人员的既得利益受到损害了。所以，加强控制的同时，必须加大激励，只要条件许可，应尽量实行销售提成或收益分享。正如美国沃尔玛公司的创始人萨姆·沃尔顿所说的：越是与员工分享利润，企业的利润就越多。控制与激励并用，监督与授权并重，这就是拧麻花。

还有企业中的扩张与控制、集权与分权、团队合作与尊重个性等等，相反相成，将许多对立处理得恰到好处，便是一种对立管理方式。

比如说，扩张与效益就是一对基本对立。企业必须扩张，这是企业逐利的本性和竞争的压力所决定的。但扩张虽可扩大份额或进入新领域，而效益却往往不能同步增长；反之，一强调效益，利润导向，就可能抑制扩张，缩手缩脚。怎么实现扩张与效益的同步增长，其尺度实在不易把握。

再比如，团队合作与尊重个性也是一对关键的对立。往往是一强调团队合作，个性就容易被压抑，个人的创新就减弱了，甚至发生优秀人才大量流失的现象；反之，一强调个性和鼓励个人业绩，团队协作就被冲淡了，跨部门大型项目协调的难度随之加大。那么怎么在团队合作中充分尊重个性，使整体大于部分之和，这可能是一个组织，尤其是高技术企业最难解决的问题。

还比如，控制与活力的对立，这在管理中可能是最难处理的一对对立。许多企业都有过一放就乱、一统就死的经历。怎么实现既有效控制，又活力旺盛，这大概是许多企业苦苦探索的理想状态。

扩张与效益，团队与个性，控制与活力，过程与结果……这些都是企业管理中既相互对立又相互依存的关系，它们是共同推动企业发展的两股力量。能不能实现两股力量、两个对立方面的均衡作用呢？这是企业可持续成长的一个根本命题。

3. 对立和谐管理法

此方法也是矛盾双方相互融合方法的具体表现。一位管理着几万人的国营企业老总认为，和谐固然重要，但必须用对立来驾驭，否则和谐将变成小团体主义。他的做法是对直接的下属必须制造对立，让他们面临竞争，保持斗志和上升动力。但是在作业层面必须有充分的和谐，因为只有基层人员的和谐才能够让业务得到优势互补，在关键时刻交叉补位，保证业务的万无一失。基层的和谐可以由中层、高层管理人员去掌控。用中高层的对立来驾驭基层的和谐，是他成功的秘诀。

对立与和谐各有各的作用，对立能够诞生更好的决策，和谐会给企业带来执行的空间。对立利于自新，和谐利于继承。企业需要对立，也需要和谐。

在企业过于和谐的时候，就要通过对立来激励，在企业对立过多的时候，则要通过和谐来维系。至于保持怎样的一个度，那就要看企业的实际情况了。

4. 问题管理法

此方法属于抓重点带动一般的方法。中国首位问题管理专家孙继伟博士对问题管理进行了系统、全面的阐述，他认为问题管理是以解决问题为导向，以控制问题、表达问题、归结问题、处理问题为核心的一套管理理论和管理方法。也可以说，问题管理就是借助问题进行的管理。问题管理是四大管理模式之一（另三种是科学管理、人本管理和目标管理）。当今企业的外部环境和条件日益复杂，并且这些因素对企业的影响越来越大，同时管理学呈现出整合化和精细化的趋势，这两个方面促使管理者对问题管理的需求越来越大。

问题管理法简单而有效。问题管理理论认为：企业问题普遍存在，优秀企业的问题并不比普通企业的问题少，每个人都能发现一些比较零散的问题，但要发现众多问题中的关键问题并不容易。所以，以系统的视角、专业的方法、刨根问底的精神来"发掘问题"是问题管理的重要环节。

问题管理是以问题为切入点，并以解决问题为导向的一种管理模式。这种管理模式包括三个层面：第一个层面是问题的理论，它是对问题进行总结和研究以后，经过高度抽象和概括得出的普遍规律；第二个层面是问题管理的技术，这个层面通过培训、咨询、顾问等方式把问题管理理论变成可操作、可执行的管理实践；第三个层面是问题管理实务，它是企业工作人员在具体管理工作中导入问题的原理和方法。

问题管理抓住的是企业活动中最核心、最急迫、最棘手的问题，是企业运行中的主要矛盾和矛盾的主要方面。通过对这些问题的解决，或带动企业实现跨越性发展，或避免企业陷入重要危机，或打通企业的关键环节，从而使企业运行更卓有成效。

5. 化解管理法

此方法属于矛盾双方并存的方法或双方相互寻求适合自己存在形式的方法。关于化解矛盾冲突，处理企业矛盾的长效之道，古人有许多说法：或曰"化干戈为玉帛"；或曰"铸剑为犁"；或曰"相逢一笑泯恩仇"，等等。也就是说，在一定条件下，得当的方法措施，可以化战争为和平、化对抗为合作、化仇恨为友爱。

由于企业存在的各种矛盾，一般属于人民内部矛盾，不像恩仇、剑犁、戈帛那样激烈对抗和冲突，按理，也应该易于化解或缓和。可是在实际生活中，有些企业经营管理者在处理企业矛盾时，由于认识失误、处置不当，反而使矛盾火上加油，不仅未能缓和矛盾，还使矛盾更加激化，甚至导致激烈的动荡。

构建和谐企业、和谐社会，必须正确地认识和处理好企业的内部矛盾。所谓正确认识和处理，就是对不同矛盾用不同的方法去认识和处理。这样，才能收到"得法者事半功倍"的良好效果。

国内外企业管理者在化解企业矛盾中，创造和积累了许多行之有效的方法：

（1）用共同愿景化解管理矛盾。企业是由不同层次、不同个性的人组成的，"人上一百，形形色色"。共同愿景可使这些来自五湖四海的员工，为了一个共同的愿景、目标走到一起，使本来可能互不认识、互不信任的人产生一体感，为企业的任务、事业和使命同心协力去奋斗。

共同愿景的形成，易于培育员工的大局意识。为了共同的使命，能做到"求大同，存小异"；能坚持对的、改正错的；能避免组织里的明争暗斗、争权夺利的"办公室政治"；能做到为了维护和发展共同愿景，做出必要的自我牺牲，甚至形成无私奉献、主动奉献的团队之道。

共同愿景会激发出员工的创造潜能和创新热情。当一个人努力想达成愿景时，他知道需要做哪些事情，但是却常不知道要如何做，于是他进行实验。如果行不通，他会另寻对策，改变方向，收集新的资料，然后再实验。他不知道这次实验是否成功，但他仍然会试，因为他相信唯有实验可使他在不断尝试与修正之中，一步步地接近目标。对共同愿景的执著追求是他大胆实验开拓创新的动力。

共同愿景可以引导人们恰当地处理长远目标与近期目标、远期利益与眼前利益、整体利益与局部利益、集体利益与个人利益的矛盾关系，并从中找出良好的平衡。

真实有效的共同愿景，可以凝聚企业上下同欲的强大而持久的合力，克服企业面临的内忧外患。所谓共同愿景的真实有效，是指这个愿景是企业中的人们心目中真正想要实现的组织目标和愿望景象。它植根于个人的愿景，从个人愿景汇聚而成而非只是企业高层的宣示，或者由组织规划出来而员工不知或不认同的"官方愿景"。这种"官方愿景"对于管理中的矛盾只能起治标不治本的作用，在更多情况下，它会掩盖矛盾甚至制造出新的矛盾。

（2）用"三公"（公平、公正、公开）原则化解分配和人事矛盾。企业中的大量矛盾是由于分配不公、用人不公引起的。上下级之间的矛盾、不同利益群体之间的矛盾、改革转制中引发的各种矛盾，往往同企业管理者在利益分配上失却公平、公正和公开，在选人用人上失却公平、公正和公开密切相关。"不患寡而患不均"，这本就是人们心中的一个结，如果又是暗箱操作，这个结就会成为难解的死结。事实上，如果在分配上做到公平、公正和公开，效率优先与兼顾公平之间就能找到较好的平衡度，先富与后富、贫与富之间的差别，就不易引起猜疑、忌妒和不满，贫富差别也难以向贫富悬殊对立的方向演变。在"三公"原则之下，人们会倾向于承认差别地位、差别贡献产生的差别收入分配，将差别压力转化为进取的动力。

企业或组织在选人用人上的不公，会形成任人唯亲、拉帮结派、山头主义，这对企业或组织是一种强大的瓦解剂。失缺公正、公平和公开，在暗箱中混淆选人用人的正确标准，会淹没真才实学之士或将他们逼出企业，会使平庸无能、溜须拍马之徒聚集在裙带之下。同时也会在企业或组织中形成"一朝天子一朝臣"的人事震荡。

用"三公"原则认识和处理企业分配和人事矛盾，能最大限度化解员工在配置"权"（用人）与"利"（分配）中产生的误解、不平与怨恨。因为"三公"，信息是透明的、标准是科学的、过程是规范的，这就使各种不正之风难以藏身，腐败行为失却隐身的条件，收到"公生明而廉生威"的效果；因为"三公"，就会引导人们在比收入、比地位时更比贡献、比能力、比水平、比道德，形成以能者为师、向贤者看齐的文化氛围，使以政客式的手段争权夺利的"办公室政治"成为不必要或不可能。

许多企业在改革转制、兼并重组、下岗分流、主辅分离等等深化改革中的矛盾尖锐化，甚至产生群体性的激烈对抗，深入分析就会发现正是失缺"三公"引起的。而那些改革转制等顺利进行的企业，其重要的经验，也正是坚持了"三公"原则。实行"三公"，企业自会安定，天下自会太平，改革便在其中，稳定便在其中，发展便在其中了。

（3）用诚实守信化解"三信危机"产生的矛盾。由信任、信心、信念危机产生的种种矛盾，极大地困扰着企业物质文明、精神文明和政治文明的建设。因为不讲诚信，使企业内部的人与人之间、部门与部门之间、管理者与员工之间、企业与利益相关者之间、企业与政府媒体大众之间失却了相互信任，使经济交往失却了信用，因而也使人对人失去信心、对事业失去信心、对组织失去信心，进而信念发生动摇——没有什么是值得信赖的。

因为不讲诚信，商业关系被破坏，交易成本大增；人际关系被破坏，交往成本大增；社会经济关系、政治关系、法律关系、文化关系被扭曲，社会成本大增。这就极大地增加了企业内部、社会内部的内耗，造成人际关系的冷漠、怀疑、对立和冲突，助长人们以怀疑一切的眼光对待一切人、对待一切事。言不可信、行不可信、事不可信，每个人都在防止掉入别人可能设下的陷阱，而最终每个人或者掉入别人挖的陷阱，或者掉入自己给别人挖的陷阱而不能自拔，造成人人自危的难堪局面。

因此，重建信任、信心和信念，化解信任、信心、信念危机，就要从企业活动讲诚信开始，从发扬"三老四严"作风开始，从管理者的言行一致开始，从言必行、行必果开始。这样，讲诚信的企业与社会，才可能是互信、互助的企业与社会；才可能建设为信用发达的企业与社会；才是文明的企业与社会。

（4）以民主法制化解经营失误、失范的矛盾。企业经营，失误最大、损失最大者是决策失误。而要减少决策失误，提高决策科学性，最有效的途径是实行民主决策。在企业经营管理中坚持民主决策有三大作用：一者，可以使不同的意见、建议、思想得到充分而全面的表达，避免出现压制不同意见而产生的矛盾，有利于既有统一意志又有个人心情舒畅这种生动活泼局面的形成；二者，不同意见建议的充分全面表达，可以使决策时有多种选项的比较，在比较中更易于识别和选择其中的正确选项，从而减少决策失误，避免决策失误产生的重大损失；三者，各种意见一旦有了自由、充分而全面的表达机会和渠道，就会促使人们放下思想包袱，解放思想，开动脑筋，形成知无不言、言无不尽，人人用心，个个尽力，开发潜在智能，形成群策群力的经营管理态势。

企业经营管理中最大的失范或混乱，是不依法进行经营和管理造成的。尤其是在经营管理中违法乱纪引发的矛盾冲突，危害非常之大。比如，企业与消费者的矛盾，多数是由企业违背《消费者权益法》引起；企业与员工之间的矛盾，主要由企业违背《劳动法》引起；企业与股东等利益相关者的矛盾，多数因企业违反《公司法》引起；等等。除开无法可依产生的矛盾不说，有法不依、执法不严、违法不究，是滋长经营违法、管理违法、秩序失范的重要原因。因此，建立和谐企业与和谐社会，化解经营管理失范引发的企业矛盾冲突，加强法制是根本有效的途径。

（5）用感恩文化化解人际矛盾。现在许多企业的劳资矛盾、上下级矛盾比较尖锐和突出，人际关系比较僵硬。化解这些矛盾，除了用上述共同愿景化解、用"三公"原则化解、用诚实守信化解、用民主法制化解外，培育良好的企业文化和社会文化，也是化解矛盾的有效途径。

一位久居美国的学者回国后谈及美国社会说，虽然其各种矛盾错综复杂却又能总体保持长治久安、朝气蓬勃，其中重要的原因之一，是美国社会有四种民间文化起了巨大的润滑作用。这四种文化是鼓励文化、礼让文化、助人文化和感恩文化。毫无疑问，这四种文化对化解任何矛盾都是大有助益的。这对正处于社会矛盾凸显期的中国企业和社会而言，很有借鉴的必要。这里略谈一下培育感恩文化对于化解人际矛盾尤其是劳资矛盾与上下级矛盾的必要性。

我国本来也有感恩的文化传统，如"受人滴水之恩，当以涌泉相报"，但这些年来被人们淡忘了。在有些企业或组织提倡的感恩文化里，又片面地强调劳动者对资本家要感恩、员工对老板要感恩、群众对管理者要感恩。这种单向的感恩文化导向，扭曲了感恩文化的本义，不但无益于化解矛盾，反而有激化矛盾的态势。

健康的感恩文化倡导双向的感恩，老板与员工、资本家与劳动者、管理者与群众，要互相感恩。尤其是老板一方、资本家一方、管理者一方，更应在感恩文化的培育中起主导作用、带头作用、示范作用。作为劳动者、企业员工和一般群众，也应感恩资本家、老板和管理者创造的条件、提供的机会和良好的经营管理；作为资本家、老板和管理者，更要感恩劳动者、员工和群众的辛勤劳动、牺牲与贡献。古人有"一将功成万骨枯"之说，松下幸之助等世界级企业家们也说过，"企业是员工的"。因此，那种认为老板养活了员工、资本家养活了劳动者、管理者养活了群众的说法是不正确的。不要说与事实不符，与唯物史观不符，也与佛教等宗教提倡的伦理不符。

有些企业家说：我不相信唯物史观，但我相信宗教、相信佛教、基督教或伊斯兰教。过去，我们说是工人养活了资本家，这个认识有失公允和偏颇，需要纠正，但如因此走向另一个极端，认为是资本家养活了工人，也是不对的。伊斯兰教义说，每个人都自己带有口粮。这与我们说的自己给自己发工资的意思是一致的。那些以救世主自居的老板或管理者，单方面要求员工或群众要对自己感恩戴德的想法与做法都是不对的、有害的。

如今许多企业的老板或组织的管理者，把自己今天的财富、地位与名望，仅仅看做是本人"自我奋斗"的结果。这种认识不要说与马克思主义不符，就连非马克思主义经济学家也是不认同的。诺贝尔经济学奖获得者萨谬尔森在其享誉世界的著作《经济学》中这样写道：某些行业的组织者认为，他由于"自我奋斗"获得了成功，并且"创造"了自己的企业，而事实上，是整个社会向他提供了技术工人、机器、市场、安定和秩序——这些范围广泛的条件和社会环境是千百万人经过许多年共同努力创造出来的。如果把这些因素统统去掉，那么，我们只不过是以树根、野果和野兽为生的人。

培育感恩文化，听听净空法师的告诫也许是有益的。他说："感激伤害你的人，因为他磨炼了你的意志；感激欺骗你的人，因为他增进了你的见识；感激鞭打你的人，因为他消除了你的业障；感激遗弃你的人，因为他教导了你应自主；感激绊倒你的人，因为他强化了你的能力；感激斥责你的人，因为他助长了你的定慧。感激所有使你坚定成长的人。感恩犹如心泉的泉水，源源不断，它滋润心田，免于干涸；它让生命充满生机，洋溢朝气，遍洒阳光。"（净空法师：《生活在感恩的世界》，2010 年 12 月 26 日，香港佛陀教育协会，档名 21 – 622 – 0001）感恩的心是博大的，博大的心装得下世界。能装下世界的老板和管理者，才能打破"经理封顶"的局限。

净空法师的劝诫，值得资本家与劳动者、老板与员工、管理者与群众共同听取。尤其值得资本家、老板与管理者听取。但决不能以此作为资本霸权、老板强势和管理者的官僚主义，伤害、欺骗、鞭打、遗弃、绊倒、斥责、奴役员工和民众，而要求员工感恩的理由。

（6）调离管理法。此方法属于矛盾双方同归于尽的方法。企业干部之间、员工之间出现摩擦、纠纷，各存其理，也各有其错，不好说服，不好协调，又不能压制，在出现僵局的情况下，为了使各方都不受到伤害，只好采取消极被动的方法即分离、调离的方法，将各方调离原工作岗位，进行反思和冷处理，以观后效。此方法也不失为一种处理企业人际关系矛盾的好方法。

第三节　企业矛盾是企业发展的动力和活力

　　企业矛盾是不可否认的客观存在，解决企业矛盾的态度是正视矛盾，积极面对矛盾，主动乐观地解决矛盾，这就要看到企业矛盾的积极的作用。矛盾是事物发展的动力和源泉，企业矛盾是企业发展的动力和源泉，是企业的活力所在。离开企业矛盾，就没有企业的活力、发展的动力和源泉可言。

　　关于企业矛盾是企业发展的动力和源泉问题，也有不同观点：

　　（1）"内因动力说"。认为企业内部矛盾是企业发展的动力，外部矛盾只是企业发展的条件，他们主张只强化内部管理就够了。此观点把动力问题同内外因问题搞混了，从事物发展原因讲，内部矛盾即内因是根据，外因是条件，而作为事物发展动力的矛盾，应该既包括企业内部矛盾，也包括企业外部矛盾。

　　（2）"外因动力说"。认为企业外部矛盾如资源、经济环境、政策环境才是企业发展动力，他们主张优化外部环境，特别是要同政府各主管部门搞好关系，以获取这些部门的支持。此观点只看到了企业外部矛盾如资源、经济环境、政策环境对企业发展的重要性，而忽视和丢掉了企业的内部管理。

　　（3）"对立动力说"。认为只有企业中的差别、对立才能激发企业发展的活力和动力。他们主张在企业内部有意制造对立，拉大差距，以增加员工的压力，激发员工的竞争力和上进心。此观点只看到了企业矛盾对立斗争的作用，而忽视了企业矛盾统一和谐的作用。

　　（4）"和谐动力说"。认为只有企业中的统一、和谐、团结才是企业发展的动力。他们主张在企业内部倡导和谐、团结，培育团队意识和精神就可以了。此观点只看到了企业矛盾统一和谐的作用，而忽视了企业矛盾对立斗争的作用。

　　我们赞成矛盾动力说，即对立统一动力说，企业各方面既对立又统一，由此推动着企业的运动、变化和发展，构成了企业发展的动力和源泉。为什么说企业矛盾即对立统一是企业发展的动力和源泉，如何理解企业矛盾即对立统一是企业发展的动力和源泉，是企业的活力呢？这就要了解企业矛盾诸方面的斗争性和同一性的内涵、相互关系，以及它们在企业发展中的地位和作用。

企业矛盾的斗争性表现为企业各方面的差异，工作、职位、职务、职称、岗位、工资、待遇、利益等不同，这是才能、能力、技能等所造成的差别和不平衡，而这种差别和不平衡又是可变的。

在企业管理中，平衡是相对的，不平衡是绝对的。巧妙地运用不平衡，有许多好处：第一，不平衡可以产生原动力，例如：收入拉开档次，制造收入不平衡，明晰晋级标准，激发低档次收入人群的上进心；对于高收入档次的人群，要保持收入，就要奋发努力，完成既定任务。第二，不平衡是试金石，可以发现员工的心态是否健康？健康心态的员工对待不平衡是积极的心态，努力工作，争取好的收入；心态不健康的员工，就会牢骚满腹，消极对抗，这样企业可以有针对性地进行教育引导，对于教育无效者及时淘汰。第三，不平衡可以提升员工的整体素质，在不平衡中员工可以磨炼 EQ，可以不断提升自己的技能和工作水平，激发员工不断学习向上的劲头进而素质不断提升。第四，不平衡是企业管理人员整体素质提升的实战培训，打破一个旧的平衡，建立一个新的平衡，都需要各级管理人员，认真应对，解决打破平衡的矛盾，解决建立平衡时产生的问题，如何在平衡、不平衡间做好管理工作？对于管理人员也是一个挑战，大多数管理人员会在动态平衡中学习到操控的本领。

企业不断组织竞赛活动，构筑竞聘上岗、竞争上岗平台，为改变这种差别和不平衡，提高员工才能、能力、技能创造了条件，这就使大家有了奔头，从而焕发出了争上游的精神面貌，使企业有了活力。可见，企业矛盾的斗争性及其所造成的不平衡性，对企业发展起到了一个推动力的作用。没有这种推动力，企业就不能发展。

运用不平衡性原理管理企业具有重要意义，人们的普遍心理是维持平衡，其实很少有人去想，维持平衡是无法进步的，企业发展的过程中，有这样一个规律在起作用：建立平衡，打破平衡，再建立新的平衡，再打破平衡……循环往复，企业正是在这种循环中，螺旋上升，由小到大。

企业矛盾的统一性表现为企业各方面的和谐、合作、依存、团结、稳定、友好、一致、平衡、有序等，企业各方面的差别和不平衡是有限度的，是统一中的差别，是有序中的不平衡，企业各方面的和谐、合作、依存、团结、稳定、友好、一致、平衡、有序等是企业发展的条件，没有这种条件，企业也就不能发展。企业矛盾的统一性很重要，研究统一的目的在于把握解决矛盾的条件，解决企业矛盾的关键有两个：一个是条件，一个是方法，从条件看，首先要分析，影响矛盾解决的因素都是什么？其中，有利因素构成有利条件，不利因素构成不利条件，我们就要去除不利因素即去除不利条件；发挥有利因素作用即发挥有利条件。第二步，还要看解决矛盾的条件是否完全具备了，如果没有具备，还要创造条件。总之，我们是条件论者，解决矛盾的条件不具备和不成熟，矛盾都不能急于解决，否则就会犯急于求成的急躁错误。解决矛盾的条件具备后，还要研究解决矛盾的方法问题。这样，矛盾就可以顺利解决。

总之，企业各方面的差异和不平衡是在企业各方面和谐、有序中的差异和不平衡；企业各方面的和谐、有序又是企业各方面差异和不平衡中的和谐、有序。差异、不平衡与和谐、有序是企业矛盾的两重关系，是不能分割和独立存在的，只有把企业中的差异、不平衡与和谐、有序相结合才能构成企业发展的动力和焕发出企业的活力，这里问题的关键是如何把握好企业中差异、不平衡与和谐、有序结合的合理度，这是当前企业经营管理中普遍存在和摆在企业家及所有经营管理者面前的一个重要课题。

不能把企业矛盾各方的差别和统一绝对化，把企业矛盾各方的差别绝对化就是绝对无序的混乱状态，没有规矩，杂乱无章。如前章所叙，企业是一个远离平衡态有序系统或非平衡态有序系统，有序系统就不能是混乱状态，没有规矩，杂乱无章；相反，把企业矛盾各方的统一绝对化就是绝对平衡的沉死状态，死气沉沉，没有活力。

还要懂得，企业平衡是相对的，切忌追求企业绝对平衡态，有人把绝对平衡态等同于有序，且认为有序就是好的，绝对平衡态下的企业，貌似有序，其实是沉死，没有活力，是没有活力的有序，没有竞争性的有序，是病态的有序，这种表面上的平衡和有序，会对企业发展起到极大的阻碍作用。

总之，不管是杂乱无章，还是死气沉沉，都不会是企业发展的动力和源泉，只有把企业各方的差别性和统一性结合在一起，这样既看到矛盾诸方面的对立，又看到矛盾诸方面的统一，在同一中把握对立，又要在对立中把握同一，才能处理、协调、解决好企业的矛盾，才能共同构成企业发展的动力和源泉，才能使企业充满活力。

　　综上所述，正视企业矛盾，牢记企业的基本矛盾，善于捕捉和解决好企业的主要矛盾，把握好企业矛盾的主要方面，协调和处理好企业的各种物际关系矛盾和人际关系矛盾，就能永久保持企业的活力和动力。

案例

员工为何不满意

　　阳贡公司是一家中外合资的高科技企业，其技术在国内同行业中居领先水平。公司拥有员工100人左右，其中的技术、业务人员绝大部分为近几年毕业的大学生，其余为高中学历的操作人员。目前，公司员工当中普遍存在着对公司的不满情绪，辞职率也相当高。

　　员工对公司的不满始于公司筹建初期，当时公司曾派遣一批技术人员出国培训，这批技术人员在培训期间结下了深厚的友谊，回国后也经常聚会。在出国期间，他们合法获得了出国人员的学习补助金，但在回国后公司管理者要求他们将补助金交给公司所有，于是矛盾出现了。技术人员据理不交，双方僵持不下，公司管理者便找这些人逐个反复谈话，言辞激烈，并采取一些行政制裁措施给他们施加压力。少数几个人曾经出现了犹豫，却遭到其他人员的强烈批评，最终这批人员当中没有一个人按管理者的意图行事，这导致双方面矛盾日趋激化。最后，公司管理者不得不承认这些人已形成了一个非正式组织团体。由于没有法律依据，公司只好作罢。因为这件事造成公司内耗相当大，公司管理者因为这批技术人员"不服从"上级而非常气恼，对他们有了一些成见，而这些技术人员也知道管理者对他们的看法。于是，陆续有人开始寻找机会"跳槽"。一次，公司管理者得知一家同行业的公司来"挖人"，公司内部也有不少技术人员前去应聘，为了准确地知道公司内部有哪些人去应聘，公司管理者特意安排两个心腹装作应聘人员前去打探，并得到了应聘人员的名单。谁知这个秘密不胫而走，应聘人员都知道自己已经上了"黑名单"，于是在后来都相继辞职而去。

　　由于人员频繁离职，公司不得不从外面招聘以补足空缺。为了能吸引招聘人员，公司向求职人员许诺住房、高薪等一系列优惠条件，但被招人员进入公司后，却发现当初的许诺难以条条兑现，非常不满，不少人干了不久就"另谋高就"了。为了留住人才，公司购买了两栋商品房分给部分骨干员工，同时规定，该用房不得出售，员工离开公司时，需将住房退给公司。这一规定的本意是想借住房留住人才，但却使大家觉得没有安全感。另外，公司强调住房只分给骨干人员，剩下将近一半的房子宁肯空着也不给那些急需住房的员工，这极大地打击了其他员工的积极性，致使这部分员工情绪低落，甚至有消极怠工的现象。在工资奖金制度方面，公司也一再进行调整，工资和奖金的结构变得越来越复杂，但大多数员工的收入水平并没有多大变化，公司本想通过调整，使员工的工作绩效与收入挂起钩来，从而调动员工的积极性，但频繁的工资调整使大家越来越注重工资奖金收入，而每次的调整又没有明显的改善，于是大家产生了失望情绪。此外，大家发现在几次调整过程中，真正受益的只有管理者和个别职能部门的人员，如人事部门。这样一来，原本希望公平的措施却产生了更不公平的效果，员工们怨气颇多，认为公司调整工资奖金，不过是为了使一些人得到好处，完全没有起到调动员工积极性的作用。

公司的考勤制度只是针对一般员工，却给了主管以及主管以上人员很大的自由度，如规定一般员工每天上下班必须打卡，迟到一分钟就要扣除全月奖金的30%，而主管以上人员上下班不需打卡，即使迟到也没有任何惩罚措施。普通员工对此十分不满，于是他们也想出了一些办法来对付这种严格的考勤制度，如不请假、找人代替打卡或有意制造加班机会等方法。公司人员岗位安排也存在一定的问题。本可以由本、专科毕业生做的工作，却由硕士、博士来干，大家普遍觉得自己是大材小用，工作缺乏挑战性和成就感。员工们非常关心企业的经营与发展状况。特别是近来整个行业不景气，大家更是关心企业的下一步发展和对策，但公司管理者在这方面很少与员工沟通。公司员工已经无心工作，上班时间经常聚在一起议论公司的各种做法以及前景问题。

　　——摘自周三多等《管理学——原理与方法》，复旦大学出版社2009年版，第476—478页。

第六章　企业经济活动价值论

　　企业经济活动价值论是关于企业经营的目的、目标、意义、方式的价值取向及现状的思考和评价的理论，企业为了什么而经营？经营的目标定位是什么？经营的价值意义是什么？如何选择经营的方式等，其核心问题是企业价值观和企业社会责任及其关系问题，企业拥有良好的价值观和社会责任感才能健康发展。

第一节　价值观概论

　　了解一般价值观，是理解企业价值观的基础。

一　价值观的内涵

　　先说价值，从哲学上说，对价值的理解有单向和双向之分，从单向说，就是有用性，有价值就是有用；从双向看，价值是有用和需要的一对儿关系范畴，即客体有用和主体需要，我们需要以很快的速度同好多人联系，手机能满足我们的这种需要，是有用和需要、满足和被满足的一对儿关系范畴。

　　再说价值观，价值观是人们对价值问题的根本看法，是关于客体对象的本质、对主体的有用性、重要性、意义的总体看法以及对主体追求、选择客体对象的行为、结果、效果的总体评价。包括：这个客体对象是什么，对我是什么关系，我需要不需要，对我好不好，有没有用，有什么用，用处大不大，有多大，我值不值得追求，应该不应该追求，怎么追求，追求的结果会是什么，效果会怎么样，等等。

　　上述定义分为两层意思，一是关于客体对象的本质、对主体的有用性、重要性、意义的总体看法，通俗讲就是，这个事物是什么，对我有没有用；二是我该不该去追求它、享用它。人不同于动物，动物只能被动适应环境，没有思维和认识，人有思维和认识，不仅能认识事物是什么、怎么样和为什么，而且还知道应该做什么、选择什么，发现事物对自己的意义，从而设计、确定自己的奋斗目标，并为之而实现。

　　价值观是一个长期形成的价值观念体系。价值观作为主体对客体对象意义、重要性的总看法和总评价，这种看法和评价是价值主体在长期的工作和生活中形成的，人的价值观建立在需求的基础上，一旦需求确定则反过来影响调节人进一步的需求活动，比如，一个人做企业，那么他就准备资金，注册创业，创业之后，又想把事业做大，成为富豪，享受生活，炫耀自己，他也想成为一个有学问、有能力的企业家，为社会做贡献，享受荣誉，他还想成为一个好丈夫、好父亲，享受家庭快乐等等，他就一直做下去，这里当然他要付出劳动，付出心血，付出精力，刻苦学习，还要兼顾家庭生活等，那么如何对待和评价学习、劳动、物质享受、精神享受、贡献、成就、家庭等，这在他的心目中存在主次、轻重、缓急、好坏之分，对这些事物的主次、轻重、缓急、好坏排序就构成一个人的价值观体系。

二　价值观的特点

1. 价值观具有主观性和选择性

　　价值观是一种基本信念，它带有主观、判断、选择的色彩，代表了一个人对于什么是好，什么是坏，什么是对，什么是错，什么有利，什么有弊，什么值得追求，什么不值得追求等意向，对某人、某物、某事的好坏、对错、有无意义和价值，都要经过主观思考、判断，在一些得失中做出选择，这反映了一个人价值观的主观性和选择性。由于人的价值观的主观性和选择性，对同一客体对象，不同的人就会有不同的看法和评价，这些不同的看法和评价，形成了人们不同的价值观。每个人都是在各自的价值观的引导下，形成不同的价值取向，追求着各自认为最有价值的东西。

2. 价值观具有个体性和群体性

　　价值观分个人价值观和群体价值观，个人价值观是因人而异的，不同人为什么对客体对象的价值看法和评价不同，因为，人的价值观的形成会受到其所处的社会条件、经济地位、身心条件、环境状况等因素的决定和影响，由于人的社会条件、身心条件、年龄阅历、教育状况、家庭状况、兴趣爱好等不同，所形成的价值观也会不同，这叫个体性价值观。但"物以类聚，人以群分"，具有相同的社会条件、经济地位、思想利益的人也会产生和形成共同的价值观，这叫群体性价值观。

3. 价值观具有相对稳定性和变动性及可塑性

人们的价值观一旦形成，就具有相对稳定性和持久性；但又是可以改变的，由于社会条件、经济地位、环境的改变、经验的积累、知识的增长等原因，价值观也会发生相应的变化。正是由于价值观的这种可变性，我们就可以对人们的价值观进行塑造，引导人们树立正确的价值观，能否树立正确的价值观和科学、合理的价值取向，对一个人的成长和发展是至关重要的。

三　价值观的作用

价值观对人们自身行为的定向和调节起着非常重要的作用。价值观决定人的自我认识，它直接影响和决定一个人的理想、信念、生活目标和追求方向的性质。价值观的作用大致体现在以下两个方面：

1. 价值观对人的心理和思想具有支配作用和驱动作用

人的价值观是一种内心尺度，价值观的深层基础是主体的根本地位、需要、利益和能力等，是人的评价标准系统，人的价值观一旦形成，它就会成为人们心目中用以评价和称量事物价值轻重，权衡得失弃取的"天平"和"尺子"，人们就是用这样的天平和尺子去称量、评判一切人和事物，价值观像一部驱动器，驱动和支配着人的观念、信念、心理、态度、行为等，支配着人认识事物，认识自我，明白事物对自己的意义，进而了解自我、进行自我定向、实现自我目标设计等，为人从事正当的行为提供充足的理由。

2. 价值观对人的思想动机、态度和行为有导向作用

人的思想动机、态度和行为受价值观的支配和制约，具有不同价值观的人，其做事的思想动机、态度和行为不同，只有经过价值判断被认为是有意义的和可取的，才能转换为行为的动机，并以此为目标引导人们的态度和行动，价值观决定、调节、制约个性倾向，调节人的需要、动机、愿望等，它是人的动机、态度和行为的统帅，是决定一个人思想动机、态度

和行为的基础。

3. 价值观对群体行为和整个组织行为有影响作用

价值观不仅影响个人的行为，还影响着群体行为和整个组织行为。在同一客观条件下，对于同一个事物，由于人们的价值观不同，就会产生不同的行为。在同一个单位中，有人注重工作成就，有人看重金钱报酬，也有人重视地位权力，这就是因为他们的价值观不同。同一个规章制度，如果两个人的价值观相反，那么就会采取完全相反的行为，将对组织目标的实现起着完全不同的作用，所以，人们的价值观才有塑造之必要。

四　价值观的类型

价值观是一个多元化的复杂系统。该系统包含许多成分。每个人或多或少都具有各种成分，只是相对强弱不同、主导价值观不同。德国哲学家斯普郎格（E. Spranger，1928）在《人的类型》一书中提出了六种类型的价值取向：经济型价值观、理论型价值观、审美型价值观、社会型价值观、政治型价值观和宗教型价值观。这一理论影响很大，心理学家 G. W. 奥尔波特（G. W. Allport）等人于 1960 年据此编制了《价值观研究量表》，用于测量和研究价值观。下面是六种价值观取向的人的特点。

（1）经济型价值观。此价值观着眼于经济和物质利益，表现为追求物质财富，具有务实的特点，对有用的东西感兴趣。

（2）理论型价值观。此价值观着眼于理性思考，具有智慧、兴趣的特点，表现为求知欲强，富于幻想，重视用批评和理性的方法去寻求真理。

（3）审美型价值观。此价值观着眼于美的感受，具有美感体验的特点，表现为追求世界、事物的形式美与和谐美，以美的原则如对称、均衡、和谐等评价事物。

（4）社会型价值观。此价值观着眼于社会与人，具有利他和注重人文关怀的特点，表现为热心社会活动，尊重他人价值，常以是否有利于社会和大众是否安居乐业为评判人们行为的标准。

（5）政治型价值观。此价值观着眼于权力，具有追求权力、影响和声望的特点，表现为喜欢支配和控制他人。

（6）宗教型价值观。此价值观着眼于美好的信仰，具有真、善、美的特点，认为最高的价值是真、善、美的统一和整体，表现为相信神话和命运，寻求把自己与宇宙联系起来的感受。

第二节　企业价值观

著名的《企业文化》一书的作者泰伦斯·狄尔和阿伦·肯尼迪曾经指出：价值观念是企业文化的基。企业文化的所有内容，都是在企业价值观的基础上产生的，都是价值观在不同领域的体现或具体化。企业价值观不仅规定着企业发展的方向，而且还决定着企业的特征，是企业生存和发展之本[①]。

一　企业价值观的内涵

什么是企业价值观？按照一般价值观的含义，应从两个方面定义：一是对客体对象的本质、对主体的有用性、重要性、意义的总体看法。客体对象的本质，即这个事物是什么；对主体的有用性、重要性、意义，即对我有没有用，用处有多大。价值观是对上述问题的总体看法或根本观点。二是对主体追求、选择客体对象的行为、方法、结果、效果的总体评价：追求、选择，即我该不该去追求它选择它；行为、方法，即如何追求和选择；结果、效果，即追求和选择的结果是什么。是对上述问题的总体评价或根本观点。

关于企业价值观，理论界有不同观点和表述方法，看符不符合这个定义的要求。

有观点认为，企业价值观是企业对生产经营、目标追求、自身行为的根本看法、评价、选择和使企业获得成功的基本信念与行为准则。分解开来，有四层意思：（1）对生产经营、目标追求、自身行为的根本看法，就是对企业的本质、目标追求、对员工的有用性、重要性、意义和员工行为的根本看法。（2）对生产经营、目标追求、自身行为的评价，就是对企业的本质、目标追求、对员工的有用性、重要性、意义和员工行为及结果的评价。（3）对生产经营、目标追求、自身行为的选择，就是对企业的目的、目标、行为和方法的选择。（4）使企业获得成功的基本信念与

---

① 　陈亭楠：《企业文化务实手册》，中国致公出版社 2007 年版，第 137 页。

行为准则，就是如何追求，追求的结果、效果。这个表述比较符合价值观定义的要求。

有观点认为，企业价值观是指企业在追求经营成功过程中所推崇和选择的基本信念和奉行的目标。此表述包含有企业经营的目的、目标和行为的选择，但笼统、简单，不明确。

有观点认为，企业价值观是企业全体或多数员工一致赞同和选择的关于企业意义的终极判断。此表述也笼统、简单，不明确，关于企业意义的终极判断也就是企业的本质、目的、目标，对员工的有用性，怎么去追求，不明确。

有观点认为，企业价值观是企业决策者对企业性质、目标、经营方式的取向所做出的选择，是为员工所接受的共同观念。此表述包含有企业的本质、目的、目标、对员工的有用性和员工行为、方法的选择，如何做，但没有讲出来。

有观点认为，企业价值观是企业在长期的生产、经营、管理、服务活动中逐步形成的群体的共同心理定势和价值取向，是企业所拥有的积极向上的进取意识和信念。此表述很欠缺，核心意思是群体的共同心理定势和价值取向，没涉及企业的本质、目的、目标、对员工的有用性等，价值取向有追求、行为方法之意。

有观点认为，企业价值观是企业全体成员所追求的固有思维方式、行为方式和信念的综合。此表述也很欠缺，也没涉及企业的本质、目的、目标、对员工的有用性等，而且用词、表述也不准确，追求的应该是企业的目的、目标，思维方式、行为方式和信念是在经营实践中长期积淀和形成的，不是固有的。

几种定义表述不同，有的到位，有的欠缺。我比较赞同第一种观点，但需要充实和通俗化修改。我认为，企业价值观的定义应表述为：企业价值观是企业员工关于企业的本质，企业经营的目的、目标、意义、价值和对企业经营行为、方法的取向所做出的判断、选择、评价的根本看法。在定义中包含了企业的本质即企业是什么组织；企业经营的目的、目标即企业为什么而经营，经营的目标是什么；企业经营的意义、价值即自身价值评价；对企业经营行为、方法的取向所做出的判断、选择、评价即该不该追求，怎样追求，追求的效果如何等，是一个对企业及企业经营活动行为的认识、判断、选择和评价的综合看法，是一个复杂的价值体系。

二　企业价值观的内容

企业价值观的内容是企业价值观内涵的展开和具体化，企业价值观的内容从上述企业价值观内涵看，我们认为主要包括四层意思：第一，企业经营的性质和目的是什么；第二，企业经营的目标是什么；第三，企业经营的意义和价值是什么；第四，企业经营的方式和准则是什么。

（一）企业经营的性质和目的

企业经营的性质和目的，通俗地说，就是企业经营是一种什么样的活动？企业为了什么而经营？问题的答案在素质不同的经营者那里是不同的，有的认为是一种有益的职业和商业活动，企业为了营利和促进经济发展而经营；有的认为是一种正当的营利性活动，企业为了生存和发展而经营；有的认为是一种赚钱的活动，为了成为富翁而经营。可见，素质不同的经营者对企业经营性质的认识和经营的目的是不同的。本人认为，第一种观点正确的，企业经营的性质和目的是由前面讲到的企业的本质所规定的，即企业经营的目的是自身营利和造福于社会，其性质是一种自身营利和促进社会经济发展的活动。第二、三种观点不管是正当的营利性活动，还是为了成为富翁，都只讲到自身利益而忽视了社会利益，都是有缺陷和偏颇的。

（二）企业经营的目标

企业经营的目标是为实现企业经营目的进行战略规划的着眼点和归宿，企业经营的目标是由企业经营的目的决定的，企业经营的目标是企业经营目的的具体化，企业经营的目标在经营目的不同的经营者那里回答是不同的，有的认为企业经营的目标在于追求企业利润的最大化；有的认为企业经营的目标在于实现股东利益的最大化；有的认为企业经营的目标在于实现企业所有者和经营者利益的最大化；有的认为企业经营的目标在于实现企业所有者和全体员工利益的最大化。可见，经营目的不同的经营者对企业经营目标的认识和定位是不同的。第一种观点是传统观点，是从利润角度讲的，只讲企业利润的最大化。第二、三、四种观点是从利益角度讲的，其中，第二种观点只讲到股东利益，不全面；第三种观点只讲到所有者和经营者利益，也不全面；第四种观点讲到了所有者和全体员工利益，全体员工里面包括经营管理层人员，是全面的。但是上述四种观点都没有涉及社会和消费者的利益，是一个共同缺陷。企业经营的目标应该是实现兼顾企业所有者、经营者、全体员工利益和社会、消费者利益的利润最大化。因为只有满足所有利益相关者的利益，企业才能长寿、持续发展。

（三）企业经营的意义和价值

企业经营的意义和价值是对企业经营活动本身的价值评价，企业经营的意义和价值在不同的经营者那里回答是不同的，有的认为企业盈利多，赚钱多，意义和价值就大，相反就小；有的认为道德经营，盈利多，意义和价值就大，不能只看盈利，不看职业道德好坏；有的认为只要是合法盈利，盈利又多，意义和价值就大，不能要求所有企业都道德高尚。

仔细审视，可以得出以下结论：第一种观点不可取，只看到企业盈利、赚钱，而不问如何盈利、赚钱。第二种观点和第三种观点可取，只是一个讲了道德，一个讲了法律，欠全面。对企业经营的意义和价值的评价应包括企业本体价值和企业社会价值两个方面，所谓企业本体价值，就是企业经营活动对自身的意义和价值，企业经营活动自身从社会所得到的利益；所谓企业社会价值，就是企业经营活动对社会的意义和价值，企业经营活动对社会的回报和贡献，企业经营活动的价值评价，必须坚持本体价值和社会价值的统一，缺一不可。

（四）企业经营的方式和准则

企业经营的方式和准则是企业通过怎样的方式进行经营，企业在什么准则指导下进行经营，在素质不同的经营者那里经营的方式和准则是不同的，有的遵循职业道德标准经营，讲诚信，讲道德，讲信誉；有的超职业道德标准经营，思想高尚，心想消费者，奉献社会；有的是依法经营，遵纪守法；有的是非法经营，不管通过什么方法和手段，只要赚到钱就行，甚至无视国家的法律法规，明目张胆地坑蒙诈骗，欺行霸市，企黑勾结，走私贩私。经过审视，结论如下：第一种经营的方式和准则是大家认可和公认的；第二种经营的方式和准则是值得大力提倡的；第三种经营的方式和准则是对企业起码的要求；第四种经营的方式和准则是必须取消和严厉打击的。企业经营行为、方法、手段和准则的要求的底线是依法经营，提倡高尚经营。

总之，企业经营离不开经营的性质、目的、目标、意义、价值、方式和准则，企业家必须思考上述问题，必须拥有正确的价值观，即认清经营的性质：自身盈利和造福社会；明确经营的目的：自身盈利发展和促进社会经济发展；准确定位经营的目标：实现企业所有者和全体职工利益的最大化；把握经营的意义：坚持本体价值和社会价值的统一；正确进行经营的方式和行为方式价值选择：道德经营、高尚经营。这样才能在企业经营事业中取得成功。换一个角度，我们对企业的审视和评价，也离不开企业经营的性质、目的、目标、意义、方式、价值选择和行为准则问题，只有对企业经营的性质、目的、目标、意义、方式、价值选择和行为准则问题做出全面评价，才能做到科学地评价一个企业。

三　企业价值观的特点

（一）主观性、判断性和选择性

企业价值观是企业决策者价值信念、信仰、理想的体现，带有主观性、判断性和选择性。一事物是否具有价值，不仅取决于它对什么人有意义，而且还取决于谁在做判断，不同的人很可能做出完全不同的判断。一些企业认为名誉、形象很重要，当利润与形象发生矛盾时，它会自然地选择后者，使利润让位，那么，这些企业的价值观可称为形象价值观。如，海尔人的"先卖信誉后卖产品"是形象价值观或信誉价值观或名誉价值观。一些企业可能认为企业的价值在于致富或在于利润，那么，这些企业的价值观可称为致富价值观或利润价值观。比如，三鹿奶粉事件，为了赚钱，不顾社会人身生命安全，是致富价值观或利润价值观。一些企业可能认为企业的价值在于服务，那么，这些企业的价值观可称为服务价值观，如，奔驰的"一切为了顾客"是服务价值观。一些企业可能认为企业的价值在于育人，那么，这些企业的价值观可称为育人价值观。如，惠普的"人人平等，人人尊重"，是育人价值观。一些企业可能认为企业的价值在于利润最大化和奉献社会，那么，这些企业的价值观可称为企业社会互利价值观，如，五粮液的"环境保护工程"，是企业社会互利价值观。

（二）员工共有性

企业价值观是企业所有员工共同持有的，而不是一两个人所有的，对于任何一个企业而言，只有当企业内绝大部分员工的个人价值观趋同时，整个企业的价值观才可能形成。与个人价值观主导人的行为一样，企业所信奉与推崇的价值观，是企业的日常经营与管理行为的内在依据。

（三）长期积淀性

企业价值观是企业在经营管理过程中长期积淀的产物，是自觉培育的结果，而不是突然产生的。企业价值观的形成过程，就是全体员工不断认同，使员工的个体价值观不断融化到企业群体价值观的过程。企业价值观是有意识培育的结果，而不是自发产生的。

四　企业价值观的发展

在西方企业的发展过程中，企业价值观经历了多种形态的演变，其中最大利润价值观、经营管理价值观和社会互利价值观是比较典型的企业价值观，分别代表了三个不同历史时期西方企业的基本信念和价值取向。

（1）最大利润价值观。是指企业全部经营管理决策和行动都围绕如何获取最大利润这一标准来评价企业经营的好坏。这个时期的企业，即18世纪前的企业；还有现在处于创业时期的企业，一般是这种价值观。

（2）经营管理价值观。是指企业在规模扩大、组织复杂、投资巨额而投资者分散的条件下，管理者受投资者的委托，从事经营管理而形成的价值观。一般来说，除了尽可能地为投资者获利以外，还非常注重企业管理人员的自身价值的实现。这个时期的企业，也称企业中期，即18—20世纪70年代以前的企业；现在处于成长阶段的企业，一般是这种价值观。

（3）企业社会互利价值观。是指在确定企业利润水平的时候，把员工、企业、社会的利益统筹起来考虑，不能失之偏颇。企业社会互利价值观的一个最突出的特征就是以人为中心，以关心人、爱护人的人本主义思想为导向。过去，企业也把人才培养作为重要的内容，但只限于把人才培养作为手段。西方的一些企业非常强调在员工技术训练和技能训练上投资，以此作为企业提高效率、获得更多利润的途径。这种做法，实际上是把人作为工具来看待，所谓的培养人才，不过是为了改进工具的性能，提高使用效率罢了。当代企业的发展趋势已经开始把人的发展视为目的，而不是单纯的手段，这是企业价值观的根本性变化。企业能否给员工提供一个适合人发展的良好环境，能否给人的发展创造一切可能的条件，这是衡量一个当代企业或优或劣、或先进或落后的根本标志。这种价值观是20世纪70年代兴起的一种西方社会的企业价值观，又称现代企业价值观；

现在处于成熟时期的企业，一般是这种价值观。

五　企业价值观的作用

企业价值观的作用主要表现在：

（1）企业价值观为企业的生存与发展确立了精神支柱。企业价值观是企业管理者与员工据以判断事物的标准，一经确立并成为全体成员的共识，就会产生长期的稳定性，甚至成为几代人共同信奉的信念，对企业具有持久的精神支撑力。当个体的价值观与企业价值观一致时，员工就会把为企业工作看做是为自己的理想奋斗。企业的发展过程中，总要遭遇逆境和坎坷，一个企业如果能使其价值观为全体员工接受，并以之为自豪，那么企业就具有了克服各种困难的强大的精神支柱。许多著名企业家都认为，一个企业的长久生存，最重要的条件不是企业的资本或管理技能，而是正确的企业价值观。企业的命运如何最终由价值观决定。

（2）企业价值观决定了企业的基本特性和发展方向。在不同的社会条件或时期，会存在一种被人们认为是最根本、最重要的价值，并以此作为价值判断的基础，其他价值可以通过一定的标准和方法"折算"成这种价值。这种价值被称为"本位价值"。企业作为独立的经济实体和文化共同体，在其内部必然会形成具有本企业特点的本位价值观。这种本位价值观决定着企业的个性，规定着企业的发展方向。例如，一个把利润作为本位价值观的企业，当利润和创新、信誉发生矛盾和冲突时，它会很自然地选择前者，使创新和信誉服从利润的需要。

（3）企业价值观对企业及员工行为起到导向和规范作用。企业价值观是企业中占主导地位的管理意识，能够规范企业管理者及员工的行为，使企业员工很容易在具体问题上达成共识。从而大大节省了企业运营成本，提高了企业的经营效率。企业价值观对企业和员工行为的导向和规范作用，不是通过制度、规章等硬性管理手段实现的；而是通过群体氛围和共同意识引导来实现的。

（4）企业价值观能产生凝聚力，激励员工释放潜能。企业的活力是企业整体力（合力）作用的结果，企业合力越强，所引发的活力越强。

（5）企业价值观是企业判断是非的标准。企业价值观是企业管理者与企业员工判断失误的标准，价值观具有鲜明的评判特征，当企业管理者在企业运营过程中面临矛盾，处于两难选择：可以这样做，也可以那样做的时候，但必须有个决定，支持这个决定的便是价值观。提倡什么？反对什么？弘扬什么？抑制什么？基本商业伦理和企业精神是什么？都是遵循企业价值观的准则来判断的。

企业价值观一旦形成，就成为员工立身处世的抉择依据。美国管理学家彼得斯和沃特曼在对国际知名的成功企业深入考察后指出：我们研究的所有优秀公司都很清楚它们主张什么，并认真地建立和形成了公司的价值准则。事实上，如果一个公司缺乏明确的价值准则或价值观念不正确，我们很怀疑它是否有可能获得经营上的成功。

总之，企业价值观为企业的生存与发展确立了精神支柱，决定了企业的基本特性和发展方向，对企业及员工行为起到导向和规范作用，能产生凝聚力，激励员工释放潜能，是企业判断是非的标准。企业价值观不仅在高级管理者的心目中，而且在公司绝大多数人的心目中，成为一种实实在在的东西，它是整个企业文化系统，乃至整个企业经营运作、调节、控制与实施日常操作的文化内核，是企业生存的基础，也是企业追求成功的精神动力。

六　目前我国企业价值观状况及存在的问题

（一）目前我国企业价值观的状况

关于目前我国企业价值观的状况，总体来看，还尚未成熟，表现为除少数优秀企业的价值观处于企业社会互利价值观阶段外，多数企业的价值观还处在企业最大利润价值观和经营管理价值观阶段，其中，私营和民营企业把企业经营的目的、目标、方式和准则定位于追逐企业利润最大化尤为突出，在国有企业，除了把企业经营的目的、目标、方式和准则定位于追逐企业利润最大化之外，还定位于注重满足企业管理人员自身价值的实现。我国企业价值观尚未成熟的状况是由我国市场经济尚未成熟的状况决定的，我国实施市场经济若从 1992 年算起才经历了 20 年的历程，同西方发达国家几百年市场经济的历程相比还很短，而企业价值观是在市场经济中诞生、营造和成熟的，这需要一个同市场经济的发展相吻合的过程，当然，我们处在改革开放和世界经济相互渗透借鉴的年代，正如我国少数优秀企业的价值观在短期内走向成熟也是可以的，但对于多数企业来讲，由于经营思想、理念的滞后，则需要一个较长的时间和过程。

（二）目前我国企业价值观存在的问题

目前我国企业价值观的主要问题是企业社会价值观缺失，企业经营的目的和目标是追求企业资本的增值，是实现企业的盈利和利润，但问题是怎么实现，是只顾自己，不顾甚至无视消费者和社会的利益，还是兼顾自己的利益，也兼顾消费者和社会的利益，这就涉及经营的方式和准则问题，从价值观的角度讲，就是企业应兼顾企业本体价值和企业社会价值两个方面相统一的问题，企业本体价值和企业社会价值两个方面缺一不可，这才是我们所倡导的成熟的、完美的企业价值观，是企业成熟的标志。

目前我国企业价值观存在的问题是注重企业本体价值的追求和实现，而忽视、忘记甚至是无视企业之外的社会和消费者的利益，目前我国企业所出现的所有问题都是企业社会价值观缺失的结果。当前，众人所关注的企业"产品质量问题"、"投机运作问题"、"短期行为问题"、"假冒伪劣问题"、"坑蒙欺诈问题"、"食品安全问题"、"矿难事故问题"、"楼房倒塌问题"、"桥梁断裂塌陷问题"等，就是企业社会价值观缺失的种种表现。

七　塑造企业正确价值观重在教育

正确的企业价值观的培育和塑造，取决于企业家或企业领导的思想素质和水平，企业家或企业领导的思想素质和水平是不同的，企业家或企业领导的思想素质和水平高，正确的企业价值观的培育和塑造过程就短一些，企业家或企业领导的思想素质和水平低，正确的企业价值观的培育和塑造过程就长一些。对企业价值观的生成和完善不能看做是一个纯自发的过程，而应看做是一个自发加教育的过程，因为市场经济是一把双刃剑，它有刺激人们竞争发展的正面作用，也有引导人们一切向钱看的负面作用。在培育和塑造企业价值观的过程中，要运用和发挥市场经济的正面作用，限制和消除市场经济的负面作用，应加强对企业经营思想和行为的引导和教育，使企业特别是企业领导人树立文明经营、正当盈利、造福企业、造福社会的高尚和完美的企业价值观。可这些年我们对企业经营思想和行为没有进行有力的引导和教育，而是任其自发发展待到由于企业价值观缺失所导致的问题产生出来，再去治理和纠正，这种治标不治本的做法是造成我国企业价值观缺失的重要原因之一。因此，塑造企业正确价值观重在教育。

第三节　企业价值观和企业社会责任

一　企业价值观和企业社会责任的关系

企业价值观和企业社会责任的关系是：企业价值观包含企业社会责任，企业社会责任是企业价值观的应有之义，是企业社会价值的转换形式或另一种表达方式。这个问题是前边企业价值观的内容里边企业经营的意义和价值这部分内容的展开，是对企业经营活动本身的价值评价。前边讲了，这个价值评价分为企业本体价值和企业社会价值两个方面，企业本体价值是企业经营活动对自身的意义和价值，企业经营活动自身从社会所得到的利益；企业社会价值是企业经营活动对社会的意义和价值，企业经营活动对社会的回报和贡献，这个对社会的回报和贡献就是企业的社会责任问题。可见，企业价值观包含企业社会责任，企业社会责任是企业价值观的应有之义，是企业社会价值的转换形式或另一种表达方式。

二　企业社会责任的内涵

近年来，关于企业的社会责任问题讨论、争论很激烈，引起了社会各界的关注，社会呼声也越来越高。讨论、争论的问题主要有：企业应不应当承担社会责任？企业应当承担哪些社会责任？不同阶层、不同学科的看法有着很大的差异，其根源是对企业社会责任这一概念定位不同，有广义的理解，有狭义的理解。先把什么是企业社会责任的几种观点介绍一下，共有七种观点：经济责任说、慈善责任说、道德责任说、法律责任说、综合责任说、利害关系责任说和利益相关责任说。

经济责任说认为：企业的经济责任或商业责任本身就是社会责任，也是企业对社会的唯一责任，企业的社会责任就是为股东们赚钱。此观点未能准确地揭示企业责任的内涵，讲的是企业本体价值，社会责任应该是企业社会价值。

慈善责任说认为：企业社会责任是企业的一种自我承担，通过"自愿"的商业行为及"自愿"地贡献回报社会。只讲了企业社会价值中的慈善责任，也不全面，未能全面、准确地揭示其内涵。

　　道德责任说认为：企业社会责任是企业对社会的道义责任，是行动的义务、利他主义行为、社会良知。只讲了企业社会价值中的道德责任，也不全面，未能全面、准确地揭示其内涵。

　　法律责任说认为：企业社会责任是法定的必须对社会承担的责任。只讲了企业社会价值中的法律责任，也不全面。未能全面、准确地揭示其内涵。

　　综合责任说认为：企业社会责任是企业对社会所负有的经济责任、法律责任、道德责任和慈善责任的总和。此定义好像全面，但混淆了企业本体价值和企业社会价值。未能准确地揭示其内涵。

　　利害关系责任说认为：企业社会责任是指企业在其商业运作里对其利害关系人应负的责任。利害关系人是指所有可以影响企业或被企业所影响的个体或群体，包括：员工、顾客、供应商、社区团体、母公司或附属公司、合作伙伴、投资者和股东。此观点认为，企业社会责任的概念是基于商业运作必须符合可持续发展的想法，企业除了考虑自身的经营和利润状况外，也要加入其对社会和自然环境所造成的影响的考虑，做到企业、社会可持续发展。此定义把企业所有者归属于利害关系人里边，混淆了企业本体价值和企业社会价值的界限。

　　利益相关责任说认为：企业社会责任是企业在谋求利润最大化的同时，所负有的维护和增进企业相关者利益的责任和义务，这些责任和义务具体包括生产安全、职业健康、保护劳动者的合法权益、提供安全的产品和服务、遵守商业道德、支持慈善事业、捐助公益活动、保护自然环境等。此定义指出了企业社会责任体现着企业所有者之外不同利益相关者的利益诉求，抓住了企业社会责任的本质，但还不完美，定义下边一大串说明，不规范，应把一大串说明加在定义里边。

　　关于企业社会责任概念，我觉得应从狭义理解，和企业本身的利益分开，否则就没有意义。这样，企业社会责任的定义应表述为：企业社会责任是指企业资本所有者在追求利润目标的同时，还要对员工、客户、消费者、一般股民、伙伴、社区、政府、社会等利益相关方负责，对自然环境及子孙后代负责，实现企业和社会的可持续发展。企业社会责任的本质是指企业或企业所有者对自身利益之外的利益相关者所承担的增进社会利益的责任和义务。企业或企业所有者的利益是企业本体价值或企业本体责任，企业的社会价值或社会责任所诉求的利益不能包含企业或企业所有者的利益，二者不能混淆。

三　企业社会责任的内容

根据以上定义，企业社会责任的内容主要包括以下几个方面：

企业对员工的责任：也叫维护员工或劳动者权益或人权，关心爱护员工，培训教育员工，不断提高员工待遇，改善工作环境，安全责任，伤残责任，保险责任，不歧视员工，不使用童工，不随意辞退、体罚员工，不延期、克扣员工工资等。

企业对顾客、消费者的责任：真诚可信，包括广告真实，产品质量合格，价格合理，不弄虚作假，不坑蒙欺诈，还要真诚服务等。

企业对一般股民的责任：主要是保证一般股民的权益收入。

企业对伙伴的责任：对对手公平竞争，不能搞恶意竞争；对合作者真诚合作。

企业对社区和社会的责任：主要是对社会公益事业、救助事业、慈善事业的责任，包括资助教育、科技、体育、卫生事业，扶贫救灾，捐助老弱病残群体，资助失学儿童，捐助慈善事业，资助各种公益活动和会展、会议。

企业对政府的责任：照章纳税，遵守政府的政策、法令法规。

企业对环境及子孙后代的责任：主要是爱护资源、节省资源和预防、治理、消除污染，保护环境，造福后代。

四　企业社会责任理论模型

自 20 世纪 70 年代开始，国外企业社会责任的研究进入一个新的阶段，许多学者和组织提出了企业社会责任理论模型，最有代表性的有四个理论模型：

一是"三个同心圆"理论模型。由美国经济发展委员会提出，内圆是指企业履行经济功能的基本责任，即为投资者提供回报，为社会提供产品，为员工提供就业，促进经济增长；中间圆是指企业履行经济功能要与社会价值观和关注重大社会问题相结合，如保护环境、合理对待员工、回应顾客期望等；外圆是企业更广泛地促进社会进步的其他无形责任，如消除社会贫困、防止城市衰败和捐助慈善事业等。

二是"金字塔"理论模型。由美国佐治亚大学教授卡罗尔提出，认为金字塔的底层是经济责任，是根本和基础，因为企业必须获利才能生存；第二层是法律责任，因为公司只有遵纪守法，才能使企业成为一个合格的公民，站稳脚跟，求得发展；第三层是道德责任，因为企业只有遵守职业道德，崇尚正义、公正、公平，才能赢得市场和顾客、消费者的信赖；第四层金字塔的顶端是慈善责任，因为企业只有自愿捐助慈善事业和热心公益事业才会树立美好形象，赢得社会的尊重和回报。

三是"三重底线"理论模型。由英国学者约翰·埃尔金顿提出，认为企业行为要满足经济底线（企业经济利益）、社会底线（社会相关者利益）与环境底线（资源、环保），并且不仅是衡量和报告企业的经济、社会和环境业绩，而且包括一系列的价值观、问题和过程，企业要充分考虑利益相关方与社会的期望，以及经营活动对经济、社会和环境可能产生的不良影响。

四是"三尽"理论模型。即企业社会责任可以划分为"必尽之责任"、"应尽之责任"和"愿尽之责任"。这是近年来我国理论界的一种提法，是按照对企业的行为要求和思想境界的程度来划分的，必尽之责任是指法律约束范围内的社会责任，企业要依法经营，必须接受法律约束，否则，就失去了生存与发展的可能；应尽之责任指企业要以德经营，企业应以经济责任为动力，以职业道德为准则，持续实现盈利目标，不断把企业做大做强；愿尽之责任指企业要有高尚的思想境界，愿意为社会做出更多的奉献，这是企业自由选择的权利，也是企业实现价值的重要体现。

以上企业社会责任的四个理论模型是对企业行为进行规范的准则，也是衡量和评价企业履行社会责任的标准。

五　企业为什么要承担社会责任

（一）企业承担社会责任对企业和社会都具有重要意义和好处

在现代市场经济条件下，企业与社会也有着千丝万缕般的联系。一方面，社会为企业提供生存和发展环境，没有一个好的环境，没有社会需求，企业就难以生存和发展；另一方面，企业的发展带来社会的繁荣，企业不仅创造了社会的物质财富和精神财富，还对科技、教育、文化、社会公益事业、环境等各个领域提供物质和精神的支持，企业对社会生活的影响日益深入，在经济社会发展中发挥着越来越重要的作用。总之，企业与社会有着更密切的关系，企业得益于社会，也必将回报社会，企业与社会在市场经济下是一个共生共荣的关系，企业承担社会责任对企业和社会都具有重要意义和好处。

（二）企业社会责任是现代市场经济的客观要求

企业社会责任是经济社会发展到一定历史阶段对企业提出的期望与要求。早在20世纪初期，西方学者就提出了企业社会责任的概念，但主要是在学术研究领域内传播。20世纪70年代以后，随着西方国家经济的快速发展，很多国家出现严重的环境问题和社会问题，企业社会责任开始进入人们的视野，并逐渐得到社会的普遍认可。进入21世纪以后，随着经济全球化的进一步发展，企业社会责任得到国际社会的广泛关注。在西方国家政府、消费者组织、工会组织、环境保护组织以及其他非政府组织和有关国际组织的推动下，一些跨国公司开始制定生产守则、发布社会责任报告，与社会责任有关的规则、倡议、标准等纷纷出台。联合国2000年正式启动了"全球契约"计划，号召企业在各自影响范围内遵守、支持以及实施一套在人权、劳工标准、环境和反腐败等方面的基本原则，实现企业可持续增长和社会效益共同提高的目标。国际标准化组织于2004年启动了社会责任国际标准ISO26000的制定工作，得到国际社会的广泛关注和积极参与，全球约80个国家及国际组织的300多名专家参与该标准的制定工作，企业社会责任运动已经发展成为全球化的浪潮。

"企业社会责任"概念最早由西方发达国家提出，近些年来这一思想广为流行，连《财富》和《福布斯》这样的商业杂志在企业排名评比时都加上了"社会责任"标准，可见西方社会对企业社会责任的重视。联合国也是推动企业发挥社会责任的重要机构。秘书长安南上台后，联合国的工作重点发生了较大的变化，即从国家主权的维护更多地转向了公民权利的维护。鉴于全球化的脆弱性和国际间越拉越大的差距，鉴于国家内部的差距也在拉大以及财富的分配不公和不平等，特别是鉴于某些企业不合理的发展对世界安全和生态环境带来巨大威胁，安南向国际商界领袖提出了挑战，那就是呼吁企业约束自己自私的牟利行为，并担负起更多的社会责任。

1999年1月，在瑞士达沃斯世界经济论坛上，联合国秘书长安南提出了"全球协议"，并于2000年7月在联合国总部正式启动。该协议号召公司遵守在人权、劳工标准和环境方面的九项基本原则，其内容是：

（1）企业应支持并尊重国际公认的各项人权。（2）绝不参与任何漠视和践踏人权的行为。（3）企业应支持结社自由，承认劳资双方就工资等问题谈判的权力。（4）消除各种形式的强制性劳动。（5）有效禁止童工。（6）杜绝任何在用工和行业方面的歧视行为。（7）企业应对环境挑战未雨绸缪。（8）主动增加对环保所承担的责任。（9）鼓励无害环境科技的发展与推广。

分析这九项原则，从企业内部看，就是要保障员工的尊严和福利待遇，从外部看，就是要发挥企业在社会环境中的良好作用。总起来说，企业的社会责任可分为经济责任、文化责任、教育责任、环境责任等几方面。就经济责任来说，企业主要为社会创造财富，提供物质产品，改善人民的生活，就文化责任和教育责任等方面来说，企业要为员工提供符合人权的劳动环境，教育员工在行为上符合社会公德，在生产方式上符合环保要求。

（三）经济全球化和加入世界贸易组织的压力

随着加入世界贸易组织和市场经济不断成熟化和规范化，加之西方的企业社会责任理念和思想开始进入我国并不断扩大影响，我国也逐步加大企业社会责任的研究和实践。一方面，随着我国不断对外开放，众多跨国公司进入中国市场，一些跨国公司在与我国企业进行合作和贸易时，对国内企业是否符合其认定的企业社会责任标准提出具体要求，对其供应链上的企业开始进行企业社会责任审查，使我国的出口加工型企业加强了社会责任的认识，并积极开展行动，企业社会责任逐步成为企业和社会关注的话题。

六　我国企业价值观和履行社会责任的现状及存在的问题

我国企业价值观的主要问题是企业社会价值观缺失，也就是社会责任感的缺失。用"全球协议"的标准来对照我们中国企业，可以看到很多差距。也就是说，目前中国企业的发展目标距离国际标准还差得很远。

具体来讲，当前某些中国企业最突出的问题大体表现在八个方面：一是无视自己在社会保障方面应起的作用，尽量逃避税收以及社保缴费；二是较少考虑社会就业问题，将包袱甩向社会；三是较少考虑环境保护，将利润建立在破坏和污染环境的基础之上；四是一些企业唯利是图，自私自利，提供不合格的服务产品或虚假信息，与消费者争利或欺骗消费者，为富不仁；五是依靠压榨企业员工的收入和福利来为所有者谋利润，企业主堕落成资本的奴隶，赚钱的机器；六是缺乏提供公共产品的意识，对公益事业不管不问；七是缺乏公平竞争意识，一些在计划经济时期延续下来的垄断企业，大量侵吞垄断利润，并极力排斥市场竞争；八是普遍缺少诚信，国有企业对国家缺少诚信，搞假破产逃避债务，民营企业通过假包装到市场上圈钱。

中国企业的发展正处在一个急功近利的历史阶段。如何摆正企业与社会的关系，如何发挥企业的社会责任，企业到底应该肩负起哪些社会责任？中国社会对这些问题还茫然无知。从国际经验看，企业社会责任的提出，主要是为了解决资本与公众的矛盾问题，是为了解决企业与消费者的矛盾。没有正确的理念，资本就会过度地偏向少数人。例如，企业如果搞假冒伪劣，就会不正当地攫取消费者的利益，如果生产优质产品，不欺骗顾客，就要减少利润。如果要搞清洁生产、减少污染、保护环境，就更要减少利润。这是一对矛盾，一个社会如果没有清晰的商业伦理和经营理念，便可能陷入自私自利、互相诈骗的泥沼之中。因此，今天在中国掀起一场企业社会责任的大讨论是十分必要的。企业如何盈利，如何对待利益相关者，不仅需要法律保障，更需要一定的思想道德境界来保障。

企业要不要承揽经济责任之外的社会责任还取决于体制因素，在不同社会制度下企业有不同的表现。中国企业责任的变化以政府变革的程度而定。如果在经济体制上，中国仍然实行计划经济，那么企业的社会责任就是无限的。

在计划经济时期，政府就是一个大企业（那时不叫企业，叫工厂），企业实际上是政府组织的一部分，企业不仅担负起生产的任务，更肩负着对劳动者在生产之外的一切生活保障，企业不仅是生产组织和经济组织，更是行政组织、教育组织甚至军事组织。那时，虽然没有明确的企业社会责任概念，但企业实际尽的社会责任有过之而无不及。那时国有工厂不计盈利，国家从投资到产供销全包，工厂从员工工资，到劳保福利，到退休养老全包。对外，工厂致力于发展，上缴国家税收占到利润的 51%，努力增加社会财富，提供社会需要的产品，积极解决员工就业，注重环境保护。那时，只提倡公，不提倡私，全是社会责任的体现。随着经济体制改革的深入和全能政治在中国的解构，政府在社会中的全能角色也在发生变化，企业与政府逐渐分离，企业对政府的一部分责任也在不断剥离。到目前为止，中国各类企业不管是国有企业还是民营企业，都基本上实现了政企分开。

在国有企业与政府指令逐渐分离的同时，企业身上所肩负的许多社会责任也在不断地推卸，许多国有企业已经将员工的养老金发放交给了社会，不少厂属学校、医院、服务机构也实现了社会经营。从整个趋向看，经过20多年的改革，国有企业逐渐走上了独立经营的道路。计划经济下形成的企业办社会现象逐渐消失。只有进行这种变革，中国的国有企业才能轻装上阵，才能具有市场竞争力。因此，对国有企业来说，20年来变革的表现主要是企业减负。但是，随着市场经济体制的建立，随着国有企业逐渐转变为自主经营、自负盈亏的商品生产者和经营者，企业开始看重个体利益、私利，随之也开始忽视和淡化公利和社会责任，甚至出现违法乱纪、偷税漏税、假冒伪劣、坑蒙诈骗等赚昧心钱、黑心钱现象和腐败犯罪现象。

《公司法》的颁布实施，从根本上确立了企业的法人地位，奠定了企业履行社会责任的法律主体。随后，环境保护法、工会法、劳动法、消费者权益保护法、捐赠法等法律陆续出台，我国企业履行社会责任的法律基础初步形成。

进入新世纪以来，我国政府和社会各界更加重视企业社会责任问题。2006年是我国企业社会责任发展的重要一年，是第一次从法律法规、国家重大方针政策等各个方面对企业社会责任充分加以肯定的一年。重新修订的《公司法》明确规定，"公司从事经营活动，必须遵守法律、行政法规，遵守社会公德、商业道德，诚实守信，接受政府和社会公众的监督，承担社会责任"。这是我国首次以法律法规形式明确提出公司要承担社会责任，并提出遵守法规和社会公德的具体要求。

目前，我国各类企业，特别是中央重点骨干企业，都积极主动地加入了履行社会责任的潮流中，中国企业社会责任运动进入到一个崭新的发展阶段。

随着我国企业的发展壮大，企业逐步提高了对社会责任重要性的认识，许多企业已经从单纯追求利润目标的营利组织发展到履行社会责任的企业公民，为实现经济和社会的可持续发展、为构建和谐社会做出了积极贡献。

　　一些企业也开始推出自己的责任采购体系，如北京物美超市为保护顾客利益建立了"不合格商品两小时快速下架处理机制"，并制定了《供应商评审准入制度与管理流程》，向消费者做出了比政府要求更高的承诺。2006年3月10日，国家电网公司向社会发布了第一份中国中央企业的社会责任报告，为中国企业履行社会责任，促进企业和社会的可持续发展，树立了一个榜样。

　　但随着企业环保责任的推出，企业在履行环保责任方面的问题又不断反映出来。随着劳动力成本和资源成本的不断上升，企业越发需要克服产出投入比下降情境下惰于履行环保责任的伦理困境。"以GDP为主的官员绩效考核的现实，也使得一些地方政府对一些企业以牺牲环保和员工收入为代价的降低企业成本的行为往往网开一面，如果考虑到腐败的因素，则易于成为具体制度规范下实际通行的'潜规则'。"[①] 这又造成了企业社会责任的履行困境。对社会责任的违背与扭曲所造成的社会责任推行困境，侵害的不仅是作为契约的社会责任要求，更是它代表的价值基础，因为"契约蕴涵着深刻的文化，它既是一种道德，也是一种规则，更是一种精神"[②]。

七　如何培养企业正确的价值观和社会责任感

　　企业价值观和社会责任感的塑造和建设关系到企业的成败，决定着企业的生死存亡。因而，成功的企业都很注重企业价值观和社会责任感的建设与塑造，并要求员工自觉推崇与传播本企业的价值观和社会责任意识。企业价值观和社会责任的培养与塑造是一个庞大的系统工程，需要通过企业自身和社会多方面的合力来实现。

　　（一）企业自身培养

　　1. 充分认识伦理化的价值观念和社会责任观念的重要性

　　自觉培养伦理化的经营理念和价值观念。企业经营经历了一个从企业中心主义到社会中心主义的发展过程，在企业中心主义阶段，企业没有伦理化的价值观念和社会责任观念。在现在社会中心主义阶段，一个企业，

---

　　① 孙燕青、谢珊：《我国企业社会责任推行困境之伦理批判》，《深圳大学学报》（人文社会科学版）2007年7月刊，第47页。

　　② 刘同君：《守法伦理的理论逻辑》，山东人民出版社2005年版，第87页。

有没有伦理化的价值观念和社会责任观念，关系到企业能不能取信于民、取信于社会，乃至关系到企业的兴衰。今天，伦理化的价值观念和社会责任观念已成为企业生存和发展的灵魂。

近年来，我国产业界的一些管理者人常常使用"企业道德"这一用语。这意味着，与人要有道德一样，企业也要有道德。在社会上，有道德的人会受到人们和社会的尊重，而有道德的企业同样会受到人们和社会的尊重，所以，企业经营要遵循企业道德。那么，应当如何判断一个企业有企业道德还是缺乏企业道德呢？这同判断一个人是否有道德是一样的。人们一般是以社会共同的观念来判断有道德的人和缺乏道德的人，如果把人的道德标准放到一个企业，去考察企业对消费者、对社会的义务和责任，就可以理解什么是企业道德了。

一个有道德的企业，必须是一个有正确的价值观和社会责任感的企业，这样的企业通常要具备以下条件：一是企业首先要经营好，要盈利。二是不能有违法行为和危害社会的行为，不能给社会添麻烦，不能给社会造成负担，不与社会发生冲突与摩擦。三是积极采取对社会和消费者有益的行动。为此，就不能以自己为本位，为了维护社会和消费者的利益，甚至可以在一定程度上牺牲自己的利益。四是其品格和形象受到社会及消费者的尊敬和爱戴。许多希望施展才能的人才会聚集在其中。这样，企业为社会、消费者提供服务和获取盈利就成为可能，同时，也随时可以得到社会和消费者的支持与回报。五是在对待企业员工方面，一切决策和行动都应当做到重视人性，尊重人权，实行人本主义管理和人性化的管理。

为了让企业员工了解企业的价值观念和社会责任观念，价值观和社会责任观念应该用具体的语言表示出来，而不应该用抽象难懂、过于一般化的语言来表示。那么，塑造企业正确的价值观和社会责任感的途径是什么？第一，以企业管理者人的言传身教来树立统一的价值观和社会责任感。员工的企业价值观和社会责任感并非天生，需要企业管理者人的倡导与宣传，特别需要企业管理者人的言传身教，经过不断地潜移默化后，员工才能逐渐接受并内化为企业的价值观和社会责任意识。第二，健全宣传、教育、实施的运行机制，使企业价值观渗透到企业日常经营管理过程中的每一个部分和每一个环节。第三，塑造企业精神。把企业价值观和社会责任感同企业优良传统、时代意识、日常经营理念有机地结合在一起。

形成独具自己特色的企业精神，使其不仅在高级管理者的心目中，而且在公司全体员工的心目中，成为一种实实在在的东西。

2. 建立会计报告制度协调企业内部各个目标以及企业目标与社会目标的关系和矛盾

传统会计仅仅将企业看做是一个单纯的营利组织，而不是社会组织，因而所提供的信息往往局限于企业的财务状况和盈利状况，对企业生产经营活动所产生的社会影响，则不予计量和报告。现在时代要求我们要运用会计特有的方法来不但协调企业内部各个目标的关系和矛盾，同时协调企业目标与社会目标的关系和矛盾，从而影响企业的经营者的观念，增强企业的自身责任感和社会责任感，使企业的经营行为正常健康化。企业管理者可以通过企业的自身责任信息和社会责任信息，了解企业内部各方面的反映和社会各方面对企业的反映，以全面评价企业的经营状况，合理调整经营行为。

3. 建立企业社会责任报告制度

企业社会责任报告是 20 世纪 70 年代以后在国际上出现的，目前跨国公司越来越多地定期或不定期发布社会责任报告。这些报告一般都是介绍本企业社会责任的理念、机制、所开展的活动以及取得的成效等。社会责任报告实际上是企业与社会沟通的一种方式，增加了企业的透明度。企业编制和发布社会责任报告，有利于企业总结自己在社会责任方面的活动和问题，以便能够持续改进；有利于各利益相关方和全社会了解企业履行社会责任的情况，从而形成必要的社会监督。

（二）政府引导

法令法规和政策的引导。

（三）舆论监督

正面宣传和反面披露。

（四）企业员工和消费者增强自我保护意识

检举和投诉。

（五）行业组织和雇主组织发挥积极作用

会议和倡议。

（六）企业商业伙伴加强审核评估

检验和审查。

（七）环境保护组织加强监督

检查和赏罚。

第四节　评价企业业绩价值大小的标准

前边讲过，企业的价值包括企业本体价值和社会价值两个方面，评价一个企业业绩价值大小的标准是企业本体价值和社会价值的统一。企业作为一个社会公民，就像一个人，人的价值包括个人价值和社会价值两个方面，评价一个人价值大小的标准是个人价值和社会价值的统一，评价一个企业业绩价值大小，也应既要看企业的本体价值，也要看企业的社会价值，坚持企业本体价值和社会价值的统一，或者说坚持企业本体价值和企业社会责任的统一，具体表现为四个坚持：一是坚持企业经济利益与社会利益的统一；二是坚持企业经济利益与消费者利益的统一；三是坚持企业利益与员工利益的统一；四是坚持企业利益与爱护资源、生态环境的统一。

一　坚持企业经济利益与社会利益的统一

有一种观点认为，评价一个企业业绩价值大小，是否成功，就看企业是否做大，业绩大，是否能赚钱，做大了，业绩大，能赚钱，就是成功，就是好企业。按照这个标准，有些靠不正当手段（垄断，企官勾结，企官黑勾结，）做到亿、十亿、百亿，甚至千亿业绩的超大型企业，为什么没有知誉度，人们对它不屑一顾，瞧不起它呢？因为，它没有对社会作出贡献。相反，有些企业是业绩并不太大的企业，而它的知名度和美誉度却很高，人们赞不绝口，因为，它对社会做出了贡献。可见，评价一个企业业绩价值大小，不能只看企业是否做大，业绩大，是否能赚钱，还要看它对社会做出的贡献的大小，看它经营的手段是否正当，要坚持企业经济利益与社会利益的统一。

二　坚持企业经济利益与消费者利益的统一

同样评价一个企业业绩价值大小，不能只看企业的经济利益：企业是否做大，业绩大，是否能赚钱，还要看它如何对待消费者利益，看它是否尊重消费者利益。一个靠假冒伪劣、坑蒙诈骗做大的企业，不能就认为它的业绩价值大，而一个规模不太大，但消费者称道的企业，也不能就认为它的业绩价值小，评价一个企业业绩价值大小，既要看企业经济利益，又要看消费者利益，要坚持企业经济利益与消费者利益的统一。

三　坚持企业利益与员工利益的统一

有一种观点认为，企业利益与管理者、股东、老板的利益是一致的，企业和员工是雇佣关系，员工利益多了会减少企业利益，二者是矛盾的和对立的。此言错了，企业利益与员工利益是一致的，员工是企业的主人，是企业最重要的资源和财富，是企业生产力发展的原动力。管理者如何对待员工，直接关系到员工对管理者的态度，对企业的态度，直接关系到企业的当前利益和长远利益，直接关系到企业的兴衰和成败。从企业管理角度看，企业要想不断提高自己的经济效益和社会效益，保持长久不衰，就必须像对待亲人一样爱护员工，企业也只有像对待亲人一样爱护员工，员工才可能像对待自己的家庭那样对待自己的企业，才会爱企如家。所以，评价一个企业业绩价值大小，既要看企业利益，又要看员工利益，看员工的满意度，要坚持企业利益与员工利益的统一。

四　坚持企业利益与爱护资源、生态环境的统一

评价一个企业业绩价值大小，要看企业利益，又要看企业对资源、生态环境的态度和行为，一个靠不择手段攫取资源，浪费资源和破坏生态环境的企业，决不是好企业。爱护资源和维护生态环境是企业的重要社会责任，企业应坚持爱护资源准则，科学生产，降低物料和能源的消耗；还要坚持环境保护准则，生态环境有两个，一个是自然生态环境，一个是文化生态环境。维护自然生态环境要实行洁净生产、无害生产、做好"三废"处理，杜绝危害生态环境的隐患。文化生态环境要实行文明生产，杜绝精神污染。

一个企业，从物质产品设计、产品的原料获取、产品生产到产品的储藏、运输、销售和售后使用等各个环节都密切注视和进行生态把关，考虑到自然环境、人类健康、生态平衡的维护问题。对精神产品的设计严格遵循思想性、知识性、娱乐性和可读性原则，从企业管理者到技术人员到普通工人自觉遵守的条例，以确保企业良好经营与良好的生态资源环境的和谐统一，这才是一个好的企业，业绩价值大的企业。

伦理化的经营理念和价值观念体现在企业运营的各个方面，每一个企

业都以自己特有的语言、行为和风范表达自己的伦理理念和价值观念，展示自己的人格魅力。这里介绍一些世界和我国名牌企业的伦理经营和伦理管理事例，透过它们的伦理经营和伦理管理，我们可以窥测到其所蕴涵的伦理思想和价值观念。

案例 1

奔驰的"一切为了顾客"

"一切为了顾客"是奔驰公司的宗旨，奔驰公司从成立之日起，就把顾客视为上帝，对顾客的要求一一满足。在生产中坚决贯彻质量第一的同时，建立了一系列完善的服务措施，为了及时了解顾客的需求情况及意见和建议，奔驰公司花大力气进行市场调查，以获取第一手数据，指导决策，从而使产品的质量精益求精，为顾客提供了满意的服务，无论是在公司的软件建设上还是在公司的硬件建设上，奔驰公司都在努力实践着自己的这一宗旨，"一切为了顾客"已经成为了奔驰公司的精神内核。

向消费者提供优质产品，是"一切为了顾客"最基本的体现。没有这一条，其他一切无从谈起，为此，第一，奔驰公司做到了重视人才，严格质量意识。在保证质量方面，奔驰公司认为，只有全体员工都重视质量，产品的质量才有保证。公司十分强调企业精神，激励普通员工积极参与质量建设，努力营造一种严格质量意识的企业理念。奔驰公司认识到，人的素质就是产品的质量，因此，奔驰公司把对人员的培训放在重要的位置，在国内设立 500 多个培训中心，培训包括两类：一类是对青年人所进行的基本训练。一类是对已有的有经验的工程技术人员、营销人员和技术骨干的培训。人的素质提高了，质量意识也就容易增强了。第二，奔驰公司对待生产严肃认真，一丝不苟，在提高人员素质的基础上，建立严格的工作制度。奔驰公司对产品的每一个部件的制造都给予充分的重视。不仅对产品的外观和性能有严格的质量要求，而且对人们很少注意到的部位，奔驰人也给予了足够的重视。第三，严把质量关。每一道工序、每一个零部件都有专人负责质量检查，此外每一个班组都有人员负责检查，最后还有人负责总检查。

奔驰公司在做好市场调查的基础上处处为顾客着想，建立了售前、售后一条龙服务体系。奔驰公司认为，在品种、款式繁多的汽车市场上，顾客要细致地搞清楚每一款汽车的性能、特点是不容易的，因此，奔驰公司用热情洋溢的服务态度，通过广告、宣传资料等积极帮助顾客了解奔驰的产品。同时，奔驰公司还认为，售前的承诺、奉承不如售后无处不在的完善服务。优质高效的售前售后服务可以使奔驰车主没有后顾之忧。奔驰公司对完善和扩大服务网点极为重视，目前，奔驰公司在全世界有近5000个销售和维修点。奔驰车一般行驶1.5万公里需要检修一次，这些服务项目工作人员都能当天完成。换机油时，如果发现某个零件有损耗，维修站就会打电话询问车主是否更换。如果车辆在途中发生意外故障，开车人只要向就近的维修站打个电话，维修站就会派人来修理或是把车辆拉走去修理。奔驰公司特别重视"无故障性"，它认为发现故障是公司的责任。当奔驰车出现故障时，即使是车主的原因，奔驰公司的人员也会热情地为他服务。正因为有这样优良的服务，所以奔驰车才受到全世界人们的喜爱，才成为名副其实的世界"名牌"。

案例 2

惠普的"人人平等，人人尊重"

在惠普的发展历程中，强大的企业文化在促进企业业绩增长上起到了关键的作用。就企业内部而言，惠普提倡人人平等与人人尊重。在实际工作中，提倡自我管理、自我控制和成果管理，提倡温和变革不轻易解雇员工，也不盲目扩大规模，坚持宽松的、自在的办公环境，努力培育公开、透明、民主的工作作风。

惠普的企业文化及其在此基础上所采取的经营方式极大地刺激了公司的发展，有利地促进了公司经营业绩的增长，公司在上世纪50—60年代纯收入就增加了107倍，仅从1957—1967年公司股票市场价格就增加了5.6倍。投资回报率高达15%。进入90年代，惠普公司重点发展计算机，时至今日，它已经成为全球最大的电脑打印机制造商。1992年收入达16亿美元，1993年收入达20亿美元，1994年收入达25亿美元，1995年以后，收入增长进一步加快，年收入从31亿美元增加到1997年的428

亿美元。惠普的发展说明企业文化的强大推动力。公司提倡人人平等与人人尊重，注重业绩的肯定，对员工表现出信任和依赖，倡导顾客至上的经营观，以向顾客提供优质且技术含量高的产品，有效解决顾客的实际困难，极力为公司股东服务，这些准则和价值观为企业的发展奠定了坚实的基础。

案例 3

海尔的"先卖信誉后卖产品"

一般企业在发展过程中要经历三个阶段：产品运营、资本运营和品牌运营。海尔认为，由资本运营向品牌运营过渡的过程中，必须拥有"先卖信誉后卖产品"的理念，树立品牌的美誉度。

海尔认为，市场美誉度并不是市场知名度。在消费者对产品的认知上，存在着 3 个层次：一为知名度，只要花钱就能打开知名度。二是信誉度，说要保修 3 年，就能够保修 3 年，这是信誉度。三是美誉度，这是最重要的，就是要做到有口皆碑，能满足顾客的潜在需要。做到这 3 点，才是真正的名牌。名牌之名还在于两个方面，一是产品对社会需要的满足；二是企业的售后服务。如果说前者属于技术问题，则后者属于企业文化问题，具体说就是伦理问题，企业同社会、同消费者之间建立什么样的关系问题。离开了这两个方面，所谓信誉是难以建立的。作为中国乃至世界上的名牌企业，海尔正是紧紧抓住这两个方面，做足了文章，建立了海尔在社会中的良好信誉。以质取胜，这是基础，当人们问海尔人："靠什么立足国际市场？"海尔人回答："靠科技创新，同时还靠优质的售后服务。"家用电器是高档耐用消费品，产品售出商店只是销售工作的部分完成，只有安装好了，并可安全使用，才是真正意义上的售出。而售后的质量保证，更是直接关系企业的市场信誉，拥有市场的一个重要因素。中国的众多家电企业在其竞争策略上，都将售后的优质服务作为必不可少的利器。正因为海尔人在经营理念中把信誉放在了突出的位置，赢得了众多消费者的信赖，所以海尔在 1996 年荣获了全球服务最高荣誉奖——五星钻石奖。

良好的信誉打开了国内外市场，"先卖信誉"带动了产品的销售，目前，海尔已在 128 个国家注册了商标 590 件，通过海外 49 家经销商建立了 11308 个零售网点，从而使海尔的各类家电产品进入了广阔的世界市场。在国内，海尔在全国 500 强中名列 30 位，品牌价值 265 亿元，已成为我国的特大型企业。

案例 4

五粮液的"环境保护工程"

工业生产在人们的环境保护意识还没有建立的时候，总会带来生产的发展和环境的破坏的矛盾。而当对环境的保护成为一种自觉意识的时候，就会带来企业生产行为的极大转变。五粮液集团把环境保护视为企业发展的生命线，全面实施了以"320"、"RS"等工程为首的一系列配套的相关工程，全方位地实施可持续发展战略。一大批自行研制的科技成果相继投入生产，使企业走上了现代企业的发展道路。

为了落实环境保护工程，公司实施了传统生产技术向现代高新技术的转变，他们坚持"以创新为先导"和"抓技术进步、稳定提高产品质量"的措施。在经营和管理两大战略中形成了完整的科技创新机制，率先建立企业技术创新机构，配置了科技人员。全面跟踪世界环境保护的高新技术动态，鼓励科技人员同大专院校、科研单位相互协作。为了把环境保护落到实处，公司还对科研人员实行重奖制度。在"九五"时期，企业坚持不断地采用先进的生物技术、自动化技术、节约降耗技术、分析检测技术、治污环保技术，等等，不断开发新产品，使五粮液集团的发展能够适应时代的要求，为其他企业树立了环境保护的典范。

五粮液集团成功地研制出白酒厂废水、废渣处理新工艺、新技术，为白酒厂废水、废渣综合利用树立了一个标杆工程。在酒综合开发利用方面，引进管束干燥机和燃稻壳锅炉，对饲料厂进行技术改造，解决长期困扰五粮液的固体废弃物造成环境污染的问题。干燥后的酒糟燃烧生产蒸汽，进行热能利用，节约能源。以酒糟烧煤后产生的稻壳灰为原料，建设 4000 吨/年沉淀白碳黑工程。目前，酒糟干燥、燃烧稻壳锅炉工程，早于 1999 年 7 月初试车成功。在此基础上，正在延伸扩大该工程，这样全年可节约煤炭 8 万吨，减少运输量 13 万吨。用稻壳灰为原料生产 4000 吨/年沉淀白碳黑工程正在试生产。

集团公司酒厂每日排放一定量高浓度废水，化学需氧量含量高达几万甚至十几万吨。这样大量地排放废水，势必影响江河流域，给环境造成污染，也给酒厂带来大量的罚款和名誉损失。集团现有 2 个废水站，满负荷运转也只能处理 20% 左右的废水，而且是消耗性的。经过大量试验，科研人员摸索出一条可行的利用废水提取乳酸和乳酸钙的途径。既解决了大量的废水污染，又得到了产品，产生一定的经济效益。目前，集团公司已投资 2000 多万元兴建乳酸工程，预计投产后可生产乳酸 1500 吨，乳酸钙300 吨，产生较好的经济效益，同时，可免除几百万元的废水罚款，重要的是解决了废水对环境的污染问题。环保创新使五粮液集团公司进入了可持续发展道路的新起点。

　　——以上案例均摘编自杜莹等著《企业家道德》，中国市场出版社 2003 年版，第 394—397 页。

第七章　企业经济活动人本论

　　企业经济活动人本论是关于企业存在的人本目的、企业活动的人本理念以及企业人本管理的审视、思考、反思和评价的理论。人本论是从人的角度研究企业经营管理活动，分析企业的运行、发展、效益与企业中、企业外人的关系，特别是与人的精神要素的关系。因为，企业是服务于人的，只有竭诚为消费者服务的企业活动，才会得到消费大众的认可，企业才能生存发展；企业中人是主体，人驾驭和支配企业中的物质要素，员工的人格是否得到尊重，员工的各方面利益是否得到满足，员工的思想、意识、精神面貌如何，直接影响和决定企业运行的成败，员工有主体地位和主体意识，精神面貌好，企业就健康发展；员工无主体地位和主体意识，精神面貌不好，企业就不可能搞好。企业经济活动人本论的研究目的，就是要用人本管理的理念和方法经营管理企业，营造一种积极、励志、团结、奋进的企业文化氛围，推动企业不断发展。

第一节　马克思主义人本思想

　　马克思主义创立之初就把人本、把人的自由全面发展看做社会发展的最高目标。马克思、恩格斯深切关注人的发展、全人类的前途和命运，把人的全面、自由发展，全人类的解放，作为自己毕生研究的主题和为之奋斗的最高目标，作为衡量社会发展的最高价值标准。他们从历史唯物主义原理出发，批驳了资本主义私有制社会所造成的人的片面、畸形的发展，把人的发展问题提到了重要地位，科学地论述了人的全面发展的必然性及其对社会主义发展的重要意义。在马克思主义看来，人的发展和社会发展是统一的，社会发展的核心和最高目标就是人的发展，离开了人的发展就谈不上社会的发展，马克思主义的社会发展观是以人的解放和全面、自由的发展为最高理想的。人的全面发展，就是符合人的本质和需要的发展，就是让每个人的创造能力和价值得到充分的体现。这正是马克思和恩格斯所描述的未来共产主义社会的基本特征。

马克思主义关于人的三种存在形态理论强调：以人为本中的"人"应包括：类存在意义上的人；社会群体意义上的人；具有独立人格和个性的个人。根据马克思主义人的解放和全面发展理论，强调以人为本中的"本"，需要放在各种关系中来理解和确定，主要有三层含义：第一，相对于人对人的依赖、人对物的依赖而言，把人当做主体。第二，相对于人被边缘化而言，把人看做一切事物的前提、最终本质和根据。第三，相对于人作为手段而言，把人作为目的。因此，马克思主义的以人为本理念具有三层基本含义：第一，它是一种对人在社会历史发展中的主体作用与地位的肯定。它既强调人在社会历史发展中的主体地位和目的性，又强调人在社会历史发展中的主体作用。第二，它是一种价值取向。即强调尊重人、解放人、依靠人、为了人和塑造人。尊重人，就是尊重人的类价值、社会价值和个性价值，尊重人的独立人格、需求、能力差异、人的平等、创造个性和权利，尊重人性发展的要求。解放人，就是不断冲破一切束缚人的潜能和能力充分发挥的体制、机制。塑造人，是说既要把人塑造成权利的主体，也要把人塑造成责任的主体。第三，它是一种思维方式。就是实践要求我们在分析、思考和解决一切问题时，既要坚持并运用历史（符合规律发展的要求）的尺度，也要确立并运用人（或人性化：合乎人性发展的要求）的尺度，要关注人的生活世界，要对人的生存和发展的命运确立起终极关怀，要关注人的共性、人的普遍性、共同人性与人的个性，要树立起人的自主意识并同时承担责任。

第二节　企业活动的主体——人

如果我们将"企"字拆开来，可以发现它由"人"字和"止"字组成，也就是说"企业无人即止"，这是企业人本管理的精髓。无怪乎被誉为"经营之神"的松下幸之助将松下公司的企业宗旨确定为：要造松下产品，先造松下人。

企业活动的主体是人（员工），人是有精神的，人的精神分为高低两个层次：高层次精神指思想层面，包括人的思维、认识、观念、理念、理想、信念等；低层次精神指心理层面，包括人的情感、感受、意志、毅力、兴趣、情绪等。企业活动的主体首先是员工个人，这些个人又都是精神的载体，他们有情感，有意志，有思想，有目标，有追求，有个性，是灵性的个人。企业由这些灵性的员工个体组织而成，企业活动由这些员工的活动构成，所以企业活动的主体又是一个集团，企业不仅仅是一个物质生产实体，也是一个由带有上述精神要素的员工构成的灵性共同体集团，这个集团有明确的集团意识即企业精神，有共同的集团目标即企业目标，有共同的集团制度及企业制度。企业集团就是把员工个人凝聚在一起的事业共同体和利益共同体，企业这个共同体既具有团队品格，又尊重个体差异性，企业是共同体和个体的辩证统一。

企业经济活动的开展和开展的水平，主要取决于企业主体。主体作为精神载体，有没有工作的积极性，愿不愿意努力工作，愿不愿意开拓创新，主要取决于企业管理理念和方法。所以，这里就有一个管理思想和管理方法的问题。

第三节　管理思想、管理方法、管理模式的衍变和发展

前边讲过管理模式的衍变和发展经历了经验管理—科学管理—行为管理—人本管理几个阶段，没有展开，这里展开。

一　经验管理

经验管理是 18 世纪以前的企业管理模式，管理者认为员工只不过是自己的雇员，是自己企业经营活动得以开展的工具，是自己监管的对象。管理者只凭借自己的直觉和感受进行决策和管理，我行我素，而且只重自

己的感受和感觉，不考虑被管理者的感受和感觉。从组织管理的本质分类角度讲，这种管理属于人治，带有浓厚的经验主义色彩和专制主义色彩。

二　科学管理

科学管理 20 世纪初产生，在西方一直延续到 20 世纪 40 年代。泰罗对科学管理做了这样的概括：科学，不是单凭经验的方法。协调，不是不和别人合作，不是个人主义。以最大限度的产出，取代有限的产出。发挥每个人最高的效率，实现最大的富裕。主要是通过时间和动作研究及工作分析，制定出有科学依据的工人的"合理日工作量"即劳动定额，根据定额完成情况，实行差别计件工资制，使工人的贡献大小与工资高低紧密挂钩，从而刺激工人努力工作，提高企业的劳动生产率。科学管理的出现，使企业管理进入到同经验管理相对立的规范化、制度化的科学管理阶段，所以被称为科学管理。科学管理是典型的资本主义机器大工业生产的组织形式，代表了当时机器大工业生产管理的最高水平。机器大工业时代工业化的主题，就是追求更多的产量，创造更大的市场。对此，泰罗进行了理论上的创建，而福特采取了实践上的行动。

在泰罗眼中，规范化、制度化是企业大规模生产的基本要求，是先进管理思想实施的基础，更是实现科学管理的依据。只有制定严格的规范，企业具体工作才会依章行事，主管人员才能把主要精力集中在企业大政方针的制定和少数例外事件的处理上，工人的行动才能有章可循。否则，势必造成管理的随意和生产的混乱。

在生产组织方面，泰罗制明确提出管理层和作业层分离，要做到科学管理，必须把计划（管理）和执行（作业）的职能分离，把"企业中巨大的、非常繁重的责任和负担"，包括订单分析、研究制定工时定额、分析制造成本、掌握原材料和库存品的动态情况等一切需要管理协调的工作从车间分离出去，全部由企业管理层来承担，工段长和工人仅仅依照标准、按定额执行工作任务。同时，计划（管理）部门必须经常把工人执行的实际情况同制定的标准比较，以便有效地进行控制。

1913 年，亨利·福特运用当时企业推广泰罗制的技术成果，创建了世界上第一条流水生产线。福特制生产方式的主要特点是等级分明、层层服从、部门之间没有横向联系的、流水线式的线性生产组织形式。显然，在福特制中，彻底实现了泰罗制的"计划与执行分离"。福特力图"降低部分工人的思考的必要性和将工人的移动次数减至最低，因为工人移动一次只可能做一件事。""我们希望工人只做那些要求必须做的事情。组织是高度分工的，一部分与另一部分是相互依赖的，我们一刻也不能允许让工人按他们自己的方式来工作，没有最严格的纪律，我们就会陷入极大的混乱。"这种思路，同泰罗毫无区别。在具体做法上，福特把 T 型车的整个生产过程分解为 84 个步骤。如果说泰罗制着眼于个人生产动作的科学化，那么福特制则着眼于生产全过程的科学管理方式。

福特不仅设计出完善的装配线和统一精确的通用零部件，还创造出依靠非熟练工人在中心装配线上使用通用零件的大规模生产方式。依照"只需按工序将工具和人排列起来，以便能够在尽量短的时间内完成零配件的装配"的装配线工作原理，进一步降低了对工人手工技能的依赖，工人无须动脑思维就可以完成单一而简单的工作，从而降低成本，提高效率，实现了机械化的大批量生产。

科学管理实行分工管理、分工作业、定量作业管理、标准化管理、流水线式生产组织管理和差别计件工资制，这种管理从组织管理的本质分类角度讲，属于法治，这里的法治指规章、制度、标准、条例的规范、约束和管理，这种管理的确提高了劳动生产率，扩大了经济规模，促进了经济增长。但缺点是把人假设为"经济人"，认为人的本性是懒惰的，没有严格的制度和金钱刺激就不肯出力。此管理模式片面强调规章制度作用和物质刺激的作用，而忽视人的生理需要和心理需求，遭到工人越来越强烈的反对。

三　行为管理

行为管理也叫 Y 管理模式，是 20 世纪 20—70 年代的企业管理模式。梅奥通过他的一系列霍桑实验指出，工人是社会人，而非经济人，金钱不是工人们工作的唯一积极性，社会和心理因素对工人工作的积极性也有一定的影响。企业中存在着非正式的组织，这些非正式组织以它独特的感情、规范和倾向，左右着成员们的行为，它与正式组织相互依存，对生产率有着重大的影响。提高生产率的主要途径是提高工人的满足度，除了社会因素，在人际关系上也要有一定的满足度。按照马斯洛的人的需要层次理论，人的需要分为五个层次，由低到高分别是：生理需要、安全需要、社交需要、自尊与受人尊重的需要以及自我实现的需要。企业管理应满足人的不同层次的需要，实行行为管理。这样，行为管理就以其"社会人"的思想，以及强调人际关系和人的多层次需要满足的重要性，取代了"泰罗制""福特制"的"经济人"的效率逻辑。第二次世界大战后，管理理论演进到现代化科学管理阶段，主张综合运用电子计算机、运筹学和系统论的方法，并结合行为科学的应用，把企业看成是由人和物组成的完整系统。

　　行为管理重视研究人的心理、行为对高效率地实现组织目标的影响作用。它主要是从人的需要、欲望、动机、目的等因素研究人的行为规律，特别是研究人与人之间的关系、个人与集体之间的关系，并借助于这种规律性的认识来预测和控制人的行为，以提高工作效率，实现组织要求的目标。梅奥看到了发展生产力中的人和物两个要素，即劳动者和机器设备及原料，看到了人支配物，劳动者支配机器设备及原料，强调实行综合管理。这是管理上的又一进步。这种管理从组织管理的本质分类角度讲，属于文治，但属于文治的初级形态。梅奥把人看做"社会人"，有其科学性一面，但它离开一定的社会具体关系宣扬抽象的人性论，离开现实的经济文化条件抽象谈人的价值，是不实际的。

　　四　人本管理

　　20世纪80年代以后的企业管理模式，也称现代企业管理模式、企业文化管理模式。从80年代起，科学技术迅速发展，员工物质生活得到改善，员工自我实现心理增强，企业更加重视人的心理行为和要求，重视人的主动性和创造性。加之随着企业规模不断扩大，跨国公司不断发展，企业内部的向心力和凝聚力出现问题，这时的企业价值观也随之更新，企业需要以更高的视野即人的关怀的视野来认识企业管理，正是在这种背景下，企业管理理论和实践中兴起了一种人本管理思潮，人本管理思潮以更高的"灵性人"思想取代了梅奥的"社会人"的局限性，提倡员工参与管理，民主对话，平等相处，人的尊严和人的价值受到尊重，这种管理从组织管理的本质分类角度讲，属于文治，属于文治的高级形态。

第四节　人本管理是企业管理的最高境界

　　一　人本管理的含义

　　人本管理从字面看就是以人为本的管理，从哲学意义上讲，以人为本之中的"本"实际上是一种哲学意义上的"本位""根本""目的"之意，它是一种对组织管理本质的新认识。在中国，早就有"民本"的思想，最早见于典籍的是《古文尚书·五子之歌》，其中写道："皇祖有训：'民可近，不可下。民惟邦本，本固邦宁。'"此后，从春秋战国时期的儒、道、法、墨等诸子百家，一直到封建社会末期的进步思想家、政治家，几乎都主张和宣传"民本"思想，从而使之成为中华文化中影响最广、延续最久的一种哲学和政治思想。但"民本"并不等于"人本"，"民本"中的"民"是相对于"君""官"而言的，"人本"中的"人"是相对于"物"而言的，"民本"思想虽然也表现出重视劳动人民价值和作用的积极意义，但"人本"的内涵和精神实质大大超出了"民本"所能涵盖的意蕴。

按照马克思主义的观点，"以人为本"的出发点是现实的人，"是从事活动的，进行物质生产的，因而是在一定的物质的、不受他人任意支配的界限、前提和条件下能动地表现自己的"人。就企业来说，就是在生产力和生产关系的运动中，创造物质财富，推动生产力和社会发展的从事物质实践活动的员工。企业管理的中心问题是人的问题，是人心，是人的主动性和创造性，需要塑造一种氛围来凝聚人心和激发人的进取精神，把企业管理的根本问题定位于对人的管理，是企业管理思想和理论的升华。人本管理是以人为根本、为核心，充分发挥人的积极性、能动作用和创造精神的管理方式。

二　人本管理的本质

人本管理的本质是正视员工的尊严、尊重员工的人格和提倡员工的价值。人本管理把企业中的员工视为原本意义上的人来看待，而不仅仅将员工看做是一种没有感觉的物件，一种物质生产要素或一种物质资源。人所具有的一切：七情六欲、思想、尊严、人格、追求等，员工都具有，企业管理从根本上说，就是对人的管理。企业管理要正视员工的尊严、尊重员工的人格和提倡员工的价值，满足员工的合理的、正当的欲望和追求，激发员工的积极性和创造性，这才是企业人本管理的本质。

三　人本管理是企业管理的最高境界

以上讲的人治（经验管理）、法治（科学管理）和文治（行为管理和人本管理），是企业管理的三种境界。人治，境界低，是中国企业持续成长的最大障碍；法治，规范化，境界高一层，是中国企业持续成长的必要条件；而文治就是在法治的基础上的文明管理，文明管理就是消除了暴力行为和主观性倾向，消除了仅仅立足效率的管理，真正做到了重视人、关心人、理解人、信任人、激励人、为了人，尊重员工的人格，强调员工的主体性，提倡员工的价值，把员工个人价值的实现和企业的发展协调统一起来，给员工提供快乐工作、快乐生活、自由展示、充分发展的条件和空间。人本管理是企业管理的最高境界。实施人本管理，深受越来越多的企业推崇。实践证明，凡是重视人本管理的企业，就充满生机和活力；反之，就处于呆板和沉寂状态。

第五节　企业文化管理是人本管理的最高层次

一　企业人本管理的五个层次

人本管理有五个层次。这五个层次从低到高分别是：

（1）情感管理。关心员工，体察员工喜怒哀乐等主观感受，注意探究和研究员工的心理，经常利用员工的生日、纪念日、婚丧嫁娶、疾病探视等一切机会同员工进行情感沟通，允许员工发泄不满等情绪，通过与员工交谈并采取措施消除他们的怨气。

（2）民主管理。倡导和鼓励员工参与管理，为企业发展、技术改进、组织变革等献计献策，重视员工代表大会的提案和员工的批评建议，认真讨论，合理采用，制定落实措施并有力度地执行。

（3）自主管理。信任员工，注重员工自我管理：自己制定目标和计划，自我激励，自我约束，自主自愿做事，自主自愿体验。

（4）素质管理。注重员工的培养和发展。发现才干，选拔人才，竞聘岗位，开展竞赛，培训员工使其提高技能。

（5）文化管理。注重环境、氛围营造和员工思想境界、理念、意识的培养。营造企业文化，培育企业精神，憧憬企业未来，使员工心情舒畅，快乐工作，快乐生活。

二　文化管理是企业人本管理的最高层次

之所以把企业文化管理视为人本管理的最高层次，建设企业文化和塑造企业精神作为实施人本管理的最好方式，是由于人本管理属于灵性管理，灵性管理注重人的思想、理念、精神的提升和文化氛围的塑造，积极向上的人的思想、理念、精神和文化氛围可以为企业的运营与发展注入永久的活力和动力。因此，企业文化建设越来越引起企业家和经营管理者的关注。

（一）企业文化的内涵

企业文化是一种熏陶员工、教育员工、激励员工并使员工体验和感受、陶醉和享受的环境和氛围。是实施人本管理的一种最佳管理模式。企业文化是企业管理理论发展的一个新阶段。企业文化是一种全新的人本管理模式，是以"人"为中心的"灵性管理"，企业文化把广大员工作为企业主体，主张工人是劳动者，也是管理者，具有劳动者和管理者的双重身份。

（二）企业文化的内容

企业文化分广义和狭义理解，广义的企业文化包括物质文化、制度文化和精神文化。企业物质文化是指企业的物质生态环境和氛围；企业制度文化是指企业的管理机制、规章、制度环境和氛围；企业精神文化是指企业的价值观、信念、思想、理念、目标、追求等环境和氛围。狭义的企业文化就是企业精神文化。我们认为，企业文化应是广义的企业文化，因为，物质文化、制度文化和精神文化都是人性化管理不可缺少的组成部分，物质文化营造企业的自然环境和氛围，是一种熏陶员工，使员工体验、感受、陶醉和享受的生态环境氛围；制度文化营造企业的管理制度环境和氛围，是一种熏陶员工、教育员工、激励员工，并使员工体验、感受、陶醉和享受的人文环境氛围；精神文化营造企业的价值观、信念、思想、理念、目标、追求等精神文化环境和氛围，也是一种熏陶员工、教育员工、激励员工，并使员工体验、感受、陶醉和享受的人文环境氛围，都与人的喜怒哀乐、爱憎、心理、情感、欲望、思想，自尊，人格，向往、追求紧密相连。当然，物质文化、制度文化和精神文化三块儿不是平列的，其中，精神文化是核心的东西，企业文化管理主要是营造精神文化环境和氛围，来统一员工的价值观、信念、思想、理念、目标、追求和行为，激发企业的活力和动力。

（三）企业文化的核心——企业精神

企业文化的核心是企业精神文化，企业精神文化的核心是企业精神，企业精神是企业精神文化即价值观、信念、思想、理念、目标、追求的浓缩和集中表现，其中，企业价值观和理念是企业精神的核心内容。

1. 企业精神的含义

企业精神是由企业员工的共同理想、信念追求、思想情操、道德规范、价值标准、工作态度、行为取向等因素，在企业长期的生产经营实践中培育、融汇、凝聚而形成的能够体现时代精神、优良传统和企业个性的一整套观念、意识和准则。企业精神是企业全体员工所能接受的一种观念，并制约着每一个员工的行为，成为一种凝聚力，使广大员工愿意为企业的共同目标而团结奋斗。企业精神向社会展现出企业的整体风貌。

早在新中国成立初期的五六十年代，我国就有鞍钢的"孟泰精神"和大庆的"三老四严"精神，虽然那时没有使用过"企业文化"和"企业精神"这些名词，但实质上已经是一种企业文化和企业精神。改革开放以来，在借鉴西方国家科学管理方法的过程中，企业文化和企业精神建设越来越受到企业管理者的重视。党的十三届三中全会通过的《中共中央关于加强和改进企业思想政治工作的通知》中第一次明确提出了建设企业文化、培育企业精神的问题。指出："大力培育富有特色的企业精神，把实现四化、振兴中华的共同理想同企业承担的特定任务结合起来，把爱国与爱厂紧密联系起来，以国家大局为重，处理好个人利益与企业利益、国家利益的关系。"这是对改革开放以来企业思想政治工作进行认真总结的一个结晶，也是对许多企业以往提倡和培育企业精神的肯定，并对新形势下的企业文化和企业精神建设提出了更迫切和更高的要求。

在企业文化和企业精神建设方面，应该说，我们社会主义企业比资本主义企业有更多更大的优势。因为，尊重人、重视人，调动人的积极性、主动创造性，充分发挥人的作用，是我们的历来主张和做法。但从实际看，我们的管理差距和时代的要求之间差距很大，和我们的社会主义制度不相称，在某种程度上还赶不上发达国家的企业。

2. 企业精神的内容

企业精神的内容包括四个方面：

第一，企业员工的主人翁意识。这是企业精神的基础内容，是社会主义企业文化区别于资本主义企业文化的根本特征。

第二，员工的群体感情，即企业员工对企业的感情及相互之间的感情，也就是全体员工热爱、维护自己的企业，员工与企业患难与共；员工之间团结友爱、互相尊重、互相协作、同心同德。

第三，员工的价值标准，即企业和全体员工认为什么是企业最有价值并为之努力奋斗的东西，既包括员工个人的理想、愿望、追求，也包括企业的经营方向、经营思想和经营目标等。

第四，企业的文化传统。包括员工的思想情操、道德规范、行为取向、审美情趣、心理习惯等。

五六十年代的"孟泰精神"、"三老四严"精神、"一改两参三结合"作风就体现了企业精神的四个方面内容：主人翁意识、群体感情、价值标准和文化传统，爱厂如家、艰苦创业、自力更生，是一种工人阶级的可贵精神。

说这种精神和作风也是当年的企业精神，因为它有生命力，西方的企业管理也借鉴了它。美国通用电气公司著名企业家韦尔奇就是这样做的，他经常讲：让沟通为你带来支持者。他当年倡导改革，但改革的人都碰到一个问题，就是支持的人不多。因为既得利益者最怕改革，改革就会影响原本的福利。为了找寻积极支持者，韦尔奇首先办学，在公司内搞了一个学院，由他亲自任教，直接和员工沟通，下课之后，又和他们一起喝酒谈天，直接听取他们的意见。在整个训练过程中，他听到不少意见，又培养了不少支持他的核心人物。当时由韦尔奇创办这所训练学院，现今居然成为公司改革的圣地。这所位于纽约州附近的克顿训练中心，现在大有名气，很多公司也派员来学习，变成一项宣传工具。

前些年中国有一班高级行政人员，也组成了一班人到这所克顿中心学习，带队的队长是科学院副院长江绵恒。经过几天的培训，到了最后一日，当年还没有退休的韦尔奇，出席了最后的一节。因为这是中国的企业精英，他自然要出来打招呼。其中一位学员，名叫魏家福的，他是中国远洋航运公司的第一把手，他很兴奋地提出一个问题，他说，经过多日的考察，发觉通用公司的管理制度，其实和 50 年代的中国管理差不多。就是当年的"一改两参三结合"。这究竟是什么制度呢？其实就是一个大改革，再加上两方面参加管理，即是干部参加劳动，工人参加管理。上中下老中青也参加改革而将整个机构结合起来。

3. 企业精神的特点

企业精神有以下三个特点：

第一，继承优良传统。企业精神是企业文化的主体和集中表现，是企业全体员工所能接受的一种观念，并制约着每一员工的行为。所以，企业精神不但具有企业员工现实观念中的共同点，也必然包括对民族和企业优良传统的继承，应继承中华民族的自强拼搏精神和 50、60 年代的鞍钢、大庆精神。企业精神之所以具有凝聚力，原因也就在于此。

第二，体现时代的特性。企业精神是具有时代特性的企业观念，因此必然包括现实观念中那些符合企业发展和社会需要的"闪光点"。当前的时代是改革开放、现代化建设时代，必须在改革开放、现代化建设的氛围中，才能培育和凝聚起具有时代风采的、适应社会主义市场经济发展的企业精神，促使员工树立市场观念、竞争观念、效益观念、效率观念、风险观念和改革创新意识等，使员工把自己的利益和企业的利益联在一起，使企业成为员工追求个人价值的场所，引发出员工强烈的使命感和无穷的创造力。

第三，反映企业的特色。企业是整个国民经济的基本单元和细胞，但不同的企业有不同的创业发展史，具有不同的社会职能和发展目标，企业的素质和各个企业家的气质也有很大区别，在培育企业精神的过程中，要反映本企业特色。那种没有特色、缺乏个性、模仿、雷同、空洞抽象的企业精神，是不会具有号召力和凝聚力的。

4. 企业精神的功能和作用

企业精神的功能和作用，也是前边讲的企业价值观的功能和作用。表现为以下五个方面：

第一，导向作用。企业精神是企业全体员工共同的价值观念，它对全体员工有一种内在的号召力，引导每一位员工自觉接受团体或社会的价值观念为其人格的一部分，实现个人社会化，使全体员工把个人的目标和理想，凝聚在同一目标和信念上，朝着一个共同的方向努力，使每一个员工都能通过价值观念进行自我控制。企业精神一旦形成，就可以部分地代替行政命令，以非正式的控制规则对员工实行行为控制，因为，团体的价值观念一旦被员工所接受，就会使员工产生"理应如此"的认识和感觉，像海尔的 OEC 管理模式，坚持"今日事，今日毕，日清日高"，员工习以为常，觉得理应如此；工作中出了问题从自身查找原因，毫无怨言，也觉得理应如此。都能自觉地按这种价值观念的要求去工作和生活。

第二，增强凝聚力的作用。增强企业活力是企业改革的中心，企业活力的源泉来自企业全体员工的积极性和创造性，而这种积极性和创造性只有把每一个员工吸引、团结在一起才能充分发挥出来。而企业精神可以增强这种凝聚力和合力，企业精神好似黏合剂，把全体员工联在一起，使企业员工产生归属感，增强凝聚力，并通过潜移默化的作用，使员工自觉不自觉地接受企业的共同信仰和价值观念，把每一个个体都融合到企业集体的大家庭中来。在当前市场经济的瞬息万变、竞争激烈、强手如林的情况下，企业就更需这种凝聚力和合力的作用。凝聚力是竞争力的重要组成部分。

第三，激励作用。就是根据员工的个人需要，把组织目标和员工个人利益需要有机地结合起来，去激发其动机，诱导其行为，鼓励员工去追求组织目标。企业精神可以激发员工的自豪感、荣誉感和责任感，从而自觉维护企业的声誉，为企业的兴旺发达努力工作。

第四，规范作用。在企业环境日益复杂化，不确定因素日渐增多的市场经济条件下，使企业成员对企业的原则性的基本问题有统一的认识，企业精神为全体成员提供了这种判断是非的标准，即根据企业的价值观念、道德规范、约定俗成的行为规范作出反应，统一认识，从而保证企业管理工作规范化、标准化，保证企业健康发展。

第五，对树立企业良好形象的促进作用。企业形象是企业各方面情况的综合性外在表现，是企业员工和社会公众对企业的综合印象和评价。企业精神表现了企业最基本的形象特征。企业形象特征既有产品质量、生产能力、厂容厂貌等物质方面的内容；又有信用、声誉、知名度、风格等精神方面的内容。这种企业形象特征的形成，不是靠政府部门的评判、认可，也不是靠广告的自我描绘，而是靠企业行为的自我积累，在这个积累过程中，既有保持企业产品质量等物质文明成果的积累；又有保持企业信用、声誉、风格等精神文明成果的积累，特别是保持企业信用、声誉、风格等精神文明成果的积累，是企业文化的集中体现，对企业良好形象的形成具有重要作用。

总之，企业精神的功能和作用是以企业价值观、信念、思想、理念、追求武装员工，将全体员工的思想、行动统一到企业发展的目标上来，使员工为实现企业所追求的目标而自觉行动。企业文化、企业精神是企业管理中的"软件"，是一种"软管理"，它能极大地激发职工的积极性、主动性、创造性和工作热情，是企业发展的一种精神动力。一位西方管理学家曾说过："一个企业的基本哲学（即企业文化）对成就所起的作用，是远远超过其技术、经济资源、组织结构等因素所起的作用的"。还说："抓住了价值观，就会使人明白什么是重要的，就用不着天天发指示了，就能使人知道干什么，怎么干"。可见，企业文化和企业精神的激励作用比任何激励作用都大得多。

第六节　目前中国企业文化和企业精神建设的现状和问题

我国明确提出并开始进行企业文化和企业精神建设的时间还不长。从目前情况看，有些企业已经开始了建设企业文化、培育企业精神的实践，并取得了可喜的成果。但大多数企业还没有把企业文化建设和培育企业精神提到议事日程或还没有真正建立起企业文化和企业精神。

现在我国企业文化和企业精神的建设中存在的突出问题有三个：

一　不重视企业文化建设和企业精神的培育

表现为有些企业说得多，做得少，纸上谈兵，只说不练。有些企业主要是私营民营小企业连说都不说，还停留在经验管理阶段，有些私营大企业如富士康的管理还是缺乏人性的泰罗制管理模式。所以，要提高我国企业管理者对建设企业文化、培育企业精神重要性的认识。要看到，建设企业文化，培育企业精神，是一场管理思想和管理方式、手段的变革，对企业的发展具有重大作用。企业文化、企业精神是企业管理中的"软件"，是一种"软管理"，它能极大地激发员工的积极性、主动性、创造性和工作热情，是企业发展的一种精神动力。要克服管理者思想中的种种障碍，现在，有的管理者只重视管理中的经济手段、行政手段，而轻视或忽视文化手段、精神手段。当然，经济手段、行政手段是重要的，但是，文化的精神的因素和力量更为重要。

二 缺乏企业文化建设和企业精神培育的毅力

表现为有些企业企业文化建设和企业精神培育活动中途停顿和半途而废。这些企业开始时精神振奋，摩拳擦掌，跃跃欲试，表现出十足的信心，又是参观学习，又是制定措施，又是开会动员表决心，轰轰烈烈十分热闹；但经过一段时间后热闹场面就慢慢冷却下来，以致销声匿迹。究其原因大都是管理者的意志毅力不坚定所致。人性化管理不是不要规章制度，而是要合理的规章制度，公正、公平、公开的规章制度，他们在执行规章制度的时候，可能遇到障碍，或屈于人情，或屈于利益，或屈于压力等，坚持不了，半途而废，不了了之。

三 企业文化和企业精神没有自己的特色

从目前我国企业文化和企业精神的建设情况来看，大多企业的企业特色还不明显，存在着空洞、抽象、模仿、雷同、相似、形式化和口号化的倾向，如对企业精神的概括，好多企业都是"团结奋进，争创一流"，因而对企业的作用不大。这是我国由产品经济向市场经济过渡过程中，难以避免的初创阶段的痕迹。原因是多种多样的，有的管理者生搬硬套别国别厂的东西；有的管理者简单模仿别人的东西；有的管理者急于求成等。实践证明，企业文化和企业精神的创立是不能生搬硬套、简单模仿和一朝一夕可以形成的。它是在企业的长期生产、经营实践中，根据本企业的特点，精心培育和提炼出来的能够激发员工工作热情的奋斗目标、价值取向、道德观念、风格、作风等。因此，我们企业管理者应着眼于本企业，抓住本企业的特点，去进行企业文化建设，在不断的实践中去发现、把握、培育自己的企业精神。比如，可以通过回顾本企业成长壮大的历史，从已有的经验中去提炼企业精神；可以从总结本企业的优良传统和作风中，展示本企业特色的精神风采；可以根据本企业的状况和水平，提出切实可行的奋斗目标和奋斗口号作为企业精神；可以根据全厂员工共同的价值取向、道德观念或对某些重大问题的共识，形成自己的激励原则，等等。总之，富有特色的企业文化和企业精神必须是在本企业生产经营管理实践中逐步建设起来的和总结、提炼出来的，切记不能搞花架子、赶时髦、搞形式主义的东西。只有真正的企业文化和企业精神，才具有真正的生命力。

第七节　塑造企业文化，培育企业精神

　　塑造企业文化培育企业精神是企业人本管理的实现途径，如何实施企业文化和企业精神的塑造与培育，要把握好以下三个方面：

一　全面营造企业文化

　　实施人本管理要全面营造企业文化氛围和环境，通常又被称为硬环境氛围和软环境氛围，硬环境氛围指物质文化氛围环境和制度文化氛围环境，主要是厂区厂貌和规章制度。要营造优越的物质文化环境氛围即幽雅和谐的厂区自然生态环境，包括合理的建设布局，优美的绿地水域、花草树木、自然景观，达标的空气指数和噪声指数等。还要营造优越的制度文化环境氛围即人性化的和谐的企业规章和制度，人本管理不是不要企业规章和制度，而是需要公平、公正、公开的严格而又和谐的企业规章和制度。软环境氛围指精神文化氛围环境，主要是企业的厂风、作风、精神面貌，要营造积极向上的高雅的精神文化环境氛围，即高尚、和谐、快乐、享受的人文环境氛围。

　　三种环境氛围都是以人为本的人文育人环境氛围，三者缺一不可。物质文化氛围环境的营造主要是资金和精心设计，只要是企业家和经营管理者舍得投入就可以了。制度文化氛围环境和精神文化氛围环境的营造是一个复杂工程，不是靠资金投入和设计者的精心设计就可以解决的。需要企业家和经营管理者的智慧、恒心、毅力、高尚的情操、高超的管理艺术、诚恳的态度和细致的工作才能实现。一是要从观念入手，企业家和经营管理者要树立人性化管理理念、情感化管理理念、人才理念和激励意识等。二是要有实施行动，企业家和经营管理者要做到尊重员工、相信员工、爱护员工、关心员工、深入员工、了解员工，依靠员工办企业。还要做到尊重人才、重用人才、关心人才、爱护人才、发现人才、培养人才、引进人才，充分发挥人才的作用办企业。三是企业家和经营管理者还要身体力行，以身作则，用自己的言谈举止影响员工，团结员工，带领员工，同甘共苦，才能达到好的效果。

二　把握好企业文化建设、企业精神培育的原则

（一）坚持企业文化、企业精神的民族特色和企业特色

建设企业文化，培育企业精神，要坚持中国民族特色和本企业的特色。企业文化、企业精神的本质就是企业独特的价值观、精神、风格、传统、习惯、作风等，反对一般化的形式主义。当然，企业文化、企业精神的特色离不开其普遍性和共同点，要懂得企业文化、企业精神的共性和个性相统一的道理。

各国的企业，每个国家内的各行业的企业，不管有多少差别，无一例外的都是商品生产经营者，都要讲效率、讲质量，都要调动员工的积极性，争取顾客的欢迎，都要讲服务、讲信誉，等等，这是建立企业文化和企业精神的共同基础或普遍性。然而，由于民族文化的差异和所处的环境、条件的不同，制度、国情的不同，各企业的企业文化和企业精神又带有自己的个性特征。企业文化作为一种亚文化，滋生于不同民族文化，受到不同民族文化的熏陶和影响，因而必然带有自己的特色或个性。据此，我们才能区别出美国的企业文化、日本的企业文化、中国的企业文化等。美国的企业文化的特点是团队协作下的个人主义文化，强调个性、创新、竞争，严格管理下的宽松自由；日本的企业文化的特点是家族主义文化，强调以企业为家，和谐，严格下的情感、义气和团队。我们的企业文化也要有我们民族的特色：带有东方文化特点，有和日本企业文化的相同之处，但又有不同，我们不能搞家族主义文化，我们是社会主义国家，大量企业是国有企业。

就一个国家而言，由于各个企业的目标、管理状况、员工素质、企业传统、员工心理不同，生产、经营、市场、服务状况不同，企业的行业性质不同，企业文化和企业精神也必然带有自身的特色和个性。如，美国IBM公司，根据计算机行业中产品的技术特性，认为优质服务是顾客最急需的，故提出公司的信条和企业精神是"IBM"，意味着服务。又如，美国的麦克·唐纳快餐公司，根据饮食业的特点，提出该公司是"质量、服务、清洁、实惠的福音"。再如，在日本享有"经营之神"美称的松下幸之助电器公司，根据战后日本民族的心理状态，提出"友好一致、产业报国"的口号，以激励员工团体主义工作精神。还如，日本丰田汽车公司，根据汽车产品的特点，提出"优良的产品，优良的思想，世界的

丰田"，以激励员工的自豪感。这些著名的企业，之所以著名，无一不是根据企业某一方面的特点，形成各具特色的企业文化和企业精神。只有个性化的企业文化、企业精神，才是真正的本企业的文化和精神，才是管理的无形财富。

（二）企业文化、企业精神要体现先进性

富有特色的企业文化和企业精神，不是小团体主义、个人主义的群体文化和群体精神，是在正确思想的指导下，经过精心培育、高度概括、浓缩、提炼、升华了的群体文化意识和精神境界。它应当以共同理想为基础，反映工人阶级的优秀品质。充分体现时代的精神和积极向上的精神风貌；体现为宏伟而又具体的企业奋斗目标和敢于争创一流企业的雄心壮志；体现勇于奉献的精神和主人翁责任感；体现尊重科学、严肃认真的工作态度；体现团结友爱、互助合作的集体主义思想等等。要把员工中点点滴滴、方方面面的先进思想和积极因素汇聚起来，总结、提炼出先进的、闪光的东西。通过建设企业文化和培育企业精神，真正把企业的具体奋斗目标同实现现代化的共同理想结合起来；把兴厂、爱厂同兴国、爱国结合起来；把企业、员工利益同国家利益结合起来，既促进企业的进步和发展，又为我国社会主义现代化建设做出贡献。

第八节　实施民主管理，依靠员工办好企业

在企业文化管理的基础上，以企业精神为统领，现代企业还要凸显企业人的主体性，搞好民主管理。

实施民主管理，依靠员工办好企业，是我们的老传统。我们的企业是社会主义企业，过去讲工人阶级是企业的主人，要全心全意依靠工人阶级办企业，现在不讲阶级了，讲依靠全体员工办好企业，这是我们社会主义企业的特色，这个传统不能丢。企业员工群众是企业发展的决定力量，所以，企业管理者要全心全意依靠员工群众办好企业。是否全心全意依靠员工群众办企业，这是能否办好企业的一个根本问题。全心全意依靠员工群众办企业这个问题，这几年来讲得少了，做得也少了。好像成为过时的东西了。而管理者的作用讲得多了，科技人才的作用讲得多了。当然，管理

者、科技人才的作用不能低估，在某些情况下，一个得力的管理者或科技人才，往往可以救活一个企业。但是，应该看到，救活企业并不是只靠了他们单身的力量，他们仅是起到了号召、组织、管理员工群众的作用，如果离开员工群众对他们的支持和员工群众的行动，他们的作用就发挥不出来。所以，一个真正头脑清醒的企业管理者和科技人员，是不会把企业振兴发展的功绩记到自己的功劳簿上，而忘记员工群众的支持和作用的。

全心全意依靠员工群众办企业，就是要充分发挥全体员工的积极性、主动性和创造性。这一点连西方资本主义企业管理者都已经认识到和做到了。近些年来，西方企业管理强调发挥"人"的作用，"以人为中心"进行管理，主张"工人参加管理"、"全员质量管理"等，就是在充分调动全体员工的积极性、主动性、创造性的表现。当然，他们的"工人参与管理"与我们的"工人当家做主"具有本质的区别，但是，在充分调动和发挥全体员工的智慧、积极性、主动性和创造性这一点上是一致的。在这一点上我们具有优势，这是我们的社会主义制度决定的，我们有这方面的历史传统，早在五六十年代，我们企业管理就实行"两参一改三结合"，极大地调动和发挥了企业干部、员工、科技人员的智慧、积极性、主动性和创造性。在今天新的形势下，我们应该以新的内容、新的形式比过去做得更好，而没有任何理由把这个优势丢掉。有人说，时代不同了，过去是计划经济，现在是市场经济，过去的老章程不灵了。海尔的"人人是人才"理念是张瑞敏等管理者的"群众观"和"人才观"，是在今天新的形势下全心全意依靠员工群众办企业的典范，是新的形势下"全心全意依靠工人阶级办企业"的新的形式，值得我们企业经营管理者深思、研究和学习。

全心全意依靠员工群众办企业，要解决好以下几个问题：

第一，树立群众观点，批判"精英治厂"论观点。现在企业管理中存在着一种"精英治厂"观点，认为一个企业，只要有几个好的管理人才和科技人才就可以把企业办好，把企业的兴旺发达寄托于几个"精英"身上，这是一种典型的英雄史观的表现，是错误的，其错误在于夸大了个人的作用，而否定了群众的作用。这种"精英治厂"论观点的危害是显而易见的，它使管理者以主宰者和救世主自居同广大员工群众对立起来，采用简单、生硬、命令式的管理手段和工作方法对员工群众进行管、卡、压，严重压抑了员工群众的积极性、主动性和创造性，最后失去群众基础，导致管理的失败。这样的事例是不少的，企业管理者应引以为戒，牢固树立群众观点，把自己置身于群众之中。

第二，相信群众、依靠群众，充分发挥职工代表大会的作用。相信群众，依靠群众，就必须充分发挥企业职工代表大会的作用。职工代表大会是企业员工行使民主管理权力的机构，对此，没有哪一个企业管理者在口头上予以否定。但是，在实际工作中，有些企业管理者只是让职代会成员对自己的某项决策举举手、鼓鼓掌，作为自己民主作风的现代装饰品；有些企业管理者则是在需要的时候才想起它们，职代会成了一把雨伞，有雨时撑起来，天晴时丢一边；有些企业管理者则处处防范，害怕职代会夺了自己的权。其实，职代会作为企业员工行使正当的民主管理权力的重要机构，与企业管理者是心连心的，作为企业管理者，应当摆正自己同企业职代会的关系，支持职代会的工作，不断完善和健全职代会制度和权力，充分发挥职代会在企业管理中的作用。

第三，树立公仆意识，全心全意为员工群众服务。作为企业管理者，树立群众观点，全心全意为员工群众服务，就必须树立公仆意识。现在社会上有一种观点，认为管理者居于企业的"中心"地位，既然是"中心"地位，就只能是企业的主人，而不能是公仆。这种观点是错误的，起码是不全面的。我们应该说，管理者既是企业的主人，又是员工群众的公仆。从管理者作为员工群众的一员角度而言，当然是企业的主人，这是毫无疑问的，因为，员工群众是企业的主人；从管理者作为员工群众的对立面而言，管理者只能是公仆，而不是主人，因为，管理者是人民干部，干部是人民的勤务员，而不能是高高在上的主人、主宰者和老爷。企业管理者只有树立公仆意识，全心全意为广大员工群众服务，才能感动员工群众这个"上帝"，才能唤起这个"上帝"的革命热忱和工作热情。做员工群众的公仆，全心全意为员工群众服务，就要深入员工群众，了解员工群众，倾听员工群众的意见，关心员工群众的工作和生活，及时为企业员工群众排忧解难。

第四，虚心向员工群众学习，甘当员工群众的小学生。企业管理者还要有虚心向员工群众学习的精神。企业管理者肩负着管理的重任，需要具有多方面的知识和才能，要获得这些知识和才能，不学习是不行的，除了向书本学习之外，还需要向实践和员工群众学习，这里包括向普通员工群众学习，学习他们的好思想、好品德、好作风；也包括向各种管理人员学习业务知识；还包括向科技人员学习科技知识和专业技术。这里有一个放下架子的问题，企业管理者只有放下架子，才能和员工群众打成一片，产生共同语言，才能听到群众的肺腑之言，获得群众的深谋良策，齐心协力，共谋大业。

这些年我们的生活条件好了，可企业管理者的官气增长了，过去群众观点和群众路线的优良传统不见了，企业管理者和员工群众的关系成了雇主和雇员的关系，这是当代企业干群关系的最大悲哀。如果我们的企业管理者是过去的管理者作风和现在企业家的专业能力及经营才干的结合，那将是一位出色的备受爱戴的社会主义企业家和企业管理者。

第九节 企业人本管理中的人才战略

充分发挥人才的作用办好企业也是我们的传统，过去我们企业管理者也很重视人才。人才是员工中的精英分子或骨干分子，是企业经济活动或经营管理活动的带头人和中流砥柱，发挥好企业人才的作用，对企业的运营、成长和发展具有重要作用。

一 个人在企业发展中的作用可以从不同层次来分析

首先，每一员工都对企业有所贡献。企业的全体员工都参与着企业历史的创造，都对企业的发展作出了一份贡献，只是贡献有大有小、有多有少而已。这可从几个方面去看：从员工年龄看，一般讲，老工人工龄长，贡献和作用多一些、大一些；而青年工人工龄短，贡献和作用就少一些、小一些。从员工所担负的责任看，一般讲，干部的责任大，其贡献和作用就多一些、大一些；而一般员工承担的责任小，其贡献和作用就少一些、小一些。从工作内容看，一般讲，科技人员是复杂劳动，贡献和作用多而大，而一般工人的劳动相对于科技人员的劳动而言是较简单的劳动，贡献和作用少而小一些。但不管企业员工贡献和作用的大或小、多或少，都不等于零，都是企业员工群众作用的一部分。

其次，企业中各种人才在企业发展中起着重要作用。企业中的人才包括两部分：一是科技人才，指学有专长，既有理论又有一定实践经验的技术员以上的高、中、初级工程技术人员。二是管理人才，指受过高级或专门教育训练的有相当功底、水平、工作艺术的，处在各个管理岗位上具有一定职务和职称的管理干部。包括高层的厂长、经理等决策者；中层的处、科长和车间主任；基层的班、组长和工段长等。企业人才非同小可，有人把科技和管理比作企业列车运行的两个轮子，那么，科技人员和管理人员就是驾驭这两个轮子的人。这两部分人从我国目前情况看，还很不适应企业发展的需要。从数量看，还太少，目前西方发达国家中，科技人才（西方发达国家称白领工人）在企业劳动者中的比重平均为40%左右，最高者达到50%—60%；而我国科技人才在企业劳动者中的比重平均不超过15%，最高者也不过30%左右。就管理人才而言，我们的管理人员不少，而真正的人才不多，现有的大多数管理人员功底、水平还较低。总之，加紧培养我们的科技人才和管理人才，是企业发展的当务之急和一项重大任务。

二　企业人才培养的路径

既然人才对企业的发展具有重要作用，企业管理者就必须重视人才，发现、获得人才，关心、爱护人才，充分发挥人才的作用。

（一）企业经营管理者要有重才观念，要看到人才就是资本，就是财富，是企业生存发展之本

企业管理者要懂得"得才则昌，失才则衰"的道理，现在有些企业，虽然基础很好，条件完备，但企业人才缺乏，或者有人才而不会正确使用，结果不断衰败、破产。相反，有些企业，尽管刚刚上马，基础薄弱，条件很差，甚至亏损严重，但企业能吸引人才，招贤纳士，并合理地使用人才，结果很快由衰变昌。这说明，人才是企业兴旺发达的重要因素。当前企业的竞争，表面看是产品质量和产品成本之争，但归根到底是人才之争。一个企业只有人才济济，才能有高超的技术水平和管理水平，才能不断开发新产品，提高产品质量，降低产品成本，提高经济效益，才能不断优化管理，提高管理效率，从而在竞争中站稳脚跟。

（二）企业管理者要善于发现人才，获得人才，充分发挥人才的作用

获得人才有三条途径：一是善于发现企业现有人才，包括启用有才能、才干的科技人员和管理人员，把他们安排到适当的技术岗位和管理岗

位；还包括发现每一员工的不同特长、才能，把他们安排到适当的工作岗位。做到大才大用，小才小用，各尽其才，各尽其能。二是培养人才。企业管理者要有战略眼光，不仅要看到眼前，而且要看到未来，要舍得投资培养自己的人才。包括现有人才的进修提高，也包括选拔有专长有前途的人员进修深造。三是引进人才。在企业缺乏某种人才的情况下，就得从国内各地或国外引进、招聘人才。引进人才的方式多种多样：可以高薪聘用，以优厚的工资、住房等条件招聘人才。也可以有目标地诚心相求。

河南长葛县后河镇工业公司，最初是个白手起家的企业。厂长赵国珍爱才如命。1988 年年初，他在西安访问到陕西机械学院铸造教研室主任黄积荣教授研究出一种新型合金，便多次邀请黄教授来厂。第一次，赵国珍按约定的时间到郑州车站来接，没有接到。赵国珍便二次赴西安相请，又一次在郑州订好宾馆，但又一次"望穿秋水"。黄教授为什么不来，赵国珍了解到，他从事铸造研究 30 多年，曾独获 10 项专利，但却屡屡受挫，专利锁进抽屉。他虽扶持过几个工厂，只因多方原因，都没有成功。黄教授不来，是对后河还信不过。心诚则灵，赵国珍决心以"三顾"赤诚感化老教授。他再赴西安，终于请来了黄积荣。他安排老教授睡在席梦思床上，自己和司机睡在地板和沙发上。老教授深为感动。临走，赵国珍冒着瓢泼大雨，办卧铺、送站。黄教授由衷地说："老赵是干事业的，值得信赖！"是赵国珍的合作诚意、爱才若命的精神打动了黄教授的心。由于后河得到了"宝"，很快建起了新型合金轴瓦厂，形成了年产值千万元的生产能力，其产品属国内首创新产品，达到了 80 年代国际先进水平。引聘人才，也可以聘请兼职技术顾问。苏南张家港市一家振兴橡胶厂，1981 年在报纸上刊登了招聘启事，从数百名应聘人员中挑选了专业对口的 55 名技术人员作为顾问，其中，一半以上是高级工程师，这里边有中国科学院学部委员，有在国内被称为"橡胶大王"的上海橡胶业老前辈杨少振。这些顾问为解决橡胶厂的经营方向、设备改造、技术引进、新产品开发等重大问题，出了不少主意，解决了很多疑难课题。他们聘请的技术人员大都是所在单位的技术骨干，平时走不脱，于是就利用节假日，每逢节假日，他们的小车便开往上海、无锡、杭州、南京、苏州等市把顾问们专程接来，过节后再一一送走，厂里还专门设立了技术顾问小餐厅、带空调的招待所，路远的则靠一次次登门拜访、鸿雁传书。

　　引聘人才还要竞争人才。引进、招聘人才必然伴随着人才竞争，所以就必须舍得花大本钱竞争人才。现在，西方为了争夺人才，是舍得下大本钱的。瑞典的一位年轻工程师，发明了一种"自行笔"，这种笔可以接受来自人造卫星的电波脉冲，自动绘制彩色图象。美国企业打算花大价钱来买这项成果，为了同美国企业竞争，瑞典政府也一再给这位发明人升级加薪，但最后还是被美国连人带笔一块买走。在人才争夺战中，美国胜了一分。但美国也有失败的时候，有一次，荷兰菲利浦公司为了得到一位在美国硅谷首次研制成功1024K超大规模集成电路的专家，许诺给专家200万美元的年薪，这个工资相当于美国总统工资的10倍。但这个电子技术专家却不为高薪所动，认为他所在的企业造就了他，他不愿意离开自己的工厂。结果菲利浦公司用三千万美元把这个企业全部买下来，专家也就争取过来了。

　　（三）要关心人才，爱护人才

　　关心、爱护人才是企业管理者的责任，对于企业的所有人才都应关心、爱护，为他们创造一个心情舒畅的工作环境。对于企业中的"特殊"人才，更要关怀备至，为他们提供良好的工作条件，包括工作室、研究室、试验室、必要的交通工具、资金、辅助人员等；提供良好的生活条件，包括住房、工资、子女入学和工作等；提供良好的卫生保健条件，包括定期体检、看病就医、度假疗养等。俗话说："千军易得，一将难求"，"获人才者如获宝"，"得一人可安天下"。有些企业，虽有千军万马，却长期不能创出好效益，扭亏为盈，只因得了"特殊"人才，才使企业跳出了困境。但只有爱才如宝、惜才如命，方能永得人才，否则，即使得到了人才，也留不住人才的心。还会失去人才。

　　在充分发挥企业人才作用办好企业方面，我国企业家及经营管理者的作为还是很优秀和很有成就的。

　　综上所述，人本管理已成为当今世界企业经营管理的时代潮流，企业家及经营管理者应顺应时代潮流，把人本管理理念同我国社会主义员工主人翁意识和人才意识融合起来，把企业经营管理活动同尊重人、爱护人、激励人及人的充分、全面、自由发展融合起来，去展示自己的才能和才干，去赢得企业的成功和成就，切不可逆时代潮流而动，遭受人们的鄙夷和社会的唾弃。

案例

西安杨森的人性化管理

西安杨森制药有限公司创立于 1985 年 10 月。合资中方以陕西省医药工业公司为代表，外方为美国强生公司的成员比利时杨森制药有限公司。总投资 1.9 亿元人民币，注册资本比例为外方占 52%，中方占 48%，合资期限 50 年。

一　严格管理，注重激励

合资企业的工人和中层管理人员是由几家中方合资单位提供的。起初，他们在管理意识上比较涣散，不适应严格的生产要求。有鉴于此，合资企业在管理上严格遵循杨森公司的标准，制定了严格的劳动纪律，使员工逐步适应新的管理模式。

通过调查研究发现，在中国员工尤其是较高层次的员工中，价值取向表现为对高报酬和工作成功的双重追求。优厚的待遇是西安杨森吸引和招聘人才的重要手段，而不断丰富的工作意义，增加工作的挑战性和成功的机会则是公司善于使用人才的关键所在。在创建初期，公司主要依靠销售代表的个人能力，四处撒网孤军奋战，对员工采用的是个人激励。从"人员——职位——组织"匹配原则出发，选用那些具有冒险精神、勇于探索、争强好胜又认同企业哲学对企业负责的人作为企业的销售代表。此时，西安杨森大力宣传以"鹰"为代表形象的企业文化，"鹰是强壮的，鹰是果敢的，鹰是敢于向山巅和天空挑战的，它们总是敢于伸出自己的颈项独立作战。在我们的队伍中，鼓励出头鸟，并且不仅要做出头鸟，还要做搏击长空的雄鹰。作为企业，我们要成为全世界优秀公司中的雄鹰。"

二　注重团队建设

在 1996 年底的销售会议上，集中学习并讨论了"雁的启示"："……当每只雁展翅高飞时，也为后面的队友提供了'向上之风'。由于组成 V 字队形，可以增加雁群 71% 的飞行范围"。"当某只雁离队时它立刻感到孤独飞行的困难和阻力。它会立即飞回队伍，善用前面同伴提供的'向上之风'继续前进。"

三　充满人情味的工作环境

每当逢年过节，总裁即使在外出差、休假，也不会忘记邮寄贺卡，捎给员工一份祝福。在员工过生日的时候，总会得到公司管理者的问候。员工生病休息，部门负责人甚至总裁都会亲自前去看望，或写信问候。员工结婚或生小孩，公司都会把这视为自己家庭的喜事儿给予热烈祝贺，公司还曾举办过集体婚礼。公司的有些活动，还邀请员工家属参加，一起分享大家庭的快乐。主办的内部刊物名字就叫《我们的家》，以此作为沟通信息、联络感情、相互关怀的桥梁。

经过公司的中外方高层管理者之间几年的磨合，终于形成共识：员工个人待业、就业、退休保险、人身保险由公司承担，由部门专门负责；员工的医疗费用可以全部报销。在住房上，他们借鉴新加坡的做法，并结合中国房改政策，员工每月按工资支出 25%，公司相应支出 35%，建立员工购房基金。

四　加强爱国主义的传统教育

1996 年 11 月 22 日，西安杨森的 90 多名高级管理人员和销售骨干，与来自中央和地方新闻单位的记者及中国扶贫基金会的代表一起由江西省宁冈县茅坪镇向井冈山市所在地的茨坪镇挺进，"进行 30.8 公里的'96 西安杨森管理者健康新长征'"活动。他们每走 3.08 公里，就拿出 308 元人民币捐献给井冈山地区的人民，除此以外个人也进行了捐赠。公司还向井冈山地区的人民医院赠送了价值 10 万元的药品。

1996 年冬天的早晨，北京天安门广场上出现了一支身穿"我爱中国"红蓝色大衣的 30 多人的队伍，中国人、外国人都有，连续许多天进行长跑，然后观看庄严肃穆的升国旗仪式，高唱国歌。这是西安杨森爱国主义教育的又一部分。

前任美籍总裁罗健瑞说："我们重视爱国主义教育，使员工具备吃苦耐劳的精神，使我们企业更具有凝聚力。因为很难想象，一个不热爱祖国的人怎能热爱公司？而且我也爱中国！"

——摘自周三多等《管理学——原理与方法》，复旦大学出版社 2009 年版，第 173—175 页。

第八章　企业经济活动素质论

　　企业经济活动素质论是关于企业整体能力、实力及企业整体能力、实力现状的审视、思考、反思和评价的理论。企业整体能力和实力素质的优劣和高低，决定该企业能否健康运行和成长以及运行和成长的状况，所以，不断增强企业整体能力和实力素质是企业发展壮大的根本条件。

第一节　企业素质的含义

　　关于企业素质的含义目前理论界和企业界有不同的表述。有观点认为，企业素质是企业的经济技术实力、经营管理能力和生产服务运行水平的总称。又有观点认为，企业素质指的是企业人力、财力、物力、能力、技术等各要素的质量及其相互结合所产生的整体质量和能力。还有观点认为，企业素质是企业的生产、管理、经营、服务能力和水平的综合。以上观点的表述各有不同，但都有总体、整体能力和实力之含义，只是有的观点没有明确表示出来。为了使企业素质的内涵更加明确，我们不妨把整体能力和实力这个共同点加进来，这样，企业素质的含义就可以表述为：企业素质是指企业物质技术实力、生产服务能力和经营管理能力等所构成的整体能力和实力。

　　从这个定义可以看出，企业素质是一个质的概念而不是量的概念，因此，看一个企业素质高低和好差不能只看其规模的大小，而是要注重其内在质量，一个企业规模很大，但企业素质未必好；相反，一个企业规模不大，但企业素质很好。我们追求的是大规模和高素质的企业目标。

企业素质也是一个整体的概念，在分析企业素质时，不仅要分析企业各个部分的质量，更要注重各个要素之间的内在联系和相互整合的整体质量，一个企业，要素质量好，但由于缺乏相互整合协调，整体质量未必好，相反，一个企业，要素质量不是太好，但由于相互整合协调做得好，整体质量却很好。我们追求的是要素质量好整体质量也好的企业目标。

企业素质还是一个动态的概念，企业素质低可以变为企业素质高；企业素质高也可以变为企业素质低。企业素质的高低、好坏，不仅与其"先天"的要素素质即企业创建初期的各要素的素质有关，而且与其"后天"的要素素质即企业创建以后不断改善和提高的各要素的素质有关，我们所追求的企业素质的目标是日益提高而不是相反。

第二节　　企业素质的内容

从企业素质定义所述可见，企业素质包括整体素质和要素素质，要素素质构成整体素质，整体素质是要素素质的整合。关于要素素质，有的学者分为四类，有的学者分为三类。

四类分法认为，企业素质的内容包括四个方面：

（1）管理者基本素质：是指企业主要管理者的综合治理能力、管理者才能、协调和沟通能力以及个人品德修养和责任感等。

（2）员工素质状况：是指企业员工的思想心理素质、业务技能素质以及文化知识素质。

（3）企业管理素质：是指企业的经营管理思想、管理的基础工作、管理的方法手段以及管理系统的科学性。

（4）技术装备素质：是指企业技术装备的自动化水平和现代化程度。

三类分法认为，企业素质的内容包括三个方面：

（1）技术素质：企业的技术素质是企业素质的基础，它主要包括：劳动对象的素质，即原材料，半成品和产成品的质量及工艺水平等。

（2）管理素质：企业管理素质是企业素质的主导，是技术素质得以发挥的保证，它包括：企业的管理体制，组织结构，企业基础管理水平及管理方法，管理手段、管理制度的水平，经营决策能力，企业文化及经营战略。

（3）人员素质：企业的人员素质是企业素质的关键，它包括企业干部素质和企业员工素质。干部素质包括：企业经理人员、科技人员的政治素质，文化素质，技术素质及身体素质，以及与各种工作结构的配套状况。员工队伍素质包括基本生产工人，辅助生产工人，生活后勤工人的思想素质，文化技术素质及身体素质等。另外，人员素质还包括企业部分人员的结构性素质，即各类人员的搭配状况，以及各部分工作人员的积极性，主动性的高低。

四类分法和三类分法大同小异，三类分法实际上是将四类分法（1）、（2）合并为人员素质，加上管理素质和技术装备素质。图8－1是企业素质的三类分法。

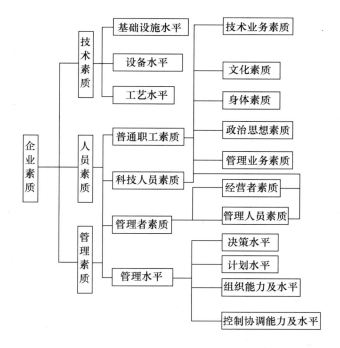

图8－1　企业素质的三类分法

由图中可以看出，企业素质是由各个因素以某种确定的方式构成的，其中有些因素之间存在着相互包容的关系。例如，管理者素质既属于人员素质又属于管理素质，员工素质既属于人员素质又属于技术素质等。所以，我们衡量和评价企业素质应当有一个简单明了和简便易行的衡量标准。

第三节　衡量企业素质优劣的标准

衡量企业素质优劣的标志通常是企业能力，企业能力是指企业在日常经营管理活动中满足企业生存、成长和发展的系统方法和综合过程的表现水平，是企业为完成既定的战略，所具备的资本和力量。

关于企业能力，理论界和企业界也存在"五能力论"和"四能力论"两种不同观点。

企业能力"五能力论"认为，企业能力主要由五种能力构成：

（1）技术开发能力。企业开发新产品、新工艺、新材料的规模、速度和质量等能力，新设备增置、创新能力。

（2）扩大再生产能力。包括外延型扩大再生产的能力即靠社会融资、兼并、联合、合作、合并、贷款等来扩大生产规模的能力和内涵型扩大再生产的能力即靠内部盈利、增值、挖潜来追加投资的能力。

（3）盈利能力。即获取利润的能力。

（4）竞争能力。即产品、技术、人才、理念、形象、服务、基础设施等各方面的竞争能力。

（5）应变能力。即企业对外部环境（市场、消费者、政策等）变化的适应能力。

企业能力"四能力论"认为，企业能力主要由四种能力构成：

（1）企业产品的竞争力。企业是通过自己的产品去参加社会竞争满足环境的要求，产品竞争力主要表现为产品盈利能力和产品适销能力两个方面，产品竞争力是企业素质的综合反映。

（2）企业管理者的能力。即企业决策能力，计划能力，组织能力，控制能力，协调能力以及他们共同依赖的管理基础工作的能力，这些管理能力直接决定着企业的人、财、物中的潜力和潜在优势的充分发挥。

（3）企业生产经营能力。企业生产过程主要包括产品开发过程、资源输入过程、产品生产过程、产品销售过程、售后服务过程与信息反馈过程六个过程。这些过程的好坏都是由企业的技术素质、人员素质和管理素质共同决定的，是这三大因素在企业生产经营活动中的综合表现。

（4）企业基础能力。它包括企业的基础设施对生产的适应能力，技术设备能力，工艺能力，员工文化技术能力，员工劳动能力，员工团结协作能力，开拓创新能力和民主管理能力。

企业能力"五能力论"的表述通俗明确，但琐碎且不全面。相比之下，企业能力"四能力论"全面，但又欠通俗明确、简单明了和简便易行，不易操作。我觉得，应当确立一个通俗易懂，简单明了和简便易行的衡量标准。所以，我们认为，衡量和评判企业素质优劣的标准用"企业四实力"标准为好。"企业四实力"的内容是：

（1）企业物质技术装备实力：包括企业的场地空间实力、机器设备实力和技术实力等。

（2）企业家和经营管理者实力：包括思维能力、业务能力、决策能力、组织管理者能力、意志毅力、交往能力、协作能力、创新能力、人格魅力和影响力，还有责任心、使命感和思想境界等。

（3）企业员工素质实力：包括员工的业务能力、技术能力、工作能力、协作能力、创新能力，还有责任心和追求等。

（4）企业资本实力：包括自有资本实力、融资能力和实力、借贷能力和实力、投资能力和实力、联合能力和实力、兼并能力和实力等。

这样一个衡量企业素质的标准，简单明了，一目了然，简便易行。企业或理论工作者可根据上述能力标准对企业素质的高低、好差、优劣进行评价。

第四节　中国企业素质分析评价

根据企业三大能力标准对我国当前企业素质进行分析和评价，可用以下两句话概括：

第一句话：当前企业素质总体看偏低。具体看，可划分为三个档次：

一是素质好，这个档次的企业占少数，占 20% 左右。二是素质一般，这个档次的企业占多数，占 60% 左右。三是素质差，这个档次的企业也占少数，占 20% 左右。两少一多或两头少中间多，呈枣核状，少数企业素质高，进入世界 500 强和国家 500 强或省 100 强的企业属于这一类；多数企业素质一般，包括大部分国有企业和部分民营企业；少数企业素质差，少数国有企业和大部分民营企业属于这一类。

第二句话：都不同程度在提高。许多企业已经认识到了本身的素质问题，正在采取措施，奋勇直追；但有些企业还在等待救世主，虽然也有改进的动作，但非常缓慢，效果不明显。

我国企业素质的主要问题也是两个：一是管理者素质差。缺乏理性，价值观低俗，道德沦丧，管理理念陈旧，管理方法和手段简单，甚至是粗暴，特别是缺少企业家精神和社会责任感。二是员工素质差。无追求，技能差，责任心不强，士气低落。

从物质技术装备和人员素质匹配关系看，有喜也有忧，也存在一些问题，物质技术装备和人员素质匹配关系分为三种情况：一是物质技术装备好，人员素质也好，这是企业素质好的少数企业。二是物质技术装备一般，人员素质也一般，这是企业素质一般的多数企业。三是物质技术装备好，人员素质差，这是企业素质差的少数企业，这些企业是在改革开放过程中靠自己筹资或贷款引进了国外成套先进机器设备，但人员技术培训没有及时跟上所致，直到现在有些企业的机器设备还闲置或部分闲置，更有甚者，有些企业的机器设备闲置搁置在露天场地日久天长风吹日晒而报废。企业物质技术装备和人员素质不匹配还表现为由于企业人员素质差而导致的物质技术装备被损坏的现象。

总之，我国企业素质问题必须引起各方面高度的关注，由于企业素质偏低造成了企业运行和发展的诸多问题，企业素质差也是许多企业走向倒闭和破产的主要原因之一，我们必须正视我国企业素质的现状和问题，认真研究提高我国企业素质的措施和对策。一句话，提升我国企业素质势在必行。

第五节　不断提高企业素质是企业
长久不衰的基础

不断提高企业素质是振兴企业、保持企业长久不衰的基础及活力源泉。提高企业素质涉及企业家的素质、企业职工的素质、企业技术装备素质和企业的增值及融资能力等方面，是一个连续不断的系统工程。

一　提高企业家的素质是提升企业素质的核心和关键

（一）企业家应具备的素质

目前关于企业家素质的阐述有不同的见解。远大公司总裁张跃先生在北大的一次演讲中指出，企业家素质应该包含：一高、二强、三多、四稳。一高：境界高；二强：欲望强、耐力强；三多：多才、多艺、多兴趣；四稳：原则稳固、方向稳当、作风稳健、情绪稳定。

中国内地富豪榜的开创者胡润，向全球发布"2003 中国财富品质榜"中推出的财富品质分析报告认为企业家素质应该包括：诚信、把握机遇、创新、务实、终身学习、勤奋、管理者才能、执着、直觉、冒险。而且其对中国内地 100 名顶级企业家的调查结果显示，中国企业家认为诚信是最主要的品质，把握机遇是第二重要，创新和务实也很重要，而管理者才能则排在第七位。可见，企业家的素质中品德修养是比才能更重要的因素。

经济学家熊彼得则将企业家素质概括为：具有能完全胜任不胜其烦的会议和交涉的特殊的体力和魄力，善于说服他人并能获得支持及具有通过巧妙的交涉操纵他人的谋略和胆识等。

理论界关于企业家的素质"四方面"论：

（1）诚信。诚信表现在对客户的诚信、对合作伙伴的诚信、对社会、社区的诚信、对下属、员工的诚信。

（2）对环境的认知、洞察与适应。企业的发展实质就是对环境的不断适应。这就必须对环境现状有全面的认知和对未来环境的变化有深刻的洞察。环境既包括外部环境，如国际国内政治环境、宏观经济环境、产业状况、消费者需求及其变化等，也包括企业的内部环境，如企业的组织结构、营销网络、财务状况、人力资源素质等。对环境的认知、洞察与适应实质是企业家经营理念的应变能力与战略能力。

（3）创新的思维、敢于冒险的精神与务实的作风。当一种战略或一种生产方式被行业广泛采用时，它本身将不构成任何竞争优势。因此，创新思维就成为企业家必备的素质之一。但创新总是有风险的，这就要求企业家必须具有冒险的精神，同时又具有务实的作风，善于在实践中采取各种措施规避创新带来的经营风险。

（4）良好的个人品质与杰出的管理才能。无论是外部还是内部，企业都将面临许多不同的利益主体，如果都必须通过完备的契约安排来协调彼此的利益，则企业的成本将无比高昂。因此，凭借企业家良好的个人品质与杰出的管理才能建立起来的个人权威与协调机制至关重要。

理论界关于企业家的素质"五家"说：理论界有人在讲企业家素质时，给企业家进行了画像：企业家应具有哲学家的思维；经济学家的头脑；政治家的胸怀；军事家的谋略；外交家的风度；探险家的冒险精神。此话很有道理，且生动，形象。

理论界关于企业家的素质"四条件"说：此观点从全球角度对企业家提出了要求，认为"全球企业家"的称号不仅仅是一个头衔，更代表着一种精神内涵，它必须具备四个条件：

第一个条件，企业的价值观和世界观必须与世界接轨，顺应世界发展大趋势。世界是由部分构成的整体，它的丰富性决定了多元化取向；同时作为一个整体又必定含有一个准主流价值观，虽然这个准主流价值观有时是隐含的，不容易被人所看到。这就要求企业家必须具备远见卓识，能够高瞻远瞩、审时度势，能够在复杂的发展道路上敏锐地把握到经济的大动脉，并引领企业永远地走在世界经济的前端。

第二个条件，全球企业家：必须保持创新、锐意进取，既怀有积极向上的年轻心态，又具备成熟老练的运营经验。很多企业家对创新的理解不够贴切，往往局限于渠道、产品和技术创新的狭小范围，而忽略了企业管理等宏观层面的创新。当创新被曲解或者片面化时，企业家们会逐渐缺乏对世界经济进行审视与接轨的主动性，行业链或产业链企业之间缺乏充足的沟通。这种不开放式的运营模式容易让企业在发展的道路上吃闭门羹。

网络经济的到来就是一个很好的例子。信息化时代，社会的发展离不开网络，各大企业纷纷利用互联网的优势来推销自己的产品。互联网作为重要的沟通桥梁，它让企业家能够及时获悉市场讯息，关注全球经济动态，准确判断企业发展方向。如国内著名社交网站 500 富（500fu. com），就抓住中小型企业的内在需求，带动中国市场主体跟随整个国际趋势。CEO 王逸舟说：中国企业家应该发扬先富带动后富的精神，共建企业家文化。500 富不但创造了中国企业家与国外企业家的沟通平台，为众多商家创造和挖掘商机，而且独创性地承担起建设中国企业文化的重任，成为第一家专门为高端企业家提供社交服务的网络。

第三个条件：全球企业家必须具备卓越的管理者力。企业的形象往往取决于管理者的魅力。一个好的管理者应该像电脑、手机的更新升级一样，不断地充实自己的管理者知识、完善管理者素质，提高管理者才能。管理者要善于在长期接触国际性品牌的过程中，真正体会"升级到爆破"之感，品牌之战加速国际化与营销战场的集中爆破，二者相互辅助、相互渗透。500 富在 1 + 1 > 2 的运算法则中，凭借国际化的发展战略，建立起国内与国外企业相互促动、共同发展的国际化平台，最终实现双方或多方战略合作的爆破性发展。

第四个条件："全球企业家"应具有鹰的眼睛，能够高瞻远瞩地把握行业发展方向，触摸到经济发展的核心和重要部位，不断寻求新的突破、开拓新领域，成为行业的领跑者。俗语说落后就要挨打。在这个日新月异的时代中，任何一个企业如果不能与时俱进，只是"知足常乐"，这样的管理者注定是失败的。逆水行舟，不进则退，所以企业要善于开拓蓝海，同时要保住红海的地位。如何在千变万化的信息中掌握企业的航程？因此一个全球企业家必须能够像鹰一样，越是在黑夜里越能够精准无误地捕捉到自己的目标[①]。

综上所述，企业家的素质应包括：企业家精神、企业家科学思维和科学理念、企业家经营管理能力和企业家人格魅力四个方面的素质。

（1）企业家精神。积极向上的精神状态。在现代企业的发展中，企业家精神日益受到重视，甚至被称为是一种最稀缺的资源。国际管理学院在分析国家竞争力时有一个专项指标就是"企业家精神"。我国的企业家

---

① 杨珺：《全球企业家必备的四个素质》，ZOL 博客 > 世界中心的博客。

精神仅排在第 47 位，说明我国的企业家数量虽多但还未能充分地发挥企业家精神资源的最大能量。所以，在当代企业的迅速发展中，应该重视企业家精神的培养和宣扬。

从意识层面上来讲，"精神"所包含的要义不在于"怎么做、做什么"，而在于"为什么去做"，也就是说，精神主要解决的是原动力的问题。在这种原动力的引领之下，企业家带领企业团队去进行战略规划、业务开拓、市场发展，等等。企业家精神有许多，其中最重要的一是进取精神。永不满足，危机意识，开拓意识，创新意识，积极奋进。二是探索精神。改革意识，风险意识，实践意识，探求摸索。三是拼搏精神。不怕困难，勇气毅力，超越意识。四是实业精神。实干家，做实业、做产品、做服务，创造物质财富，不热衷于炒股、炒钱。企业家要能够被社会所接受，并非一件自然而然的事情，而是必须经历心灵的变革，克服人性的贪婪，超越金钱，超越财富，赢得社会的尊重。孟加拉乡村银行创始人、执行总裁穆罕默德·尤努斯则进一步谈到，人可以做许多事情，如果只是赚钱，那实在是对人生的毁坏。

（2）企业家科学思维和科学理念。其中最重要的一是求实思维。尊重实际、不主观盲目、不弄虚作假、不搞形式。二是系统思维。联系、全面、整体、开放思维。三是动态思维。变异思维、应变意识，规律意识、发展意识。四是矛盾思维。对立、逆向、统一、和谐、共赢、双向、多向、转化等思维。五是人本管理理念。重视人，尊重人，激励人，灵性管理，情感化管理，软管理理念。思维理念很重要，世界管理大师彼得·德鲁克说的"思想决定视野，视野决定格局，格局决定命运，命运决定未来"可谓深刻精辟。

（3）企业家经营管理能力。观察力和洞察力，谋划、战略、策略，决策能力，组织指挥能力，控制协调能力，公关交际能力，学习创新能力。

（4）企业家人格魅力。高尚的思想境界和修养；执著追求，远大抱负，有理想、事业心，社会责任感；宽大的胸怀，宽容大度，诚信，形象，道德奉献，影响力。经营企业就是经营企业家的境界，企业到底在经营什么？现实生活中的答案有很多，可以是：资本、技术、人才、产品、服务、品牌、文化、使命、胸怀等。企业家是企业的灵魂，企业在经营什么，就看企业家心中装着什么了，企业家心中有什么，企业就在经营什么，这就是企业家的胸怀，雅称企业家的境界。

（二）企业家素质是企业素质的核心和关键

我国企业家调查系统 2003 年 4 月 12 日在北京金台饭后举行了"第十届中国企业家成长与发展调查结果发布暨研讨会"，公布对 3539 位企业经营者问卷调查结果。其中关于我国企业家数量和素质调查结果显示，目前企业家队伍"数量充足"与"素质高"的认可率分别只有 13.3% 与 10.1%，而认为企业家队伍"数量缺乏"与"素质低"的分别占 62% 与 40%①。

经济学家斯蒂格利兹在《经济学》中提出，发展中国家固然是许多经济要素都不足，但是最缺乏的是能够参与市场竞争的企业家，最缺乏的是企业家才能。

企业家素质是企业素质的核心和关键，这是因为：

（1）企业家的素质直接关系到企业的生死兴衰。据统计，世界上 1000 家破产倒闭的大企业中，有 850 家与企业家决策失误有关。美国研究企业倒闭问题的学者阿乐德·曼曾指出，20 世纪 30—80 年代的日本企业倒闭的原因在管理者方面的占 90%。可见，建设一支高素质的中国企业家队伍是保证我国经济快速健康发展的前提。

（2）从水平角度讲，企业的水平取决于企业家的水平，企业家的水平有多高，企业的水平就有多高。企业家是企业的带头人，引领人，掌管企业的决策、运营和发展方向，其理念和措施决定员工队伍的素质，决定企业技术装备素质及企业的基础能力，所以，企业家素质是企业素质的核心和关键。

（三）中国企业家的四大弱势

作为总部在美国费城的著名管理咨询公司 Hay 的中国区总裁，在过去的两年多里，陈玮每天的工作就是奔波在各个城市之间，然后与四十多位企业家面对面地进行 3—4 个小时的交谈，这些企业家都在各自的领域中非常出色，企业的资产规模都在 100 亿元人民币以上。不久前，一份以他们为研究对象的"中国企业家素质模型"出现了，陈玮在上海的办公

---

① 中华企业文化网，作者：符贵兴，本网编辑整理。

室里对记者说，"我们发现的是一群似曾相识的新人类。"

陈玮的研究最让人感兴趣的是，Hay 在过去的几十年里还同时完成了欧美、日本以及印度等国家的企业家素质模型，于是，中国企业家第一次被放在一个全球化的素质平台上被审视。根据陈玮的报告，中国企业家的整体素质中至少有四个弱势让人颇为担忧。

第一个弱势是"重于进攻、疏于防守"。"每次当我访问企业家，请他们回答当前最大的挑战时，答案往往是人才的短缺。但是当我们观察其决策活动时却发现，他们也许是最不重视人才培育和储备的企业家。"中国的企业家很善于进攻，他们是打价格战的好手，是不计后果的进击者，他们的战略和营销充满了浪漫主义的激情，但是他们却很少考虑防守，在组织能力建设、财务安全、人才储备、已有市场的巩固和对未来市场的培育上，他们显得非常地茫然和不以为然。

第二个弱势是"针对本土的创新不足"。与印度等南亚地区的企业家相比，中国企业家对本土市场，特别是大量的低收入人群市场的创新严重不足。孟加拉国的银行家穆罕默德·尤努斯博士因为创办农村银行，而被称为"穷人银行家"，在中国还没有看到类似的试验和企业家出现。在过去的二十多年里，中国的企业家们是一群拿来主义的信奉者，他们从美国和日本买来生产线，买来技术，却并没有创造出新的产品和服务，尽管技术创新一直像烟花一样地每年都被高高地燃放，但是它从来是昙花一现而没有落到实处。陈玮的观点认为，中国企业未来最大的前途其实还是在中国市场，针对本土市场的创新不足将成为阻碍他们进步的最大障碍。

第三个弱势是"高层团队管理不善"。陈玮在访谈中发现，中国公司高层团队的合作问题很大，高层对自己在战略执行中的角色不清晰。大量的企业都是强制型的与父爱型的，往往是一头狮子领着一群绵羊在战斗。愿景型与民主型的企业非常罕见。"中国的职业经理人阶层的不成熟是因为中国企业家的现有主流类型决定的。企业家是狮子，就不可能产生职业经理人。"这是陈玮得出的结论。

第四个弱势是"靠直觉而非靠思考"。企业家在广泛收集和研究信息方面的能力非常不足。他们往往更依靠直觉，而非依赖深入而长程的思考。低层次的企业家都是速度与行动很快的，深入思考的人才可能走向成熟。在讲到企业家的内在驱动力时，陈玮还有一个很奇特的发现是，跟其他国家相比，中国企业家的成就动机非常之高，内心往往有着很大的改造社会的冲动。这也许是一种东方式的人生观所造成的。表现在商业活动中，过于强大的欲望与易于冲动的素质，往往容易形成冒进而草率的决策。

陈玮的研究报告让我们脑海中总会闪过一个又一个企业家的形象，他们熟悉而陌生。今年以来，有一些学者开始为中国企业家分代，提出了"三代人"或"二点五代"的观点。而在我们看来，三十年来，中国的企业家其实只是一代人，尽管他们的生理年纪也许可为父子，因为，以上述的四个弱势来衡量，几乎在所有的企业家身上都可以找到①。

（四）提升企业家素质是当务之急

提升的方法有：（1）自身提升。一是正视自己，认识不足。二是勤奋学习，在实践中磨炼。三是研究知名企业家，学习借鉴。（2）政府创造提升条件。一是打造培训基地。二是提供资金支持。三是加强指导和考核。四是建立和完善企业家人才市场。

二 建设一支高素质的员工队伍是提升企业素质的根本保障

企业员工知识、技术、能力的培养和塑造，特别是员工精神的培养和塑造是提升企业素质的主要内容和保障。

（一）应迅速提高企业员工的知识、技术和能力

目前，我国企业员工的知识、技术和能力偏低是一个普遍现象，同飞速变化和发展的经济形势与企业要求很不适应，表现为知识老化，技术陈旧，能力衰竭。这与对他们的关注程度和他们的地位及他们的生活有着密切的关系，改革开放30多年来，国家和绝大部分企业对他们的关注程度下降了，只有当国家遇到了困难或五一劳动节时才关注一下。他们的地位也下降了，不再提工人阶级，不再是国家及企业的主人了。他们的生活也下降了，他们艰难地为衣食住行医奔波，没有时间也没有钱进行学习和深造。企业也没有很好的像过去那样为他们提供学习和深造的机会和条件。有一部分效益好的企业特别是垄断行业的企业，员工的生活水平很高，可惜，由于社会环境影响，企业员工的金钱和精力没有花费到自身知识、技术、能力的学习和培训上，而是用在了享乐和炒股投资上，享乐和炒股投

---

① FT中文网观点/专栏《中国公司观察》，2007年7月23日发布。

资并没有错，错在放弃和丢掉了自身知识、技术、能力的学习和培训。企业员工这种素质状况应该引起我们的企业和社会的深思。

（二）应加强企业员工精神的培养和塑造

企业不但要重视企业家精神，更要重视员工精神。员工精神的培养是要员工明白为什么要孜孜不倦、兢兢业业地去工作。对于员工精神的整合，应该重视的是以下几个方面：

一是勤奋。其实企业本身就是一部勤奋的历史。无论是创业的管理者还是追随者，在创业史中都扮演的是勤奋努力、不屈不挠的角色。在相对稳定的企业发展中，更是要用勤奋的精神激励自己和同人。因为拥有勤奋精神，在工作中才会时刻努力、任劳任怨、用心思、想办法不断地提高工作水平，从工作中获得享受，并把勤奋视做自己的品质。目前企业员工缺少勤奋精神，特别是80后90后青年员工，对勤奋很陌生，离勤奋很远。

二是忠诚。很多人在歌颂忠诚，同样有很多的人又反感忠诚。但是，作为企业内的一员，忠诚是一种品质更是一种精神。这种精神会让企业的员工视企业为自己的企业，视工作为自己的本分，不会因为工作的困难而放弃企业，不会因为暂时的障碍而背离企业。忠诚实际上是一种团队精神和以企为家、爱企如家精神，目前企业员工缺少忠诚精神，有些员工频繁地辞职和跳槽就是很好的说明。

三是互助。这是一种朴素的精神，也是我们中华民族的传统美德。但是有些企业的员工由于物质利益的原因而渐渐地放弃互助的精神。企业管理者要有意识地去培养大家的互助精神，让团结的气氛、共进的场面成为企业的平常景象。

四是追求。追求是一种动力，是一种情操，可有些员工特别是当代青年员工迫于生活的压力往往忘记了或者放弃了追求。没有追求就没有思想、没有思想就没有思路，没有思路就没有效率。所以，在实际的工作中要不断地传输不可放弃追求的信念，把追求作为一种精神，一直延续下去。

总之，员工素质很重要，关系到企业的生存和发展，企业和政府必须重视员工素质的培训和提高，尽快制定一整套培训措施并付诸实践，建设一支高素质的企业员工队伍是提升企业素质的根本保障。

三　不断提高企业技术装备素质是提升企业素质的条件

现代化企业不能没有现代化的物质技术装备。由于企业的起点不同，并不能所有企业一开始就拥有现代化的物质技术装备。有些现代高科技企业起点高，一开始就拥有了现代化的物质技术装备。但多数企业特别是创业较早的企业，刚起步时不可能拥有现代化的物质技术装备，有的从家庭作坊起家，有的从手工工场起家，有的从半机械化物质技术装备起家，有的从机械化物质技术装备起家，尽管起点不同，但其物质技术装备目标都是相同的，都是机械化、自动化物质技术装备。区别只在于实现机械化、自动化物质技术装备的时间不同，有的几年，有的十几年，有的几十年，有的所需要的时间更长一些，这取决于企业的素质、实力和经营管理的成效。实践证明，越是创业早的企业，其实现机械化、自动化物质技术装备的时间就越长，世界上寿命上百年的企业，它们的艰苦奋斗经历要长达半个世纪才能实现机械化、自动化的物质技术装备。时间短的企业大都是后起的企业，后来者居上，它们赶上了工业技术革命的列车，是工业技术几次革命的列车将它们带到了机械化、自动化、信息化的现代化的今天。在工业技术现代化的今天，高技术含量和高尖端的物质技术装备正在不断把企业推向一个又一个新的台阶和阶段。

提高企业技术装备素质是提升企业素质的条件，提高企业技术装备的关键是企业管理者的现代化技术装备意识和观念，一个只心怀手工设备的企业管理者，永远也不能走上企业现代化之路；相反，一个胸怀现代化技术装备的企业管理者，即便是企业设备条件差，也会经过努力去实现自己的企业现代化梦想。

提高企业技术装备素质还要对现有设备进行分析和研究，看哪些设备还有使用价值，哪些设备应该淘汰，哪些设备需要改造，哪些设备要求更换和配套等，根据企业的实际情况制定出企业实现现代化技术装备的时间表。

四　不断提高企业的增值能力和融资能力是提升企业素质的动力

目前我国企业的资本实力状况，总体来看，企业的资本实力不强，基础并不稳固。具体分析，企业的资本实力可分为三类：第一类是资本实力较强的企业，这些企业的数量占到全国企业总数的 1/3 左右，但掌控着国家的经济命脉。这类企业资本强大的原因又分为两种：一种是靠自己的经营所获得的，这是一种正常的实实在在的资本实力；而另一种是靠垄断经营所获得的，这是一种不正常的属于攫取类型的资本实力。第二类是资本实力一般的企业，其实力只能维持企业简单再生产的正常运行，这些企业的数量也占到全国企业总数的 1/3 左右。第三类是资本实力较差的企业，这类企业有的正在停产、倒闭和破产，有的已临近停产、倒闭和破产的边沿。

还有一种现象值得研究，就是许多企业存有虚假繁荣的泡沫经济现象，这些企业既包括资本实力较强的企业，也包括资本实力一般的企业，也包括资本实力较差的企业，它们的运营资本完全靠借贷银行和金融机构的债务资本所支撑，一旦出现经济波动，如 1997 年的东南亚金融危机和 2008 年的世界金融危机，对企业会造成致命性的冲击。这两次金融危机若不是政府大规模高数量斥资市场，后果是不可想象的。我们的企业资本不能建立在依赖借贷资本的基础上，可实际情况却恰恰相反，请看一组资料。

案例

银行坏账三万亿

中国如果爆发金融危机，其致命处一定在银行。因为银行规模远比保险和证券市场庞大。根据金融监管机构的数据，2006 年第一季度银行资产总额 391927 亿元，保险业的资产总额截至 2006 年 5 月是 16822 亿元，证券市场 2006 年 5 月的成交量为 10727 亿元。保险业和证券市场的规模加总只相当于银行的 1/15 左右，甚至不敌银行不良贷款总额的数量。

有人估计，中国银行业的不良贷款可能高达 5 万亿美元。约是中国保险和证券市场规模总和的两倍。

我国银行业不良贷款到底是多少，没有正式的信息发布，根据银监会的统计数据：我国银行里实际应由银行承担的坏账共计 22778.5 亿元。不良贷款的总额不低于 35903.2 亿元，将近 60000 亿元人民币。巨额的不良贷款就犹如埋藏在银行体系中的不定时炸弹，如果不妥善处理，它随时可能引爆。

我国如何处置不良贷款暗藏的危机，一般经过政府冲销、剥离和注资三种方式。冲销是银行用自己的利润冲销坏账，如果利润不够，则需要动用资本金进行冲抵。我国的国有银行虽然是庞然大物，但利润率着实低得可怜。指望利润和自有资本金冲销的方式解决不良贷款不太可能，更不用说国有银行不是真正意义上的企业，根本没想用利润冲销不良贷款。

由国家来解决不良贷款问题，几乎成了现有条件下的唯一选择。然而正是由于银行的国有产权，不良贷款才会层出不穷。现在由政府出面，处理不良贷款，一方面无法切断坏账根源，注定将失败，另一方面有些操作手法违背市场规律，本身就暗藏危机。

对银行不良贷款进行剥离，是中国的发明。剥离是剥离资产，把不良资产从表内剥离；比如本来银行资产 1000 亿元，但是放出的 10 亿元贷款是不良资产，无法回收的，与其挂着，不如剥离，让资产减少 10 亿。

1999 年，为了降低国有商业银行的不良资产，分别成立了四大资产管理公司专门用来转移银行的坏账。四大资产管理公司是：中国东方资产管理公司、中国信达资产管理公司、中国华融资产管理公司、中国长城资产管理公司。其中，中国东方资产管理公司对应接收中国银行不良资产；中国信达资产管理公司对应接收中国建设银行和国家开发银行部分不良资产；中国华融资产管理公司对应接收中国工商银行部分不良资产；中国长城资产管理公司对应接收中国农业银行的不良资产。

但这只能使得银行"看上去很美"，实际上外强中干。资产管理公司和银行都是国家的"儿子"，不良贷款从一处挪到另一处，接受方并不需要支付代价。银行实质上并没有从"剥离"中获得任何实质价值。

注资就是注入资金，增加良性资产数量；股东给银行增加投资，我们是政府给银行增加投资，提高银行自有资产。向国有银行注入资本金，已经不是新鲜事了，最近的几次是：

1998 年，财政部通过发行特别国债向四大行注资 2700 亿元充实资本金。

1999 年，信达、华融、东方、长城四大资产管理公司，以账面价格收购了建、工、中、农四大银行的 1.4 万亿元不良资产，其中包括 601 户国有企业 4050 亿元的债转股。收购资金来源于三个渠道：其一，国家财政对四家资产管理公司拨付了 400 亿元资本金；其二，人民银行提供了 5700 亿元的再贷款；其三，四大资产管理公司向对应的四大行发行了 8200 亿元的金融债券。原计划四大资产公司用 10 年时间完成资产处置。

但是，根据公开资料，截至 2003 年 9 月末，四大资产管理公司除债转股外，累计处置不良资产 4808.2 亿元，回收现金 861.6 亿元，现金回收率 17.4%，这一数字在去年年底是 22.39%。有学者认为不合格，照此速度计算，可能要花 20 年时间。

2004 年 1 月份，再次传来了动用 450 亿外汇储备注资中行和建行的消息。以上措施，名义是为了充实资本金，实质是为了冲抵坏账。

这个问题的严重性可以用一个例子来说明，假定政府从银行贷款或者政府担保企业贷款 10 个亿投资建立国企，由于经营环境变化或者由于决策本身的失误，致使企业亏损严重，这 10 个亿贷款形成的资产逐渐变成了不良资产，演变为企业到期不能归还的银行债务。依照常理，大不了这 10 个亿的资金不要了，随着国力的增强，国家将这笔债务与相关的利息承担起来亦非难事。问题的关键是，这 10 个亿的"准国债"，只要它以现在这样的资产形态继续存在下去，在当前的体制下它会自然增加。自动由 10 个亿变为 11 个亿、12 个亿、15 个亿，不断地滚下去。它类似于黑洞，存在一天，就会将一切从它身边路过或与它有联系的资金，吸进洞去变得无影无踪。经济学家吴敬琏先生早就看出此中问题，因此他说，"处理过去积累的不良资产不是最重要的。最重要的是怎么防止坏账不再重新发生"。

根据最新公布的数据显示，目前，中国国有银行的整体坏账与 GDP 比率差不多在 26%—27%。如果加上以前从银行剥离到四大资产管理公司的 1400 亿元资产（扣除出售部分，还剩 1300 亿元），坏账总额大概占 GDP 的 40%。可以说在银行的坏账方面，中国算是世界比较高的国家之一。由于国家的介入和对国有企业的保护，国有企业不怕举债，这也是国有企业乐于负债经营的原因之一，也是国有企业资本结构不合理的原因之一。

引自（企业网景）www.cn21.com.cn 2008 – 01 – 07，2006 年 8 月 4 日《新青年·权衡》杂志。

从上述案例可以看出，我国有相当部分国有企业在依赖借贷资本进行负债经营，且高额借贷，资不抵债，但这些企业仍肆无忌惮，不怕破产倒

闭。当然,这与受国家保护的大经济环境有关,与这些国家银行及金融机构的经营理念、经营方式有关,可以说,在某种程度上起到了怂恿作用。所以,政府应当尽快拿出改革方案和实施措施,以完善经济体制和市场运行机制,规范企业的贷款经营理念和行为。但从企业自身来讲,企业应当转变融资思路,首先,要调整和优化企业自身资本结构,应扩大自有资本的比例,缩减债务资本的比例。其次,要把主要精力放在自有资本的增值积累和有效使用债务资本增值上来。

现在企业存在的问题是,企业自身增值能力差,表现为经营不善,效益不高。原因各异:从私营企业看,主要是经营能力差问题。从国有企业看,原因是多方面的:一是经营能力问题,决策失误,投资不当;管理不善,内耗成本太高。二是缺乏责任心问题,亏损与盈利都与自身利益关系不大,这大概就是人们常说的公有制企业不如私有制企业,就是指的责任心不强。三是存在漏洞问题,主要漏洞是公款吃喝、公款出国、公款旅游、公款养女人和贪污、行贿等腐败行为所造成的国资流失漏洞。所以,提高企业经营者的能力和对企业进行整顿已经是迫在眉睫,刻不容缓。

总之,以自有资本为基础,以有限度的债务资本进行合理的负债经营为支持,再加上适当地运用自筹、股票等直接融资手段和抓住协作、联合等优势互补的资本组合的契机,这才是企业资本实力不断增强的资本扩张之路。

综上所述,提高企业素质必须不断提高企业家的素质、企业职工的素质、企业技术装备的素质和企业的增值及融资能力,这是企业成长、成熟和发展的基础和根本内容,也是企业成长、成熟和发展的轨迹和途径,紧抓企业素质的提高和提升,是振兴企业和保持企业长久不衰的活力源泉。

参 考 文 献

1. 韦森：《经济学与哲学》，上海人民出版社 2005 年版。

2. ［美］阿奇·B. 卡罗尔、安 K. 巴克霍尔茨：《企业与社会》，机械工业出版社 2004 年版。

3. 菲利普·科特勒、南希·李：《企业的哲学责任》，姜文波等译，机械工业出版社 2006 年版。

4. 斯密：《国民财富的性质和原因的研究》，商务印书馆 1981 年版。

5. ［美］基辛格：《领导品格的力量》，中国国际广播出版社 2003 年版。

6. 唐玛丽·德里斯科尔、迈克·霍夫曼：《价值观驱动管理》，徐大建、郝云、张辑译，上海人民出版社 2005 年版。

7. 刘敬鲁：《经济哲学》，中国人民大学出版社 2008 年版。

8. 魏杰：《企业哲学》，中国发展出版社 2007 年版。

9. 王在华：《经济哲学》，甘肃人民出版社 1996 年版。

10. 宋志勋：《哲学素养与企业经营管理》，新华出版社 1994 年版。

11. 刘月霞、赵玉娟：《现代企业管理哲学》，中国社会科学出版社 2009 年版。

12. 陈亭楠：《现代企业文化》，企业管理出版社 2003 年版。

13. 周三多等：《管理学——原理与方法》，复旦大学出版社 2009 年版。

14. 蒲红梅译：《危机管理》，商务印书馆 2007 年版。

15. 《马克思主义基本原理概论》，高等教育出版社 2010 年版。

后　　记

　　企业微观经济哲学研究是经济哲学研究的一个新角度，它以企业微观经济活动一般本质和一般规律作为研究对象，是对企业经济活动出发点、过程及结果进行反思和评价的经济哲学学科的一个分支。

　　宏观经济哲学研究在我国已取得了丰硕的成果，这为微观经济哲学研究奠定了良好的理论基础和学术基础；但宏观研究亦存在不足，如理论建构基础仍显薄弱，主导研究范式尚未确立，具体研究方法随意性较强，学科研究的开放意识不够等，这些更是对微观经济哲学研究提出了迫切的需要。无论从体系的角度还是从问题的角度，宏观经济哲学的发展都需要企业微观经济哲学研究的深层奠基和大力推动，这为企业微观经济哲学的研究提供了广阔的理论前景。

　　改革开放以来，中国企业蓬勃发展，取得了令世人瞩目的成就。随着新世纪和经济全球化的到来，中国企业面临着巨大的挑战。但目前中国企业综合实力与发达国家企业相比，仍存在着较大差距，如企业战略决策能力和企业经营能力偏低，企业可持续发展的动力不足等。要提升中国企业的战略决策能力，必须重视提升企业经营者的战略思维能力；要实现企业可持续发展，必须关注产品创新和市场创新，而其基础是管理理念创新。解决这些问题，正是企业微观经济哲学研究的现实意义之所在。

　　所以我们试着开展了企业微观经济哲学的研究，以我们的浅学陋识和拳拳之心，试图开辟一条新的路径，为经济哲学研究拓一线视野，添一点内容，增一砖基石。本书由赵玉娟、袁换欣两个人设计和定稿，一至六章由赵玉娟撰写，袁换欣撰写了七、八两章。作为经济院校的普通工作者，我们深知自己的理论功底不是特别深厚，对企业经营管理实践掌握得还不全面，本书的体系建构和论证过程难免有不成熟之处。真诚地接受专家学者和企业家的批评指正！更希望得到读者朋友的宽容谅解！

　　本书在撰写过程中得到了河北经贸大学马列部宋志勋教授的热心指导，在出版过程中得到了河北经贸大学马列部柴艳萍主任的鼎力帮助和河北经贸大学科研处的大力支持，本书还参阅和吸收了我国经济哲学和企业管理理论研究中的一些资料和成果，在此，一并致以诚挚的谢意！

赵玉娟

2011 年 9 月于河北经贸大学